The Reflection and Rearrangement of the Doctrine of Strict Liability in Product Liability Law

产品责任法中严格责任原则的反思与重置

梁 亚 著

图书在版编目(CIP)数据

产品责任法中严格责任原则的反思与重置 / 梁亚著. -- 北京：北京大学出版社，2024.10. -- ISBN 978-7-301-35692-0

Ⅰ. D912.294.4

中国国家版本馆 CIP 数据核字第 20240FF063 号

书　　　名	产品责任法中严格责任原则的反思与重置 CHANPINZERENFA ZHONG YANGE ZEREN YUANZE DE FANSI YU CHONGZHI
著作责任者	梁　亚　著
责 任 编 辑	张　宁
标 准 书 号	ISBN 978-7-301-35692-0
出 版 发 行	北京大学出版社
地　　　址	北京市海淀区成府路 205 号　100871
网　　　址	http://www.pup.cn
新 浪 微 博	@北京大学出版社　@北大出版社法律图书
电 子 邮 箱	编辑部 law@pup.cn　总编室 zpup@pup.cn
电　　　话	邮购部 010-62752015　发行部 010-62750672 编辑部 010-62752027
印 刷 者	北京鑫海金澳胶印有限公司
经 销 者	新华书店
	730 毫米×1020 毫米　16 开本　13.5 印张　256 千字 2024 年 10 月第 1 版　2024 年 10 月第 1 次印刷
定　　　价	59.00 元

未经许可，不得以任何方式复制或抄袭本书之部分或全部内容。
版权所有，侵权必究
举报电话：010-62752024　电子邮箱：fd@pup.cn
图书如有印装质量问题，请与出版部联系，电话：010-62756370

国家社科基金后期资助项目
出版说明

后期资助项目是国家社科基金设立的一类重要项目,旨在鼓励广大社科研究者潜心治学,支持基础研究多出优秀成果。它是经过严格评审,从接近完成的科研成果中遴选立项的。为扩大后期资助项目的影响,更好地推动学术发展,促进成果转化,全国哲学社会科学工作办公室按照"统一设计、统一标识、统一版式、形成系列"的总体要求,组织出版国家社科基金后期资助项目成果。

全国哲学社会科学工作办公室

目　录

引　言 ………………………………………………………………（1）

第一章　严格产品责任原则产生的时代背景 ………………………（6）
　　第一节　消费者保护运动的兴起与开展 …………………………（6）
　　第二节　消费者保护运动的目标及成果 …………………………（12）
　　小结 …………………………………………………………………（16）

第二章　严格产品责任原则的制度功能 ……………………………（17）
　　第一节　合同法"相对性原则"及其他规则缺陷之克服 ………（17）
　　第二节　侵权法"过错证明负担规则"缺陷之弥补 ……………（33）
　　小结 …………………………………………………………………（54）

第三章　严格产品责任原则产生的法哲学基础溯源 ………………（56）
　　第一节　坚持司法克制主义的法哲学思潮 ………………………（57）
　　第二节　崇尚司法能动主义的法哲学流派 ………………………（62）
　　小结 …………………………………………………………………（68）

第四章　严格产品责任原则的确立及扩张 …………………………（70）
　　第一节　严格产品责任原则的确立 ………………………………（70）
　　第二节　严格产品责任原则暨产品责任法的宗旨及目标 ………（78）
　　第三节　严格产品责任原则的扩张适用 …………………………（83）
　　小结 …………………………………………………………………（94）

第五章　严格产品责任原则式微的司法实践动因
　　　　——现代产品责任诉讼中产品缺陷的类型化 ………………（95）
　　第一节　制造缺陷及其认定 ………………………………………（95）
　　第二节　设计缺陷及其判断 ………………………………………（102）
　　第三节　警示缺陷及其确定 ………………………………………（114）
　　小结 …………………………………………………………………（119）

第六章　严格产品责任原则地位之反思 ……………………(120)
   第一节　严格产品责任原则传统定义之反思 ……………(120)
   第二节　开发风险抗辩与严格产品责任原则兼容吗？……(123)
   第三节　关于严格产品责任原则普适性的探讨 …………(136)
   小结 ……………………………………………………………(144)

第七章　严格产品责任原则地位之重置 ……………………(145)
   第一节　重置严格产品责任原则地位之比较法考察 ……(146)
   第二节　重塑中国产品责任法的立法宗旨 ………………(148)
   第三节　确立产品缺陷的类型与判断标准 ………………(151)
   第四节　重置生产者责任的归责原则 ……………………(180)
   第五节　明确开发风险抗辩的适用条件 …………………(189)
   小结 ……………………………………………………………(194)

结　语 …………………………………………………………(195)

参考文献 ………………………………………………………(196)

后　记 …………………………………………………………(210)

引　言

　　严格责任原则在我国产品责任法领域的确立始于1993年颁布的《中华人民共和国产品质量法》(以下简称《产品质量法》)。① 该原则在2000年、2009年、2018年三次修正的《产品质量法》,2009年颁布的《中华人民共和国侵权责任法》(以下简称《侵权责任法》)以及在2020年颁布的《中华人民共和国民法典》(以下简称《民法典》)中得到沿袭和继承。② 此举一度被认为标志着中国的产品责任法迎头赶上了最新的立法潮流,达到了美国和欧洲共同体(European Community,EC)的水准③,而且我国学术界一致将严格责任原则视为产品责任法之当仁不让的归责原则。④ 然而,产品责任立法的最新潮流果真以严格责任原则的采纳为标志吗?美国和欧洲共同体国家对待严格责任原则的态度以及运用严格责任原则的方法是一致的吗?严格责任原则是产品责任法归责原则的唯一理性选择吗?

　　严格责任原则作为侵权法上的生产者对缺陷产品致损事故承担责任的标准于20世纪60年代首先在美国的产品责任法中得以确立。⑤ 美国《侵权

---

① 1993年《产品质量法》第29条。
② 2000年《产品质量法》第41条,2009年《产品质量法》第41条,2018年《产品质量法》第41条;《侵权责任法》第41条;《民法典》第1202条。霍原:《论我国产品责任归责原则的体系重构——以美国产品责任法为视角》,载《学术交流》2014年第11期;陈小华:《〈民法典〉中无过错与过错推定归责的差别》,载《济宁学院学报》2021年第3期。
③ 梁慧星主编:《中国民法典草案建议稿附理由·侵权行为编》,法律出版社2004年版,第106页。
④ 王利明:《侵权行为法研究》(上卷),中国人民大学出版社2004年版,第243页;王利明:《侵权责任法》(第2版),中国人民大学出版社2021年版,第227—228页;张新宝:《侵权责任法原理》,中国人民大学出版社2005年版,第402—404页;杨立新:《侵权法论》(第3版),人民法院出版社2005年版,第481页;杨立新:《侵权责任法》(第4版),法律出版社2021年版,第364—365页。
⑤ 1963年,美国的罗格·特雷纳(Roger Traynor)法官在格林曼诉尤巴电器(Greenman v. Yuba Power Products)一案的判决意见中提出:应当对缺陷产品的生产者课以严格责任。该严格责任是侵权法上的严格责任,而不是合同法上的默示担保责任;因此,合同相对性原则以及被告在合同中的免责声明或者责任限制条款都不能成为阻却原告诉讼请求的理由。参见 Greenman v. Yuba Power Products, Inc., 59 Cal. 2d 57, 27 Cal. Rptr. 697, 377 P. 2d 897 (1963)。该案被认为开创了美国产品责任法中严格责任原则的先河。威廉·普罗瑟(William Prosser)教授,作为美国《侵权法第二次重述》的起草人,吸收特雷纳法官的上述观点并将其反映在《侵权法第二次重述》第402A条中。该条规定,如果产品具有缺陷并且因此造成了损害,产品的生产者和销售者应当承担责任,无论他们是否具有过错以及是否与原告存在合同关系。该条内容于1964年正式公布,于1965年出版发行。参见 Dan B. Dobbs, *The Law of Torts*, West Group, 2000, pp.974-975。美国法律研究院对第402A条的评价为:它标志着美国法律研究院首次正式承认缺陷产品的卖方承担不需要以存在合同关系为前提的严格责任;第402A条的主要突破在于免除过去对于合同关系的要求,使用者或消费者无须证明被告存在过失,即能对制造者以及产品销售链上的曾出售具有制造缺陷的产品的任何一个成员提起诉讼。参见美国法律研究院通过并颁布:《侵权法重述——纲要》,〔美〕肯尼斯·S.亚伯拉罕·阿尔伯特·C.泰特选编,许传玺等译,许传玺审校,法律出版社2006年版,引言第1页。

法第二次重述》第402A条作为严格责任原则在美国产品责任法中立足并且扎根的旗帜得到了全美几乎所有州的拥戴①,第402A条所确立的严格产品责任原则随即成为美国产品责任法的"圣经"②。

"圣经"的传诵并没有局限于美国的国土之内。严格产品责任原则的影响也广泛而深刻地波及欧洲以及亚洲。③ 从20世纪70年代开始到20世纪90年代初,在上述地域范围内掀起了一股强大的支持严格产品责任原则的浪潮,不仅有采纳严格产品责任原则的国际条约的制定和签署④,而且欧洲共同体各国以及日本纷纷将严格产品责任原则的确立作为产品责任法的立法方向。欧洲共同体为了统一各成员国有关生产者对缺陷产品致损所承担的责任的法律,充分而又平等地保护消费者利益,于1985年颁布了《欧洲共同体产品责任指令》,其核心思想便是采纳严格产品责任原则⑤,并要求各成员国将该指令转化为国内法予以实施。截至1998年,欧洲共同体各成员国已经分别以制定消费者保护法、产品责任法或者对民法进行修改的方式将《欧洲共同体产品责任指令》在国内付诸实施,明确规定了生产者对缺陷产品致损事故承担严格责任。⑥ 日本,由于受到美国20世纪60年代产品责任理论与欧洲20世纪70年代以来产品责任立法的影响,也加入采纳严格产品责任原则的洪流,于1994年颁布了《产品责任法》,将严格责任原则作为确定生产者责任的标准。

尽管严格产品责任原则在美国之外的推行如火如荼,但在美国国内,严格责任原则作为产品责任法的"圣经"并没有像《新约全书》《旧约全书》一样保持恒久的魅力。事实上,从20世纪70年代早期开始,已经有许多学者不

---

① Margaret E. Dillaway, "The New 'Web-Stream' of Commerce: Amazon and the Necessity of Strict Products Liability for Online Marketplaces", 74 *Vand. L. Rev.* 187, January, 2021; Nicole D. Berkowitz, "Strict Liability for Individuals? The Impact of 3-D Printing on Products Liability Law", 92 *Wash. U. L. Rev.* 1019, 2015.
② Anita Bernstein, "(Almost) No Bad Drugs: Near-Total Products Liability Immunity for Pharmaceuticals Explained", 77 *Wash & Lee L. Rev.* 3, Winter, 2020.
③ 〔奥〕海尔穆特·库齐奥:《比较法视角下的产品责任法基础问题》,王竹、张晶译,载《求是学刊》2014年第2期。
④ 例如1977年的《斯特拉斯堡公约》。该公约的起草者认为,在这个现代工业技术日新月异、新产品层出不穷、令人目不暇接的世界里,各种风险是消费者不能预料和接受的,过失不应再是生产者对危险产品承担责任的先决条件了,对生产者应当采取严格责任。参见李双元、蒋新苗主编:《国际产品责任法——比较分析与实证研究》,湖南科学技术出版社1999年版,第45—46页。
⑤ 李双元、蒋新苗主编:《国际产品责任法——比较分析与实证研究》,湖南科学技术出版社1999年版,第52—53页。
⑥ 例如,英国于1987年颁布《消费者保护法》;德国于1990年颁布《产品责任法》;法国于1998年对《法国民法典》进行了修改,在第四编(非因约定而发生的债)第二章(侵权行为与准侵权行为)第1386条中增加第1386-1条至1386-18条,对"有缺陷的产品引起的责任"作出专门规定,参见《法国民法典》(下册),罗结珍译,法律出版社2005年版,第1116—1118页。

断地对严格责任在产品责任法中的适用提出疑问和批评①,法官在产品责任案件的审理中亦逐渐流露出同样的态度和倾向。美国商务部也于 1979 年颁布《统一产品责任示范法》,旨在对严格产品责任原则的适用予以澄清和施加限制,为各州的司法实践提供指导。② 事实上,在 20 世纪 80 年代末以后的美国产品责任诉讼中,严格责任原则的衰落与过失责任原则的回归,已经成为公开的秘密,该趋势在美国法律研究院于 1997 年颁布的《侵权法第三次重述:产品责任》中得到了充分的体现和反映。

中国在产品责任法领域对严格责任原则的明确规定源于 1993 年的《产品质量法》。根据前述内容可以知道,在 20 世纪 80 年代末,世界范围内对待严格产品责任原则的态度以及运用严格产品责任原则的方法在事实上已经分流:一种做法是美国对于严格产品责任原则的批评和限制;另一种做法则是欧洲共同体和日本在立法上所表现出来的对于严格产品责任原则的欢迎和坚持。因此,如果说 1993 年中国的相应立法以及至今的沿袭和继承赶上了欧洲共同体产品责任立法的潮流,或许具有一定的客观意义;但如果说赶上了产品责任立法的世界潮流,达到与美国和欧洲共同体国家同样的水准,不免具有夸张和不实的色彩。

当然,一个国家的立法是否与世界潮流保持一致,并不是对该国立法进行评判的唯一指标,毕竟立法首先应当是理性的产物,而不应是追逐时尚的结果。因此,作为立法的一个必经阶段——对世界先进国家立法经验的考察、筛选与借鉴,应当全面而深入,不仅应当把握各国对同一问题的不同处理方法,而且还应当探究不同做法背后的原因;不仅应当熟悉某个国家或某个地区在某个阶段的特定法律制度的特征,而且还应当了解该特定法律制度在该国或该地区发生的历史演变以及发展趋势。这样,借鉴世界先进国家立法经验而作出的立法选择才会是理性思考的结晶,而非贸然跟随潮流的冲动。

严格责任原则在产品责任法中的确立与世界各国消费者保护运动的兴起相伴而生。消费者保护运动的兴起相应地提出了建立有利于消费者保护

---

① James A. Henderson, Jr., "Judicial Review of Manufactures' Conscious Design Choices: The Limits of Adjudication", 73 *Colum. L. Rev.* 1531, 1973; Richard Epstein, "Products Liability: The Search for the Middle Ground", 56 *N. C. L. Rev.* 643, 1978; David G. Owen, "Rethinking the Polices of Strict Product Liability", 33 *Vand. L. Rev.* 681, 1980; Sheila L. Birnbaum, "Unmasking the Test for Design Defect: From Negligence [to Warranty] to Strict Liability to Negligence", 33 *Vand. L. Rev.* 593, 1980; David A. Fischer, "Products Liability—Functionally Imposed Strict Liability", 32 *Okl. L. Rev.* 93, 1979; Aaron D. Twerski, "Seizing the Middle Ground between Rules and Standards in Design Defect Litigation: Advancing Directed Verdict Practice in Law of Torts", 57 *N. Y. U. L. Rev.* 521, 1982; James A. Henderson, Jr. & Aaron D. Twerski, "Doctrinal Collapse in Products Liability: The Empty Shell of Failure to Warn", 65 *N. Y. U. L. Rev.* 265, 1990; Dan B. Dobbs. *The Law of Torts*, West Group, 2000, pp. 976-977.

② Dan B. Dobbs. *The Law of Torts*, West Group, 2000, p. 977.

的法律制度的要求,严格责任原则在产品责任法中的确立则是响应上述保护要求的一个制度结果。在实行严格产品责任原则之前,缺陷产品致损事故的受害人可以依据合同法规则或过失侵权规则请求损害赔偿,但该两种法律规则各有其内在缺陷,均不能为消费者提供充分而及时的救济。消费者保护运动的开展,与缺陷产品致损事故的受害人饱受合同法规则与过失侵权规则的障碍与困扰,共同促成了严格产品责任原则的诞生。在这种情况下,人们所期待的是一个可以帮助消费者摆脱上述障碍与困扰的新规则,而对于新规则在产品责任法中究竟应当怎样适用以及可能产生的影响与后果却没有来得及进行更多的考量。这就如同一个处于痛苦绝境中的人将脱离苦海作为孜孜以求的目标,而对于脱离苦海之后是否又会面临新的困境则无暇思量。就严格产品责任原则来说,它或许可以根除先前合同法规则与过失侵权规则的痼疾,但是它可以作为产品责任法的万应灵丹吗?它是确定生产者责任的一种适当标准吗?消费者保护的目标能够作为产品责任法的正确航向吗?美国的产品责任法与严格责任原则携手若干年后进行的调整说明,上述问题的答案恐非乐观。

产品责任法属于侵权法的一个重要分支,这一点在世界范围内已经达成共识,中国的法学理论界以及实务界对于产品责任法在侵权法中的定位也已经习惯和接受。然而,中国先前有关产品责任的法律规则存在于性质上基本属于行政管理法的《产品质量法》中,这与理论界及实务界对产品责任法的定位存在冲突。当然,这是沿袭公法私法不加区分的传统导致的结果。因此,国内有众多学者倡议将《产品质量法》中关于产品责任的内容分离出来,纳入《民法典》侵权行为编中,同时使产品质量法成为纯粹的行政管理法。[①]

上述建议为整合产品责任的法律规则提供了契机。产品责任的归责原则作为确定生产者侵权责任的根据和标准,贯穿于整个《产品责任法》之中,并对《产品责任法》的具体规范起着统帅作用。因此,对产品责任的法律规则进行整合,产品责任的归责原则是首先应当明确的问题。中国社会科学院与中国人民大学分别起草的两部民法典草案虽然均对产品责任设专节进行了规定,实现了产品责任法与产品质量法的分离,但是对于确定生产者责任的归责原则的规定,均是沿用了《产品质量法》的原有规则[②];令人不解的是,2009 年颁布的《侵权责任法》虽然将"产品责任"列为单独的一章,但是其中有关产品责任归责原则的规定仍然是照搬了 1993 年《产品质量法》中的规则,无论是法律条文还是立法理由均未反映出该规定是对严格责任原则的发

[①] 梁慧星主编:《中国民法典草案建议稿附理由·侵权行为编》,法律出版社 2004 年版,第 107 页。

[②] 同上书,第 107、109 页;王利明主编:《中国民法典学者建议稿及立法理由·侵权行为编》,法律出版社 2005 年版,第 224 页。

展与演变予以关注并思考之后的选择;更加令人遗憾的是,2020 年颁布、2021 年施行的《民法典》再次复制了上述规则,似乎认定产品责任的归责原则问题已经一锤定音、风平浪静。

鉴于严格产品责任原则在美国与欧洲共同体及日本的不同境遇以及该原则目前在我国产品责任法中的重要地位,同时考虑到产品责任归责原则对于产品责任法的重要意义,对严格责任原则在产品责任法中的应有地位以及产品责任归责原则的真谛进行思考应当是一项值得付出的努力。然而国内目前在产品责任法领域的研究,仍滞留在信誓旦旦地效忠于严格产品责任原则的观念之中,虽然有少数学者注意到严格产品责任原则经历的变革[1],但是有关其变革的原因、合理性以及对我国产品责任立法的影响尚缺乏全面性、系统性的深入探讨。有感于此,乃有本书之作。

---

[1] 赵相林、曹俊主编:《国际产品责任法》,中国政法大学出版社 2000 年版,第 33—34 页;刘静:《产品责任论》,中国政法大学出版社 2000 年版,第 73—81 页;张岚:《产品责任法发展史上的里程碑——评美国法学会〈第三次侵权法重述:产品责任〉》,载《法学》2004 年第 3 期;杨麟:《论美国产品责任法中的缺陷认定理论》,载王军主编:《侵权行为法比较研究》,法律出版社 2006 年版,第 407 页;董春华:《对严格产品责任正当性的质疑与反思》,载《法学》2014 年第 12 期。

第一章　严格产品责任原则产生的时代背景

　　严格责任原则于 20 世纪 40—60 年代在美国产品责任法中的萌芽和确立与美国社会当时盛行的以"消费者至上主义"思潮为主导的消费者保护运动在时间上所具有的一致和同步绝不仅仅是历史的巧合。事实上,以"消费者至上主义"思潮为主导的消费者保护运动对于严格责任原则在美国产品责任法中的产生具有非常直接的作用和影响。同样的判断也适用于严格产品责任原则于 20 世纪 70—90 年代被欧洲共同体各国以及日本的接受与采纳。在此之前,欧洲共同体各国以及日本波澜壮阔的消费者保护运动的开展使得严格责任原则的确立成为各国产品责任法趋之若鹜的选择和顺理成章的目标。那么,消费者保护运动究竟如何促成了严格产品责任原则的诞生?回答这一问题,需要对消费者保护运动的兴起与开展以及消费者保护运动的目标与成果进行探究和分析。

第一节　消费者保护运动的兴起与开展

一、消费者问题

　　消费者问题是商品经济中接受生活资料和生活服务的消费者的利益受到消费资料和消费服务的经营者的损害而发生的、消费者与经营者之间的利益失衡问题。① 消费者与经营者之间的关系,本应是一种平等主体之间的民事关系,双方当事人应通过自愿、平等的协商进行交易,从而实现双方利益均衡,维护各自的权益。但是,在现实的经济生活中,消费者与经营者存在信息不对称和经济实力强弱的差别,消费者总是处于弱者地位②,而经营者总是处于强势地位,使本应平等的消费关系成为一种事实上的从属关系,消费者往往不得不屈从于经营者的意愿和条件,造成了消费交易中消费者与经营者的利益不均衡。③

---

① 李昌麒、许明月编著:《消费者保护法》(第 2 版),法律出版社 2005 年版,第 1 页;金福海:《消费者法论》,北京大学出版社 2005 年版,第 10 页。
② 肖顺武:《论消费者权益保护法的谦抑性》,载《法商研究》2019 年第 5 期。
③ 金福海:《消费者法论》,北京大学出版社 2005 年版,第 9—10 页;吴景明:《消费者权益保护法》(第 3 版),中国政法大学出版社 2021 年版,第 7 页。

消费者问题的存在，是消费者保护运动兴起的根源①，而直接点燃各国消费者保护运动之火、成为消费者保护运动之发端的则是各国相继发生的严重侵害消费者权益的恶性事件，以及进步人士对经营者无限度追求利润而无视消费者利益之行为的无情揭露。

二、消费者保护运动的发端

消费者运动发端于美国。② 美国的消费者运动最初是在与消费者利害关系最大、问题最多的食品和药品领域掀起了一场以争取洁净食品和药品为目标的斗争。厄普顿·辛克莱（Upton Sinclair）的著作《屠场》对美国当时食品加工过程的描述与揭露成为上述斗争的发端③；其后发生的磺胺惨案则将争取洁净食品和药品的消费者运动推向高潮④。

欧洲消费者保护运动的兴起于震惊世界的"反应停"药物丑闻⑤对欧洲许多国家造成的深重灾难及其催化出的消费者意识的觉醒，以及消费者权利

---

① 吴景明：《消费者权益保护法》（第3版），中国政法大学出版社2021年版，第7页。
② 李昌麒、许明月编著：《消费者保护法》（第2版），法律出版社2005年版，第13页；吴景明：《消费者权益保护法》（第3版），中国政法大学出版社2021年版，第9页。
③ 1906年，厄普顿·辛克莱出版《屠场》一书，无情地揭露了肉类食品加工过程中令人作呕的卫生状况，使全国的人们感到震惊和愤怒，为此，西奥多·罗斯福（Theodore Roosevelt）总统任命了一个小组对有关情况进行深入而彻底的调查，最后的调查报告再次证实了厄普顿·辛克莱的指控，该调查报告对美国1906年《联邦肉类检验法》的通过产生了直接影响。参见 Mark V. Nadel, *The Politics of Consumer Protection*, The Bobbs-Merrill Company, Inc., 1971, pp. 11-12。
④ 20世纪初期，美国的药物生产状况也非常令人担忧，各种假药、有毒药物充斥市场。1937年在美国田纳西州有位药剂师配制了磺胺酏剂，结果引起300多人急性肾功能不全，107人死亡。究其原因系甜味剂二甘醇在体内氧化为草酸中毒。该药未经过安全测试而直接上市，而药品的生产者并非在药品销售之后才知道该药品的致毒效果，该事件激起了公众的强烈愤慨。美国为此于1938年修改了《联邦食品、药品、化妆品法》。该法案明确要求所有新药上市前必须通过安全性审查，并禁止被食品药品监督管理局证明出于欺诈目的在药品标签上作出虚假医疗声明的行为。参见李昌麒、许明月编著：《消费者保护法》（第2版），法律出版社2005年版，第13页。
⑤ 1957年后期联邦德国格仑南苏制药厂（Chemie Gruenenthal）生产了一种声称能治疗妊娠反应的镇静药Thalidomide（又称"反应停"、沙利度胺）。该药具有一定的镇静安眠作用，且对孕早期的妊娠呕吐疗效极佳。此后不久，"反应停"便成了"孕妇的理想选择"（当时的广告用语），在欧洲、亚洲、非洲、大洋洲和南美洲作为处方药被大量开具给孕妇以治疗妊娠呕吐。1960年，欧洲的医生们注意到本地区畸形婴儿的出生率明显上升。此后不久，联邦德国汉堡大学的遗传学家兰兹博士根据自己的临床观察于1961年11月16日向格仑南苏制药厂提出"反应停"可能具有致畸胎性的警告。伴随着越来越多类似的临床报告，格仑南苏制药厂不得不于1961年11月底将"反应停"从联邦德国市场上召回。但此举为时已晚，"反应停"已经被销往全球46个国家！人们此后陆续发现了1万到1.2万名因母亲服用"反应停"而带有出生缺陷的婴儿。造成这场药物灾难的原因，一是"反应停"未经过严格的临床前药理实验，二是生产该药的格仑南苏制药虽已收到有关"反应停"毒性反应的100多例报告，但他们将报告都隐瞒了下来。灾难原因震惊了世界，引起了公众的极大愤怒，并最终迫使"反应停"的生产者支付了赔偿。参见文执：《"反应停"：五十年恩怨》，载《今日科苑》2006年第9期。

保护的需求;法国的"血液污染事件"①对消费者保护运动的展开也产生了巨大的推动作用。

日本的消费者保护运动主要表现在针对劣质产品展开的抵制和驱逐有害消费品方面。② 20世纪五六十年代,在"生产优先政策"下,日本经济高速发展,企业在市场上占有十分明显的优势地位,但由于某些企业缺乏道德准则,严重危害消费者生命、财产安全的事件不断发生。③其中最有影响的就是日本历史上臭名昭著的四大产品伤害事件——森永奶粉中毒事件④、"反应停"事件⑤、

---

① 20世纪80年代,在全法国2500名血友病病人中,1700多人染上了艾滋病病毒,其中250多人已因艾滋病丧生;因外科手术接受输血而染上艾滋病病毒的人数高达8000多人;此外,全法国有46万人染上各类肝炎。事实上,从1983年起,法国全国输血中心就得知输血是艾滋病传染的主要途径之一,却没有把这种危险告诉血友病病人;美国在1984年开始使用对艾滋病病毒进行消毒处理的血浆,而法国为了省钱和保护本国研究机构的利益,既不进口经过消毒处理的血浆,也未采取必要措施;1985年7月,在法国掌握了消灭血浆中的艾滋病病毒的技术之后,居然内部通知继续向市场投放库存的污染血浆。无可辩驳的事实激起了法国舆论的强烈不满,法国司法部被迫对有关责任人员提出起诉,法国政府也决定由政府和保险公司对输血的受害者给予赔偿,以平息民怨。参见何璐:《法国的"血门"事件》,载《世界知识》1993年第5期。

② 吴景明:《消费者权益保护法》(第3版),中国政法大学出版社2021年版,第11页。

③ 金福海:《消费者法论》,北京大学出版社2005年版,第29—30页;董春华:《对严格产品责任正当性的质疑与反思》,载《法学》2014年第12期。

④ 1955年6月至8月,12 000余人因食用森永公司生产的奶粉而中毒,130人死亡,大部分受害人是新出生的婴儿,中毒原因是该公司奶粉中含有砒霜。随后,该公司停产,总经理和生产经理被起诉。日本健康安全部组织了一个五人委员会就赔偿事宜提供咨询意见,但该委员会在咨询意见中开宗明义地声明不主张追究公司的法律责任,而是由公司承担道德责任对每一个受害人给予适当数额的捐助。大多数受害人接受了委员会提出的和解建议,森永公司非常适时地借此在和解协议中表明受害人同意放弃提起诉讼的权利。事实上,这样的条款根据《日本民法典》第90条的规定是与公共政策相违背的。1956年4月,有另外54个病人在冈山地方法院提起诉讼,每一个人主张15万到50万日元不等的精神赔偿。1963年10月,德岛地方法院宣判该公司的经理无罪,次年上述民事诉讼被撤回。然而,该事件到此并未结束。1969年10月,砒霜奶粉会导致遗传性疾病的后果得到确认,1973年4月,部分受害人在大阪地方法院对政府以及该公司再次提起诉讼请求赔偿;7个月后,该公司的生产经理被德岛地方法院宣布有罪。民事案件也于1973年年底得到解决,森永公司也设立了一个基金会专门负责受害人的恢复与救济。See Luke Nottage, *Product Safety and Liability in Japan*, Routledge Curzon, 2004, p. 39.《日本民法典》第90条规定:"以违反公共秩序或善良风俗事项为目的的法律行为,无效。"参见渠涛编译:《最新日本民法》,法律出版社2006年版,第24页;吴景明:《消费者权益保护法》(第3版),中国政法大学出版社2021年版,第11页。

⑤ "反应停"在日本的生产与销售于1957年得到了日本健康安全部的批准,1961年日本开始实行全面医疗保险制度,这导致了各种药品的大量消费,其中也包括"反应停"。同年,德国开始召回"反应停"。日本的生产者向日本健康安全部呈递了一个情况报告,但是直到1962年5月才停止销售,9月才将产品召回,并且没有承认该药是造成婴儿畸形的原因。1963年9月,受害人组织起来开始向生产者和政府提起民事诉讼。到1965年11月,已经有8起针对生产者和政府提出的诉讼。1974年10月,该事件牵涉的所有当事人达成了一个协议,政府承认该药是导致婴儿畸形的原因,根据每个受害人所受伤害的严重程度,分别给予其900万到4000万日元的赔偿,其中2/3的赔偿资金由生产者承担,1/3由政府承担。参见Luke Nottage, *Product Safety and Liability in Japan*, Routledge Curzon, 2004, pp. 41-42.

喹诺仿事件①,以及米糠油事件②。这些事件在 20 世纪 70 年代早期成为引起广泛关注与热烈讨论的社会问题③,消费者在事件中所遭受的痛苦与灾难使得日本国民消费者权益保护的意识日益增强,消费者权益保护运动日渐高涨④。

严重侵害消费者权益的恶性事件在美国、欧洲以及日本的相继发生及披露不仅激起了消费者的极大愤慨,更为重要的是消费者自我权利保护的意识开始苏醒并渐趋增强,消费者保护运动由此迅速蔚为风气,潮流遍及世界各地。⑤

三、消费者保护运动的开展

各国消费者保护运动的开展离不开消费者组织的领导与指引以及消费者刊物的教育和倡导,而众多保护消费者利益的书籍的出版对于消费者权利意识的觉醒以及经营者所面临的压力的形成亦具有不可低估的作用。同时,各种媒体对侵害消费者权益事件的披露与传播也为消费者运动的开展推波助澜。更为重要的是,来自政府以及国际组织的支持为消费者保护运动的展开提供了无与伦比的强大政治背景。

---

① "奎诺仿事件"是日本最大的药品事件。1953 年,日本健康安全部批准使用奎诺仿生产某些药品,其中最重要的一种药品被用来治疗痢疾。1963 年前后,出现原因不明的神经麻痹症状的人数爆炸性增加,但患病的原因直到 1970 年才搞清楚,即一种叫作奎诺仿的肠胃药。这是一非常严重的神经系统紊乱疾病,简称斯蒙病。1970 年 9 月,日本健康安全部命令停止奎诺仿的生产,逐渐增多的斯蒙病开始大幅度下降。1971 年 5 月,部分受害人对生产者、销售者和政府提起诉讼。最终有超过 5000 名的原告在全国范围内提起诉讼,寻求数额非常之大的赔偿,并于 1979 年最终达成了一个在整体上对原告有利的和解协议。参见于敏:《日本侵权行为法》(第 2 版),法律出版社 2006 年版,第 331—332 页。
② 1968 年,日本九州大牟田市的 Kamei 仓库公司在生产食用米糠油的过程中,为了降低成本追求利润,在脱臭过程中使用了多氯联苯(PCBs)液体作导热油,PCBs 混进了米糠油中。受污染的米糠油被销往各地,致使 14000 余人中毒,142 人死亡(该数字为政府承认的数字),受害人大都呈现疗疮、极度疲劳以及指甲变黑等症状。生产米糠油的副产品——黑油,被作为家禽饲料售出,也造成大量家禽死亡。该事件可以说是日本历史上最令人痛心的食品中毒事件。事实上,日本农林部在对日本西部发生的鸡大量死亡的事件进行调查的过程中,已经发现该工厂生产供人类消费的有毒食用油的事实,但由于日本政府各部门之间严格的责任权限划分,日本农林部并没有将上述危险通知日本健康安全部。而生产厂家在得知其生产的食用油被有毒物质污染以后,也只是将被污染的油重新加热除臭,然后与没有污染的油混合在一起继续销售。日本一家激进的全国性报纸《朝日新闻》对上述事件的前后进行了报道,生产者的失职与政府的失误被曝光。最终,不仅生产米糠油的厂家被要求承担赔偿责任,生产多氯联苯的厂家也因没有对如何鉴别和处理多氯联苯进行说明和警示而被要求承担法律责任。参见 Luke Nottage, *Product Safety and Liability in Japan*, Routledge Curzon, 2004, pp. 42-46.
③ 于敏:《日本侵权行为法》(第 2 版),法律出版社 2006 年版,第 331—332 页。
④ 张德芬:《日本的产品责任法及其对我们的启示》,载《郑州大学学报(哲学社会科学版)》1997 年第 4 期。
⑤ 张严方:《消费者保护法研究》,法律出版社 2003 年版,第 31 页。

(一) 消费者组织的成立与消费者刊物的创办

1899年,美国消费者联盟(The National Consumers League)诞生,成为世界上第一个全国性的消费者组织。① 1936年,美国成立消费者同盟(Consumers Union of United States),发行刊物《消费者报道》,对各种商品拟定评检计划,并按月公布检验结果供消费者参考。美国之外,欧洲的消费者保护运动也蓬勃兴起,不仅于20世纪五六十年代有英德法各国消费者协会或商品检验基金会的成立,更于1962年成立国际性的消费者组织——欧洲消费者同盟。在日本,由于受西方消费者运动和现代消费者利益保护理论的影响②,许多消费者组织纷纷成立,包括1952年的全国地域妇人团体联络协议会、1955年的新生活运动协会、1961年的日本消费者协会等。另外,日本还有各类民间消费者团体4000余个。③

各国消费者组织的成立以及消费者刊物的创办在消费者保护运动中发挥了极其重要的作用。从形式意义上看,消费者组织从事接受消费者投诉、开展市场调查、组织产品展示和检验以及推动消费者教育等范围非常广泛的活动;而从实质意义上来看,消费者组织的成立在很大程度上解决了零散消费者孤立无援的尴尬境遇,消费者组织成为消费者主张权利的代言人,对处于强势地位的企业经营者形成了牵制与抗衡。消费者刊物的创办不仅仅是为消费者提供有价值的信息和教导,更重要的是对于消费者共同利益以及应有权利意识的培养和树立产生了不可磨灭的影响。

(二) 揭发企业经营内幕书籍的出版与畅销

除了上文已经提到的引起西奥多·罗斯福总统注意的厄普顿·辛克莱的《屠场》④之外,其后又相继有一系列书籍为保护消费者利益而揭发知名大型企业以虚假商标、错误标识以及不安全的生产等手段伤害或欺骗消费者的大量事例在美国出版,并成为当时的畅销书⑤。在消费者保护运动中,上述书籍的出版与畅销不仅为消费者了解企业的经营内幕提供了可靠的信息来源,对于提高消费者觉悟、唤醒和推进消费者的权利意识也具有非常重要的意义。

---

① 唐云华:《国际消费者运动"三部曲"》,载《北京工商管理》2001年第3期。
② 金福海:《消费者法论》,北京大学出版社2005年版,第30页。
③ 吴景明:《消费者权益保护法》(第3版),中国政法大学出版社2021年版,第12页。
④ 同上书,第9页。
⑤ 这些书籍包括但不限于:Ruth de Foreset Camb, *The American Chamber of Horrors: The Truth about Food and Drugs*, Forrar and Rinehant, 1936; Arthur Kallet & F. J. Schlink, *100000000 Guinea Pigs*, Grosset and Dunlap, 1933; Stuart Chad & F. J. Schlink, *Your Money's Worth*, the Macmillan Co., 1927; E. Thomas. Garman, *Consumer Economic Issues in America*, Dame Publications, Inc., 1997, p. 32. 参见张严方:《消费者保护法研究》,法律出版社2003年版,第38页。

（三）媒体对生产者欺诈行为的披露与鞭挞

19世纪晚期美国报刊的发行商争相报道具有蛊惑效应和轰动后果的黑幕。政治腐败和经济强权的滥用，食品、药品的纯净与安全，以及生产者在食品、药品中的欺诈行为均为这一时期黑幕揭发的主题。① 20世纪60年代，电视在美国家庭中的普及使每一个消费者不仅可以不断地知晓产品方面的投诉，而且也使他们对现存的社会、政治、经济制度有了更好的了解；由此产生的社会效果是，人们呼吁政府对市场进行更多的干预，限制企业滥用市场权利，保障消费者所享有的道德和伦理上的权利——正义和公平。这代表着国家价值体系的一个重要转变。②

日本媒体在消费者保护运动中对于侵害消费者权益事件的曝光在迫使企业最终承担法律责任方面也发挥了举足轻重的作用。作为日本四大产品伤害事件之一的"米糠油事件"就是被《朝日新闻》进行了报道，生产者的失职与政府的失误方才大白于天下。③ 媒体对于产品生产经营过程中的黑幕所进行的披露与传播，使得消费者对于产品安全的期待大大提高，当消费者所拥有的期待没有实现时，他们即产生了强烈的进行投诉并希望得到解决的愿望。社会公众对于产品安全的意识达到顶峰。

（四）政府与国际组织对消费者保护的关注与支持

随着社会民众对于消费者利益保护的呼声日益高涨，消费者保护已经悄然演变为国家的一项基本政策，成为政府对经济活动进行干预的一种形式。④在美国，早在20世纪上半叶，就已经有西奥多·罗斯福总统、富兰克林·罗斯福（Franklin Roosevelt）总统分别推动1906年《确保食品与药品纯洁性法案》和1938年《联邦食品、药品、化妆品法案》⑤的制定与通过，而该两部法案均为当时以争取洁净食品和药品为目标的消费者运动所取得的阶段性成果。约翰·肯尼迪（John Kennedy）总统于1962年3月15日向国会提交的一份保护消费者利益的特别咨文则为标志着以"消费者至上主义"为主题

---

① Mark V. Nadel, *The Politics of Consumer Protection*, The Bobbs-Merrill Company, Inc., 1979, pp. 10-14.
② E. Thomas Garman, *Consumer Economic Issues in America*, Dame Publications, Inc., 1997, p. 33.
③ Luke Nottage, *Product Safety and Liability in Japan*, Routledge Curzon, 2004, pp. 42-46.
④ Mark V. Nadel, *The Politics of Consumer Protection*, The Bobbs-Merrill Company, Inc., 1971, p. 3.
⑤ 吴景明：《消费者权益保护法》（第3版），中国政法大学出版社2021年版，第10页。

的消费者运动真正展开的最有意义的事件。①

与美国政府相同,日本政府也对本国的消费者保护运动给予了大力支持。一方面,日本政府先后颁布了大量的保护消费者利益的法律法规,对于消费者权利的认可具有非常重要的象征意义。②另一方面,日本政府从上到下设立了专司消费者权益保护的机构——国民生活中心和消费生活中心。国民生活中心隶属日本经济企划厅,独立行使职权,其活动包括改善国民生活的情报,举办各种与生活消费有关的展示和消费讲座,出版发行消费者保护刊物,进行产品检验,接受消费者投诉,负责消费者行政人员的培训及情报交流等。消费生活中心则是设立于全国各都、道、府、县的保护消费者的行政机构。③

在欧洲,许多国家也相应地制定了大量保护消费者利益的法律,但从宏观的视野来看,欧洲消费者保护运动的一项非常显著的特色是其开展得到了国际组织——欧洲经济共同体的鼎力支持。1957年3月25日,法国、联邦德国、意大利、卢森堡、比利时和荷兰签订建立欧洲经济共同体的《罗马条约》,将消费者视为条约所要实现的经济目标的最终受益者。④ 1975年4月14日欧洲经济共同体通过了《关于消费者保护与信息政策的初步计划的理事会决议》,该决议的一个重要内容,是附件中的评述:在现代市场经济中,天平已经从消费者开始向经营者倾斜,这种不平衡增强了在消费者中传播有关权利的信息以及向他们提供信息以支持其更为自由地选择的需要。⑤ 该决议被认为是欧洲共同体消费者保护政策形成和发展的直接起点,也是后来起草《欧洲共同体产品责任指令(草案)》的蓝本和根据。

第二节 消费者保护运动的目标及成果

一、消费者保护运动的目标

既然消费者保护运动的兴起根源于消费者与经营者在消费关系中的利益失衡问题,那么消费者保护运动旨在对消费者的弱势地位进行矫正和弥

---

① 肯尼迪总统在咨文中称,联邦政府在性质上是所有人民的最高层次的发言人,它负有一种特别的义务来关注消费者的需要并且保护和促进消费者的利益。肯尼迪总统在咨文中明确提出了消费者的四大权利,即安全权、了解权、选择权、意见受尊重权,在全国引起了对消费者问题的巨大兴趣。参见金福海:《消费者法论》,北京大学出版社2005年版,第30页。
② 张德芬:《日本的产品责任法及其对我们的启示》,载《郑州大学学报(哲学社会科学版)》1997年第4期;Luke Nottage, *Product Safety and Liability in Japan*, Routledge Curzon, 2004, p.54.
③ 吴景明:《消费者权益保护法》(第3版),中国政法大学出版社2021年版,第12页。
④ Stephen Weatherill, *EC Consumer Law and Politics*, Addison Wesley Longman Limited, 1997, pp.9-10.
⑤ Geraint G. Howells & Stephen Weatherill, *Consumer Protection Law*, Dartmouth, 1995, p.94.

补、实现实质上的正义和公平应是不言自明之理。因此,无论是消费者组织的倾力争取,还是思想激进人士的呐喊呼吁,无论是媒体的传播披露,还是国家与国际组织的支持参与,无不围绕着"保护消费者利益、提高消费者地位"这一主题。而"保护消费者利益、提高消费者地位"的主题通过与消费者所拥有的"安全的品质、公道的价格、准确的标识、可靠的包装、真实的宣传"等殷切期待相结合,使得消费者保护运动具有了非常明晰的、真实而具体的目标:① 经营者向消费者提供保证,其所销售的货物是安全的,且具有适当的品质;② 经营者随同货物提供相关信息,以帮助消费者自己判断其所购买的物品是否可以满足他们的特殊需求;③ 经营者不得对所销售货物的重要特征进行错误或虚假的说明;④ 经营者不得使用不良的促销手段干扰消费者作出符合自己最佳利益的正确判断;⑤ 设立独立机构对经营者销售的产品进行品质评价;⑥ 设立充分的渠道使具有正当理由的、受到伤害的、感到失望的消费者可以获得公平的救济。[①] 从上述目标中可以看出,前四项旨在通过对处于强势的经营者设置义务的方式来实现对消费者的保护,而后两项则侧重于以社会的力量为消费者提供援助,两种方式结合起来对消费者的弱势地位进行矫正和弥补,使消费者与经营者在消费关系中的力量趋于均衡,从而实现实质上的正义和公平。

二、消费者保护运动的成果

消费者保护运动的蓬勃开展,使得"保护消费者利益,提高消费者地位"成为一个令人振奋的时代信念而深植于社会民众的内心。对于国家来说,"保护消费者利益,提高消费者地位"已逐渐演绎为政府无可回避的责任。政府承担"保护消费者利益、提高消费者地位"责任的最有力方式便是制定法律对消费者保护运动的各项目标予以确认,规定保障目标实现的各项制度和措施,并最终形成结构严密、内容完善的消费者保护法律体系。如果说消费者保护运动的隐形收获在于"保护消费者利益,提高消费者地位"观念的深入人心,那么消费者保护法律体系的形成则是消费者保护运动取得的巨大的、切实的、有形的成果。

(一)事前防范的法律规则

事前防范的法律规则是为了防止消费者在消费关系中受到损害而制定的规则,它主要涉及商品与服务品质的规制、广告规制、经销方式的规制、价格规制以及竞争规制等方面的规则。

---

① Brian W. Harvey, *The Law of Consumer Protection and Fair Trading*, Butterworths, 1982, p. 21.

1. 商品和服务品质规制

消费者合法权益受到损害的情形,多数都与经营者提供的商品或服务质量有关,因此督促经营者提高商品和服务质量,对于保护消费者的合法权益具有重要的意义。① 在消费者保护运动中,美国、英国、德国、法国以及日本都制定了很多对商品及服务质量进行规制的法律。例如,美国 1906 年《联邦肉类检验法》、1938 年《联邦食品、药品和化妆品法》、1953 年《易燃纺织品法》、1966 年《合理包装和标签法》;英国 1968 年《医药法》与《交易说明书法》、1975 年《公平交易法》、1978 年《消费者安全法》、1984 年《食品法》、1990 年《食品安全法》;德国 1894 年《分期付款买卖法》、1909 年《反不当竞争法》、1974 年《食品改革法》、1977 年《普通商品法》、1978 年《药剂制品法》、1986 年《上门推销法》、1990 年《消费信贷法》②;日本 1947 年《食品卫生法》、1960 年《药事法》、1968 年《保护消费者权益基本法》、1973 年《消费生活用品安全法》等。

2. 广告规制

广告对于消费者具有巨大的影响力,而且由于广告是面向不特定范围的消费者,一个虚假广告损害的往往是众多消费者的利益,因此为了保护消费者,各国也制定了相关的法律对广告宣传进行规制③,例如美国 1911 年《普令泰因克广告法》、1911 年《印刷油墨法规》、1914 年《联邦贸易委员会法》、1946 年《兰哈姆法》(商标法)、1967 年《诚实借贷法》、1975 年《美国电视广告规范》;法国 1968 年《消费者价格表示法》《防止不正当行为表示法》《禁止附带赠品销售法》;英国 1907 年《广告法》、1968 年《交易表示法》、1970 年《不正当广告法》;日本 1911 年《广告物品管理法》、1934 年《不正当竞争防止法》、1940 年《日本广告律令》《广告取缔法》,以及 1961 年《不当奖品及不当标示防止法》等。广告规制法律规则的制定,对广告活动中的有关内容作出了严格限制。使广告活动在法律规定范围内进行,有利于消费者正确消费,从而实现消费的目的。

3. 经销方式规制

非传统的进攻型销售方式对消费者施加了过度的压力,可能导致消费者考虑不周,在不利条件下购买,从而形成销售及消费之间各种难以计数的纠纷与困扰。为此,各国对于一些特殊的经销方式,多通过特别立法加以规范,例如日本于 1976 年制定《访问贩卖法》,欧洲共同体于 1985 年制定了《有关在经营者营业地之外缔结合同的保护消费者指令》,1987 年制定了《异地合同消费者保护指令》,对各种特殊销售方式作出规范。④

---

① 金福海:《消费者法论》,北京大学出版社 2005 年版,第 115 页。
② 李亮:《联邦德国是如何保护消费者权益》,载《华东经济管理》1995 年第 3 期。
③ 金福海:《消费者法论》,北京大学出版社 2005 年版,第 128 页。
④ 同上书,第 135—136 页。

4. 价格规制

由于经营者往往利用其垄断地位，制定不合理的高价，形成不公平的交易；即便是在非垄断领域中，一些不法经营者也常常利用虚假的价格标示和价格宣传，诱使消费者从事消费交易，因此国家需要对价格进行必要的规制，以保护消费者的利益。各国在价格规制方面的立法有日本 1947 年《禁止私人垄断和确保公正交易法》、英国 1956 年《限制性贸易惯例法》、1973 年《公平贸易法》、德国 1957 年《反对限制竞争法》等。①

（二）事后救济的法律规则

尽管有上述事前防范法律规则的庞大体系，但彻底、完全地消除消费者受到的伤害或损害或侵害既非现实，亦无可能。而对于消费者来说，其通常不可能将所受到的伤害、损害或侵害仅仅作为自己的一种教训或经历予以消化而将经营者的责任一笔勾销，消费者往往要诉诸适当的救济渠道，填补其受到的损害，事后救济的法律规则正是从这个意义上来满足消费者需要的。

消费者因产品存在缺陷受到伤害或损害之后请求救济的问题，是消费者保护的一个非常重要的方面。只有将消费者受到伤害或损害之后的救济安排妥当，对消费者的利益才会具有切实的保障而不仅仅是一种口号或理想。消费者在因缺陷产品受到伤害或损害之后请求救济时，首先面临的是确定请求权基础的问题。在这里，可资依赖的请求权基础既有合同法规则，亦有侵权法规则。当受害的消费者运用既有的规则向经营者请求损害赔偿却遭遇种种不便和困难时，这些规则在消费者保护的浪潮之中遭遇来自消费者阶层的责难和指摘当在意料之中。从国家的角度来讲，国家以"保护消费者利益，提高消费者地位"为目标而进行的立法活动，既包括制定新法以弥补法律规则的缺失，也包括对现有的法律规则是否有利于保护消费者利益进行审查和修订。如果现有的损害救济规则并没有蕴含保护消费者利益的价值，并没有促进消费者利益保护的制度和措施，该规则成为法律改革的目标是不言而喻的。正如先前哲人所说，每当一件事情发生，事实又证明在其中某一个价值方面法律不足以保证实现它的时候，人们总是对法律百般指责。②既存的合同法规则与侵权法规则正是在消费者保护运动中暴露出不利于消费者利益保护的不足和缺陷而遭遇了"百般指责"，从而被立法者和司法者以"保护消费者利益，提高消费者地位"为标尺进行改良，最终促成严格产品责任原则的诞生以及作为侵权法的独立分支的产品责任法的形成。从这个意义上说，弥

---

① 金福海：《消费者法论》，北京大学出版社 2005 年版，第 142—144 页。
② 〔英〕彼得·斯坦、约翰·香德：《西方社会的法律价值》，王献平译，郑成思校，中国法制出版社 2004 年版，第 2 页。

补与克服既有的合同法规则与侵权法规则的不足与缺陷正是严格产品责任原则所具备的制度功能。

小　　结

　　消费者与经营者之间信息分布的不均衡以及双方经济实力的差别，导致了消费者与经营者之间出现利益失衡，并形成日益严重的消费者问题。各国侵害消费者权益的恶性事件则使本已严重的消费者问题更加尖锐和凸显，并最终成为引发各国消费者保护运动的导火线。消费者组织的领导指引，思想激进人士的呐喊呼吁，各种媒体的传播披露以及政府与国际组织的支持参与，使得以"保护消费者利益、提高消费者地位"为目标的消费者运动逐渐从民间自发的社会运动转变为国家的一项基本政策，并由此掀起各国以保护消费者为目标的立法浪潮。这不仅对缺失的法律规则予以建立，而且以是否有利于保护消费者利益为标准对既有的法律规则进行了审查和修订。在与消费者保护密切相关的产品责任领域，解决产品责任争议的既有合同法规则与侵权法规则在消费者利益保护方面所暴露出来的不足与缺陷，使这些规则自然成为审查和修订的目标并最终促成了严格产品责任原则的诞生。从这个意义上说，消费者保护运动的开展是严格产品责任原则产生的时代背景[①]，而严格产品责任原则的产生则是消费者保护运动取得的重要成果。

[①] Ryan Bullard, "Out-Teching Products Liability: Reviving Strict Products Liability in an Age of Amazon", 20 *N.C. J.L. & Tech. On.* 181, May, 2019.

第二章　严格产品责任原则的制度功能

产品责任法作为侵权法的一个独立分支,是与严格产品责任原则相伴而生的。在严格产品责任原则产生之前,各国并不存在专门而独立的产品责任法来解决因缺陷产品致损所发生的争议,而是适用相关的合同法规则或侵权法规则来应对纠纷的解决。[①] 随着消费者保护浪潮的日益高涨,既有的合同法规则与侵权法规则在消费者利益保护方面所暴露出来的不足与缺陷使其成为社会各界批评与责难的目标,而严格产品责任原则正是在上述批评与责难的过程之中脱胎于对既有规则的不足与缺陷的弥补与克服。这里的弥补与克服在很大程度上归功于各国法院对既有规则进行的创新解释和适用,以及各国学者提出的颇具启发意义的学说和见解。本章拟对严格产品责任原则产生之前适用于缺陷产品致损纠纷的合同法规则与侵权法规则分别进行介绍与评析,唯限于篇幅,研究范围仅及美国、英国、德国、法国及日本。

第一节　合同法"相对性原则"及其他规则缺陷之克服

一、美国相关规则之彻底突破

(一) 美国的担保制度

在严格产品责任原则确立之前的美国,解决产品责任争议的合同法规则系有关担保制度的若干规定。[②]担保制度最初规定在1906年《统一买卖法》之中。该法在20世纪50年代晚期至60年代早期以前一直是调整货物买卖的商事交易的有效规则。1952年正式公布的《统一商法典》吸收了该法有关担保制度的基本规定,但对担保制度的类型进行了若干修订。从1954年开始,美国各州的立法机构逐渐以《统一商法典》第二编"买卖"代替1906年《统

[①] Kenneth S. Abraham, *The Form and Functions of Tort Law*, 4th ed., Foundation Press, 2012, p.217.
[②] Tim Kaye, *Products Liability Law*, American Bar Association, 2015, p.14; Nicole D. Berkowitz, "Strict Liability for Individuals? The Impact of 3-D Printing on Products Liability Law", 92 *Wash. U. L. Rev.* 1019, 2015.

一买卖法》和其他商事规则对货物买卖交易进行调整。[①]

1. 1906年《统一买卖法》中的担保制度[②]

(1)明示担保

根据1906年《统一买卖法》第12条的规定,卖方向买方作出的对于货物有关事实的确认或者允诺,如果这样的确认或允诺旨在劝诱买方购买该货物,并且买方信赖该确认或允诺而购买了该货物,该确认或允诺构成明示担保。仅仅是卖方对于货物价值的确认或者有关卖方意见的声明不能构成明示担保。[③]

(2)默示担保

1906年《统一买卖法》规定了4种有关货物品质的默示担保:① 根据货物说明进行的买卖中的默示担保;② 商销性默示担保;③ 特定用途适合性默示担保;④ 样品买卖中的默示担保。[④]

2.《统一商法典》中的担保制度

1952年颁布的《统一商法典》将1906年《统一买卖法》中规定的"根据货物说明进行的买卖中的默示担保"与"样品买卖中的默示担保"划归明示担保的范畴,《统一商法典》中有关买卖担保制度的规定如下:

(1)明示担保

根据《统一商法典》第2-313条的规定,明示担保可以通过下列方式产生:① 卖方就货物的状况或品质向买方作出的声明或允诺;② 卖方对货物所作的任何说明构成了交易基础的一部分;③ 卖方展示的任何样品或模型构成了交易基础的一部分。[⑤] 买方以卖方违反明示担保为由提起诉讼,并不需要证明卖方的过错[⑥],在这个意义上说,依据明示担保制度,卖方承担严格责任[⑦]。

[①] James A. Henderson, Jr., Richard N. Pearson & John A. Siliciano, *The Torts Process*, CITIC Publishing House, 2003, p. 441.

[②] 目前国内学者对严格产品责任原则产生之前在美国适用的买卖法规则的介绍基本上集中于《统一商法典》中买卖法规则的内容,但《统一商法典》正式对外公布的时间为1952年,而美国各州的立法机构逐渐以《统一商法典》第二编"买卖"代替1906年《统一买卖法》和其他商事规则对货物买卖交易进行调整始于1954年,美国提出严格产品责任原则的判例发生于1944年,首次运用严格产品责任原则作出判决发生于1963年,正式采纳严格产品责任原则的《侵权法第二次重述》颁布于1965年,因此本书认为,对严格产品责任原则产生之前在美国适用的合同法规则的介绍不应忽略1906年《统一买卖法》中的相关规则。

[③] 参见1906年《统一买卖法》第12条。

[④] 1906年《统一买卖法》第14条、第15(1)(2)条、第16条。

[⑤] 《统一商法典》第2-313条。

[⑥] W. Page. Keeton et al., *Products Liability and Safety*, The Foundation Press, Inc, 1989, p. 97.

[⑦] Steven L. Emanuel, *Torts*, CITIC Publishing House, 2003, p. 333.

（2）商销性默示担保

商销性的默示担保是指职业卖方与买方所签订的商品买卖合同中，应存在一项担保其商品具有商销性的默示条件，如果不具有商销性，卖方即应负担保责任①。根据《统一商法典》第 2-314 条的规定，货物至少应达到下述标准才具有商销性：① 在交易中，根据合同条款交付时不致被拒收；② 如果是种类物，应具有合同所说的平均中等品质；③ 适合这种货物的一般用途；④ 在协议允许的范围内，每个单位内的性质、数量、质量应相同，各单位之间的性质、数量、质量也应相同；⑤ 按照协议的要求进行包装并附适当的标签；⑥ 货物应与包装或标签上的说明或保证相符②。与明示担保相同，商销性默示担保同样对被告施加了一种严格责任，即原告不需要证明被告的过错③。

（3）特定用途适合性默示担保 ④

特定用途适合性默示担保是指，卖方在签订合同时有理由知道所出售的货物将被买方用于特定用途，而买方依赖卖方的技术或判断对货物进行选择，那么合同中即存在一项该货物适合于上述特定用途的默示担保，除非该担保被排除或修改⑤。

(二) 担保制度之缺陷

1. 合同相对性的限制

以违反明示担保或默示担保为基础提起诉讼请求救济，最初仅适用于与被告有合同关系的人⑥，即提起违反担保之诉的合同相对性原则。⑦ 就一般的合同而言，实务界与学术界普遍接受的规则为，当双方当事人就合同条款达成协议，该双方当事人有权利将其他人排除在该合同之外，因为一方当事人愿意为另一方当事人提供某种担保，并不意味着提供担保的一方愿意对所有人提供该种担保。⑧合同相对性的限制，其内涵表现为两个方面：一方面为"垂直相对性"，即原告仅能对与其直接合同关系的卖方提起违反担保之诉，而无权向与其没有直接合同关系的生产者或经销商提出权利主张，垂直相对性的关键问题是：可以起诉谁？另一方面为"水平相对性"，即原告只能

---

① 梁慧星：《民法学说判例与立法研究》，法律出版社 2003 年版，第 150 页。
② 徐炳：《美国的货物质量保证制度》，载《法学研究》1990 年第 2 期。转引自梁慧星：《民法学说判例与立法研究》，法律出版社 2003 年版，第 150—151 页。
③ 〔奥〕海尔姆特·库齐奥主编：《侵权责任法的基本问题（第二卷）比较法的视角》，张家勇、昝强龙、周奥杰译，北京大学出版社 2020 年版，第 447 页。
④ 梁慧星：《民法学说判例与立法研究》，法律出版社 2003 年版，第 151 页。
⑤ 《统一商法典》第 2-315 条。
⑥ Harry Duintjer Tebbens, *International Product Liability*, Sijthoff & Noordhoff International Publishers, 1980, p. 18.
⑦ Zoe Gillies, "Amazon Marketplace and Third-Party Sellers: The Battle over Strict Product Liability", 54 *Suffolk U. L. Rev.* 87, 2021.
⑧ Ronald W. Eades, *Mastering Products Liability*, Carolina Academic Press, 2008, pp. 12-13.

是购买了商品的人,而不包括其他可能与商品发生联系的原告的家庭成员、朋友、客人或其他旁观者,水平相对性的关键问题是:谁可以起诉?[1]

在涉及消费者买卖的场合,该合同法规则会产生很大的问题。例如,一个产品的生产者对零售商提供了某种担保,但是遭受了人身伤害的是最终的消费者,如果该消费者不能就上述生产者作出的担保向生产者主张权利,一方面,作出担保的生产者将会逃避本来应该承担的责任,另一方面,最终的消费者将会面临诉求无门的境地。[2] 合同相对性的限制在 20 世纪 60 年代以前的美国一直是笼罩在违反担保诉讼之上的一团阴影。

2. 其他缺陷

尽管原告对卖方提起违反明示担保或默示担保的诉讼并不需要对被告的过错进行证明,但由于《统一商法典》允许卖方以某种形式对担保责任予以排除或修改[3],作为消费者的原告提起违反担保之诉可能会沦为一种虚幻的权利而缺乏保障。此外,买方根据违反担保向卖方主张权利,必须承担在合理的时间将违约事实通知卖方的义务,否则无权获得任何救济。[4] 在商事交易的情况下,该通知义务似乎具有一定的可行性,例如,两家规模较大的公司如果已经维持了相当长时间的业务联系,那么彼此的信息沟通也通常会是顺畅无间断的。如果产品存在缺陷,买方会非常自然地联系卖方。但是,在消费者交易中,这样的情形通常不可能发生。消费者很有可能是在零售商手中购买的产品。如果产品给消费者造成了损害,消费者可能会联系零售商,而不会想到去通知生产者。在这样的情况下要求消费者履行通知生产者的义务,否则就不能获得救济,生产者就会因此逃避本应承担的责任。[5] 对此,有学者指出,这样的要求往往使消费者在无知无觉中丧失了权利救济的机会和可能,尤其是在发生人身伤害的案件中,要求消费者就违反担保的情况通知卖方,更加显得缺乏现实基础。[6] 最后需要提及的缺陷是有关诉讼时效的规定,《统一商法典》虽然规定了 4 年的诉讼时效,但诉讼时效的起算时间一般为违反担保的发生时间或者说卖方交货的时间。[7]这样,当原告遭受损害发现缺陷时,诉讼时效期间有可能已经届满,原告的赔偿请求将会因此而被

---

[1] Ronald W. Eades, *Mastering Products Liability*, Carolina Academic Press, 2008, p. 18; W. Page Keeton et al. , *Products Liability and Safety*, The Foundation Press, Inc, 1989, p. 121.
[2] Ronald W. Eades, *Mastering Products Liability*, Carolina Academic Press, 2008, p. 13.
[3] James A. Henderson, Jr. & Aaron D. Twerski, *Products Liability: Problems and Process*, CITIC Publishing House, 2003, p. 82; Nicole D. Berkowitz, "Strict Liability for Individuals? The Impact of 3-D Printing on Products Liability Law", 92 *Wash. U. L. Rev.* 1019, 2015.
[4] 参见《统一商法典》第 2-607(3)条。
[5] Ronald W. Eades, *Mastering Products Liability*, Carolina Academic Press, 2008, p. 13.
[6] Harry Duintjer Tebbens, *International Product Liability*, Sijthoff & Noordhoff International Publishers, 1980, pp. 19-20.
[7] 参见《统一商法典》第 2-725(1)(2)条。

阻却。①

（三）缺陷之克服

由于缺陷产品的受害人与销售商或者缺陷产品的消费者与生产者缺乏合同关系的情况并非偶然,但由于违反担保之诉对合同相对性的严格要求,不仅使受害人缺乏救济的途径,也使得应当承担赔偿责任的被告逃避于法律的规制之外。因此,美国法院克服担保制度的缺陷所付出的努力在很大程度上集中于在违反担保之诉中突破合同相对性的限制。② 1932 年的 Baxter v. Ford Motor Co. 一案开创了明示担保诉讼中突破合同相对性限制的先河。③ 在该案中,被告生产者通过广告对其产品的品质进行了说明,而原告在信赖该广告的基础上从经销商处购买被告生产的汽车;法院支持了原告对被告生产者提起的诉讼,构成了合同相对性限制的一个例外。④ 在第一次世界大战之前,默示担保一直与合同相同性的要求紧密相连;此后由于在全国范围内涌起抗议和抵制掺杂掺假食品的风潮,美国的法院开始逐渐将自己从合同相对性的束缚中解脱出来以对消费者提供保护。⑤在默示担保诉讼中消除合同相对性的要求首先在涉及食品的案件中得以成就;到 20 世纪 50 年代,范围逐渐扩大至涉及动物饲料以及与身体亲密接触的产品,例如肥皂、染发剂等;到 20 世纪 60 年代,发展为适用于所有的产品。⑥为此,其被称为"相对性堡垒的崩溃"⑦。

二、英国相关规则之保守修正

（一）英国的默示条款制度

严格产品责任原则在英国得到确立之前,针对产品责任诉讼最重要的合同救济方式是 1893 年《货物买卖法》⑧中关于默示条款的规定,包括货物与

---

① Dan B. Dobbs & Paul T. Hayden, *Torts and Compensation: Personal Accountability and Social Responsibility for Injury*, West Group, 1997, pp. 685-686.
② Alissa del Riego, "Deconstructing Fallacies in Products Liability Law to Provide a Remedy for Economic Loss", 58 *Am. Bus. L. J.* 387, 2021.
③ 179 Wash 123, 35 P2d 1090(1932).
④ Harry Duintjer Tebbens, *International Product Liability*, Sijthoff & Noordhoff International Publishers, 1980, p. 18.
⑤ Ibid.
⑥ Geraint Howells, *Comparative Product Liability*, Dartmouth, 1993, p. 204.
⑦ Alissa del Riego, "Deconstructing Fallacies in Products Liability Law to Provide a Remedy for Economic Loss", 58 *Am. Bus. L. J.* 387, 2021.
⑧ 1893 年《货物买卖法》颁布于 1894 年 2 月 10 日,后历经多次修改,现在的通行版本是 1979 年修订后的版本。1994 年《货物销售和提供法》又对 1979 年货物买卖法进行了重大修改。参见吴冠雄:《英国货物买卖法的新发展——评介〈1994 年货物销售和提供法〉》,载《中外法学》1999 年第 1 期。

说明相符的默示条款、货物具有商销品质的默示条款以及货物适合于特定用途的默示条款①。

1. 货物与说明相符的默示条款

根据1893年《货物买卖法》第13(1)条规定,如买卖契约中规定为凭说明书买卖时,应含有一项默示条款,即货物应与说明书相符;如兼用凭样品买卖和凭说明书买卖时,所交货物只与样品相符是不够的,还必须与说明书相符。该条款通常适用于买方通过邮寄或电话订购货物而在签订合同之前并未实际见过商品的情形。判断商品与说明书是否相符的规则是,卖方所提供的货物是否与说明书相去甚远,法院通常会接受货物存在细微差别,因为这正是该种购买方式的通常风险。卖方通常采取的对抗该项默示条款的方式是对产品进行模糊说明并且非常清晰地告诫买方不应当仅仅依赖广告中的说明而作出购买决定。②

2. 货物具有商销性品质的默示条款

根据1893年《货物买卖法》第14(2)条的规定,卖方在出售货物的交易过程中,应有一项默示条款,即该契约下的货物的品质是适合商销的。所谓货物的品质适合商销,通常是指,根据货物的相关说明、价格以及其他有关情况,可以合理地期待所购买的货物适合于该类货物通常具备的某种用途或某些用途。但是,在下列情况下将会排除商销性品质默示条款的存在:① 在缔约前已将货物的瑕疵特别提请买方注意者;② 买方在缔约前已检查过货物,而该项瑕疵是在检查中应能发现者。③

3. 货物适合于特定用途的默示条款

根据1893年《货物买卖法》第14(3)条的规定,在卖方出售货物的过程中,如买方明示或默示地使卖方了解购买该项货物是为了特定用途,则除非有证据表明买方并不信赖或不可能信赖卖方的技能或判断者外,应具有一项默示条款,即根据有关契约供应的货物,应合理地适合该项特定用途,不管此类货物通常是否是为此目的而供应的。为了成立违反适合于特定用途的默示条款,买方在选择商品的过程中必须是信赖卖方的技术和判断的,而且根据当时的情况买方信赖卖方的技术是合理的。在买方具有相关专业知识的情况下,买方不能证明其对卖方技术的信赖,也不能要求产品应当进行特殊

---

① Geraint Howells, *Comparative Product Liability*, Dartmouth, 1993, p. 53.
② London Economics, Jörg Finsinger & Jürgen Simon, *The Harmonization of Product Liability Laws in Britain and Germany*, Anglo-German Foundation for the Study of Industrial Society, 1992, p. 91.
③ Christopher J. S. Hodges, *Product liability: European Laws and Practice*, Sweet & Maxwell, 1993, p. 661. 货物具有商销性品质的默示条款在1994年《货物销售和提供法》中被"令人满意的品质"(satisfactory quality)默示条款所替代,参见吴冠雄:《英国货物买卖法的新发展——评介〈1994年货物销售和提供法〉》,载《中外法学》1999年第1期。

的设计。此外,如果买方有足够的时间亲自对产品进行检查,他将不能主张其仅仅是因为信赖了卖方有关产品适合其目的的陈述而作出了购买决定。①

(二)默示条款制度之缺陷

1. 合同相对性的限制

运用违反默示条款救济方式的最明显缺陷来自难以逾越的合同相对性的障碍。首先,在产品造成损害的情况下,违反默示条款的合同救济仅仅适用于商品的买方,因为深植于英国法院与立法者头脑中的一种非常坚定的观念是,就缺陷产品而言,只有那些支付了对价的买方才是与合同有利害关系的人。②另外,英国的法律也不允许买方依赖担保随货物移转的理论通过直接诉讼的方式向生产者主张损害赔偿的权利,原因在于英国的法官认为最后的消费者是从零售商那里购得产品的,与生产者之间缺乏对价,允许最后的消费者直接向生产者主张权利的诉讼跳跃将会突破传统的合同原则。可以这样说,在英国和美国的买卖法中虽然曾经存在相同的"合同相对性的堡垒",但在美国判例法上发生的并且在《统一商法典》中得以体现的"合同相对性堡垒的崩溃"由于英国法官固守对于对价原则的忠诚而没有在英国重演。③而这一点正是英国产品责任合同之诉的顽疾,也使得在20世纪60年代的"反应停"诉讼中受害人遭遇合同之诉的不便——在英国,由于80%的药品是由国家医疗保障体系提供的,患者获得药品是基于国家所承担的法定义务而不是基于买卖合同,所以为药品所伤害的患者及其后代与药品的提供方和生产者均不具有直接的合同关系,根据合同相对性原则,受害人不能提出合同上的权利主张,不能依据产品责任的合同之诉获得任何援助。④在这种情况下,受害人寻求救济只能依赖于侵权法上的规则,但通过后面的内容可以知道,侵权法上的规则同样不能为遭受深重灾难的受害人带来福音。

2. 其他缺陷

在卖方违反默示条款的情况下,买方提起合同之诉可以享受的最大利益为卖方承担严格责任,即并不要求卖方实际知道产品的缺陷或者并不要求卖方对于缺陷具有过错。⑤ 尽管买方提起合同之诉享有上述利益,但买方在诉

---

① London Economics, Jörg Finsinger & Jürgen Simon, *The Harmonization of Product Liability Laws in Britain and Germany*, Anglo-German Foundation for the Study of Industrial Society, 1992, pp. 93-94.
② Jane Stapleton, "Products Liability in the United Kingdom: The Myths of Reform", 34 *Tex. Int'l L. J.* 45, 48, Winter, 1999.
③ Harry Duintjer Tebbens, *International Product Liability*, Sijthoff & Noordhoff International Publishers, 1980, p. 49.
④ Jane Stapleton, *Product Liability*, Butterworths, 1994, p. 43.
⑤ Harry Duintjer Tebbens, *International Product Liability*, Sijthoff & Noordhoff International Publishers, 1980, p. 46.

讼中通常受到以下若干方面的限制：适合于特定用途的默示条款不适用于有商标的货物，这就将范围日益扩大的商标产品排除在外；商销性品质的默示条款限定于根据说明书的买卖，而对于买方在自助商店选择购买的货物不予适用；另外，卖方可以对其根据上述默示条款承担的责任予以变更或排除，这样就为大规模经营的卖方在标准合同中利用印刷字体很小的排除责任条款免除责任打开了方便之门。①

3. 缺陷之克服

买方依据默示条款请求赔偿受到的概念性限制促使法院尝试对上述默示条款进行自由、扩大的解释，从而使该种合同救济方式适合于消费者团体的需要。司法对于合同默示条款的自由解释亦得到立法机关的认可并于1973年《货物供应（默示条款）法》中得到体现——不仅商标产品和说明书买卖的限定要求被取消，而且该法还明确规定，在消费买卖的情况下，适合于特定用途的默示条款与商销性品质的默示条款不能被排除。② 尽管有上述司法和立法两方面的努力使买方在产品责任合同之诉中的处境有所改善，但由于运用违反默示条款的救济方式面临不可逾越的合同相对性的障碍，上述旨在消除默示条款概念性限制的努力无异于杯水车薪。

三、德国相关规则之尝试改变

（一）德国的"瑕疵担保"与"积极违约"

1.《德国民法典》③中的"瑕疵担保"制度

根据《德国民法典》第459条的规定，卖方就标的物的品质承担两种义务：其一，卖方应当保证标的物在风险移转给买方之前，无灭失或者减少其价值的瑕疵，在品质上具有通常效用或者合同预先约定的效用；其二，卖方如果对物的品质作出了特别的保证，则在物的风险责任转移之前，应担保标的物具有其所保证的品质。卖方的上述两项义务也可以称为卖方的品质担保责任。卖方的品质担保责任并非绝对责任，根据《德国民法典》第460条的规定，出卖人在两种情况下可以免除品质担保的责任：一方面，买受人在买卖合同成立时明知物有瑕疵的，出卖人可以免除品质担保的责任，因为买受人在合同成立时的明知意味着买受人对物之瑕疵的接受；另一方面，买受人由于

---

① Harry Duintjer Tebbens, *International Product Liability*, Sijthoff & Noordhoff International Publishers, 1980, p. 47.
② 消费买卖是1973年《货物供应（默示条款）法》中提出的一个全新概念，其含义为：消费买卖发生在卖方的营业过程中，所销售的商品属于一般购来用于个人消费使用的产品，而且买方对于商品的购买和持有并不属于营业行为。参见 Harry Duintjer Tebbens, *International Product Liability*, Sijthoff & Noordhoff International Publishers, 1980, p. 47。
③ 《德国民法典》，台湾大学法律学院、台大法学基金会编译，北京大学出版社2017年版。

重大过失导致对物之瑕疵确实不知的,出卖人也不承担品质担保责任,因为重大过失几乎等于故意,对自己之权益漠不关心者,法律也没有特别加以保护的必要。① 但是,出卖人因买受人存在重大过失而免责也有两种例外情况,一是出卖人已经特别保证标的物无瑕疵的,二是出卖人故意不告知瑕疵者,即使买受人有重大过失,出卖人也应负品质担保责任。

2. 未法典化的合同规则——"积极违约"

"积极违约"是德国最高法院于1902年借由判例法而形成与发展的概念。② "积极违约"概念的形成,基于德国法学界人士普遍认为,契约中隐含着一套旨在保护契约当事人权利的"义务网络",网络内的义务性质均属于注意义务或保护性义务,对于注意义务或保护性义务的违反构成履行瑕疵,履行相对方可据此就受到的实际损害请求赔偿。③ 具体到与产品责任相关的买卖合同而言,德国的法院与法律学者均认为,买卖合同中的卖方在承担法定的品质担保责任的同时,还负有防止生产不安全的产品的一般义务或者说避免对他人造成伤害的风险的一般义务。④ 对于该义务的违反构成积极违约。德国法院借鉴学者的研究成果,阐明了多种生产者应当承担的防止生产不安全的产品或避免对他人造成伤害的风险的义务,例如在产品投入流通之前检验产品并且对产品进行最终测试,提供有关产品的充分适当的使用说明,对危险的使用方法或储存方法提出警告,等等。⑤

(二)"瑕疵担保"制度与"积极违约"规则之缺陷

1. "瑕疵担保"制度之缺陷

因缺陷产品受到损害而依据《德国民法典》中的合同规则请求赔偿,具有严格的限制条件:首先,该合同救济方式仅仅适用于买卖合同的当事人之间⑥;其次,买方因缺陷产品受到损害,如果出卖人所售出的物品缺少所保证的品质,买方可以请求损害赔偿,但由于法院对于卖方就物品具有某种特定品质所作的保证之成立进行非常严格的解释,该种情况的成立十分困难。⑦ 再次,尽管法律规定卖方欺骗性地或故意地隐瞒其已知的物品中的缺陷,可

---

① 崔建远主编:《合同法》(第2版修订本),法律出版社2000年版,第355页。
② Christopher J. S. Hodges, *Product Liability: European Laws and Practice*, Sweet & Maxwell, 1993, p. 354.
③ 〔德〕罗伯特·霍恩、海因·科茨、汉斯·G.莱塞:《德国民商法导论》,楚建译,谢怀栻校,中国大百科全书出版社1996年版,第115—116页。
④ Harry Duintjer Tebbens, *International Product Liability*, Sijthoff & Noordhoff International Publishers, 1980, p. 68.
⑤ Ibid.
⑥ Manfred Wandt, "German Approaches to Product Liability", 34 Tex. Int'l L. J. 71, 73, Winter, 1999.
⑦ Harry Duintjer Tebbens, *International Product Lability*, Sijthoff & Noordhoff International Publishers, 1980, p. 67.

以使买方获得请求损害赔偿的权利,但由于德国的法院并没有对欺骗意图的概念进行自由的解释①,买方对于卖方是否欺骗性地或故意地隐瞒其所售出物品中的缺陷很难进行证明。② 最后,根据《德国民法典》的规定,依据违反担保主张损害赔偿的诉讼时效非常短暂,仅仅是产品交付之后的6个月③,因此经常会发生买方使用产品受到伤害时诉讼时效期间已满、买方已经丧失向卖方请求赔偿的权利的情况。④

2. "积极违约"规则之缺陷

"积极违约"概念的运用需要满足的前提是:当事人违反注意义务和保护性义务是否应承担责任,取决于当事人是否有行为过失。⑤ 因此,原告依据"积极违约"提起诉讼,需要对被告的具体过错进行证明,这对于原告来说是一种非常繁重的证明负担。另外,由于"积极违约"概念的产生,基于"契约中隐含着一套旨在保护契约当事人权利的义务网络"的观念,那么原告依据积极违约进行诉讼,仍旧仅仅限定于对与其有合同关系的卖方提起诉讼。所以,在产品责任的意义上来说,诉诸"积极违约"的救济途径对于受到产品伤害或损害的原告而言仅仅具有非常偶然的意义。

(三) 缺陷克服之尝试

上文谈到的《德国民法典》中的合同规则与未法典化的"积极违约"概念的运用均受到合同相对性的严格限制,因此在相当长的一段时期内,学术界致力于采用准合同救济方式对上述合同相对性的阻碍予以缓解。

1. "对第三人具有保护效果的合同"理论

为了将生产者与销售者间买卖合同的权利义务延伸至后来取得产品的人,史蒂芬·拉伦茨(Stephan Lorenz)教授建议将"对第三人具有保护效果的合同"作为由生产者对后来取得产品的人承担责任的基础。其主要观点为:在某些合同中,一方当事人不仅仅要对相对方当事人承担注意的义务,而且还要对与相对方当事人具有亲近关系的人负有注意义务,尤其是他的家庭成

---

① 德国法院认为,不论卖方是否为专业性卖方,都不能推定其有过失或知情;而法国的法院则认为,如果卖主为专业卖方,则推定其了解产品中存在的缺陷,其未向买方披露有关产品缺陷的信息,即可构成欺骗性地或故意地隐瞒。
② Manfred Wandt, "German Approaches to Product Liability", 34 Tex. Int'l L. J. 71,73, Winter, 1999.
③ Harry Duintjer Tebbens, International Product Lability, Sijthoff & Noordhoff International Publishers, 1980, pp. 67-68.
④ 新《德国民法典》中已经取消了买卖、加工以及旅游合同中过于短暂的时效期间,原第477条、第638条、第651条中6个月的时效期间均被2年的诉讼时效取代。参见吴越:《德国民法典之债法改革对我国的启示》,载《法学家》2003年第2期。
⑤ 〔德〕罗伯特·霍恩、海因·科茨、汉斯·G.莱塞:《德国民商法导论》,楚建译,谢怀栻校,中国大百科全书出版社1996年版,第115页。

员或者他的雇员。① 德国最高法院曾经在 1959 年的一个案件中适用了该规则,但是在 1968 年著名的鸡瘟案件中,德国最高法院拒绝将该规则作为确定产品责任的一般方法。他们认为,民法典虽然允许非合同当事人的第三人以"对第三人具有保护效果的合同"作为请求损害赔偿的法律基础,但是也仅仅在非常特殊的情况下才允许该规则的适用,即债权人通常与该第三人之间具有某种带有私人特点的法律关系。而在产品责任领域,因产品存在缺陷依据买卖合同请求赔偿的债权人(产品的销售方)通常与后来取得产品的人之间并不具有某种带有私人特点的法律关系。② 因此,以"对第三人具有保护效果的合同"的概念来帮助为缺陷产品所害的第三人追究生产者的责任并不适当。③

2. "对第三人遭受的损害进行清算"理论

"对第三人遭受的损害进行清算"的概念也被学者们用来将生产者与销售者间买卖合同的权利义务延伸至后来取得产品的人。通常情况下,合同当事人不履行合同的后果是由合同的相对方来承受的,但在例外情况下,该当事人没有亲自承受合同不履行造成的损害,而是另一个与他具有特殊关系的人遭到损害。最高法院曾经允许以"对第三人遭受的损害进行清算"为依据由遭受损害的第三人对生产者提起请求赔偿的诉讼④,但后来,最高法院在鸡瘟案件中对该规则进行了严格解释,将该规则的适用限定于以下两种情况:一是合同债权人因第三人的原因而签订的合同;二是合同债务人承诺尽注意义务的事物属于第三人所有而非债权人所有。⑤ 消费品买卖的情形与上述两种情况并不吻合,因此受到缺陷产品伤害或损害的消费者或用户并不能通过就第三人遭受的损害请求赔偿的方法为自己受损的利益请求保护。⑥

四、法国相关规则之重新诠释

(一) 法国的"隐蔽缺陷担保"制度

在法国,对于缺陷产品造成的人身伤害或财产损害,买方通常依据民

---

① Harry Duintjer Tebbens, *International Product Lability*, Sijthoff & Noordhoff International Publishers, 1980, p. 70.
② Basil S. Markesinis & Hannes Unberath, *The German Law of Torts: A Comparative Treatise*, Hart Publishing, 2002, pp. 557-558.
③ Harry Duintjer Tebbens, *International Product Liability*, Sijthoff & Noordhoff International Publishers, 1980, p. 70.
④ Ibid., p. 71.
⑤ Basil S. Markesinis & Hannes Unberath, *The German Law of Torts: A Comparative Treatise*, Hart Publishing, 2002, p. 556.
⑥ Ibid., p. 557.

法中买卖法部分有关隐蔽缺陷担保的若干规定向卖方请求损害赔偿。①卖方对买方承担的隐蔽缺陷担保责任首先规定在《法国民法典》第1641条之中：卖出物有隐蔽瑕疵，致使买受人不能将其用作指定的用途，或者使其用作指定用途时效用降低，买受人事先了解此种情形，即可能不会买受该物或仅在降低价格后始予买受的，出卖人应负担保责任。②该条规定意味着卖方担保其所销售的物品不具有使其不适合既定用途的隐蔽缺陷。卖方承担隐蔽缺陷担保责任亦有一定的限制，根据《法国民法典》第1642条的规定，出卖人对明显的且买受人自己能够辨认的瑕疵不负担保责任。从上述规定可以看出，买方请求卖方承担隐蔽瑕疵担保责任必须满足以下条件：① 产品存在缺陷；② 产品的缺陷具有隐蔽性；③ 产品的缺陷在产品所有权转移之前即已存在；④ 产品缺陷严重导致产品不适于使用或者大大降低了产品的价值。③

卖方违反隐蔽缺陷担保责任会导致原告向其提出赔偿的权利主张。《法国民法典》根据卖方对隐蔽缺陷的了解状况，将卖方区分为恶意的卖方与善意的卖方，其中，原已知道出卖物有缺陷的，为恶意的卖方；不知道出卖物有缺陷的，为善意的卖方，卖方的恶意与善意会导致其对买方承担不同的责任。《法国民法典》1645条规定，如出卖人原已知道出卖物有瑕疵，除了返还其收受的价金外，还应当对买受人负全部损害赔偿责任④；《法国民法典》1646条规定，如出卖人不知出卖物有瑕疵，则仅负向买受人返还价金并偿还买受人在买卖时支出之费用的义务。⑤ 但《法国民法典》对买方因卖方违反隐蔽缺陷担保责任提起诉讼规定了短暂而不确定的诉讼时效期间：《法国民法典》1648条规定，因据以解除买卖之瑕疵而产生的诉讼，应由买受人依据此种瑕疵的性质以及买卖进行地的习惯，在短期限内提起。⑥

（二）"隐蔽缺陷担保"制度之缺陷

从消费者保护的角度来看，《法国民法典》规定的上述隐蔽缺陷担保责任存在以下缺陷：首先，隐蔽缺陷担保责任是以买卖双方之间的买卖合同为基础的，因此该责任的承担受到合同相对性的严格限制。其次，民法典规定卖

---

① Duncan Fairgrieve, *Product Liability in Comparative Perspective*, Cambridge University Press, 2005, pp. 86-87.
② 《法国民法典》（下册），罗结珍译，法律出版社2005年版，第1242页。
③ Duncan Fairgrieve, *Product Liability in Comparative Perspective*, Cambridge University Press, 2005, pp. 86-87.
④ 《法国民法典》（下册），罗结珍译，法律出版社2005年版，第1253页。
⑤ 同上书，第1254页。
⑥ 同上书，第1255页。

方仅在原已知道出卖物存在瑕疵的情况下才对买方承担全部损害的责任,这注定隐蔽缺陷担保的规则只能为买方提供非常有限的救济;因为买方如欲获得损害赔偿,前提条件是必须证明卖方原已知道出卖物存在瑕疵,即卖方存在恶意,但事实上,要查清卖方事先明知有瑕疵还是诚实不知是很困难的。①最后,隐蔽缺陷担保的规则不仅存在适用前提上的限制,也存在适用范围方面的限制。在适用前提下,提起隐蔽缺陷担保诉讼,需要满足缺陷是隐蔽的以及缺陷在交易时即已存在的条件,这对于原告来说是一种困难和负担;在适用范围上,该规则仅仅适用于因产品品质存在缺陷而发生损害的情况,其并不能将产品的制造和设计并不存在任何问题但由于生产者没有对产品的特性或使用提供充分适当的说明而造成损害的情形包括进来,这就使得该情形之下的受害人缺乏提出权利主张的依据。

(三) 缺陷之克服

法国在产品责任法领域表现出非常明显的亲消费者倾向,这要归功于法国的法官和学者为了使《法国民法典》适应保护消费者利益的时代需要,针对其中不利于消费者保护的规则进行的大胆而又富于创意的司法解释和学理解释。

1. 直接诉讼原则的确立

由于隐蔽缺陷担保诉讼所具有的合同相对性的限制,被缺陷产品伤害的买方只能向合同的卖方请求赔偿;而被买方起诉的卖方只能再就自己所进行的赔偿对自己的卖方提起诉讼请求补偿。这种无效率的重复诉讼促使法国的法院允许后来的买方可以向遥远的卖方提出有关赔偿的权利主张,此即跳蛙式的"直接诉讼"。② 这也许是法国合同法中最为引人注目的一个方面。③但是,从消费者的角度来看,直接诉讼原则仍未完全突破合同相对性的束缚,直接诉讼只为买方提供了帮助,而买方之外的人,如买方的配偶、子女、雇员或邻居等受到损害后仍无法依照《法国民法典》中关于瑕疵担保的规定使制造者承担产品责任。④

2. 不可反驳的恶意推定

《法国民法典》规定买方获得损害赔偿的条件是卖方原已知道出卖物存在瑕疵,即卖方存在恶意;但由于对卖方主观状况的调查往往是徒劳无

---

① 刘静、李爱国:《简论法国产品责任法》,载《中外法学》1998 年第 5 期。
② Harry Duintjer Tebbens, *International Product Liability*, Sijthoff & Noordhoff International Publishers 1980, p. 87.
③ Geraint Howells, *Comparative Product Liability*, Dartmouth, 1993, p. 106.
④ 刘静、李爱国:《简论法国产品责任法》,载《中外法学》1998 年第 5 期。

功的,法院决定放宽有关恶意与否的证明要求,回避这种没有结果的追问和探寻。1954年,法院对《法国民法典》第1645条有关恶意卖方的责任的规定进行了非常大胆的解释,宣称:职业卖方,由于其具备特定的职业技能,应当在交易时就已知道其所销售的产品中存在的隐蔽缺陷。这样的说法意味着对职业卖方进行了恶意推定,将职业卖方划归恶意卖方的范畴,由此,职业卖方对于产品中隐蔽缺陷造成的损害,必然要对原告承担全部损害赔偿责任。该规则已经被最高法院在大量的判决中予以重申,而这些判决均被认为是具有拘束力的先例而被遵循。① 1965年,"职业卖方应当知道产品中的隐蔽缺陷因而存在恶意的推定"被法国最高法院第一民事审判庭确立为规则。②

3. 卖方义务的扩大

援引隐蔽缺陷担保规则受到的限制③,促使法国最高法院发展了一种职业卖方承担提供安全产品的义务的观念,借此在产品责任案件中加强对消费者的保护。这种义务,被称为安全的义务。最高法院宣称,职业卖方必须提供不含有任何可能造成人身伤害或财产损害的缺陷的产品,这意味着卖方与生产者承担严格责任,即产品必须达到消费者所期待的必要的安全程度。④ "安全的义务"的观念之最大优势在于,在没有确定的缺陷可以认定而产品并不像所宣传的那样安全时,仍旧可以追究生产者以及职业卖方的责任。在这个意义上说,安全的义务是隐蔽缺陷担保责任的一种补充,有的人甚至认为是一种替代。⑤

五、日本相关规则之谨慎调整

(一) 日本的"瑕疵担保"与"债务不履行的损害赔偿"

1. 出卖人的瑕疵担保责任

根据《日本民法典》第570条之规定,买卖标的物上有潜在瑕疵时,如果因此不能达到订立契约的目的,买受人可以解除契约并请求损害赔偿;如果

---

① Harry Duintjer Tebbens, *International Product Liability*, Sijthoff & Noordhoff International Publishers, 1980, p. 84.
② Geraint Howells, *Comparative Product Liability*, Dartmouth, 1993, p. 104.
③ Ibid., p. 105.
④ Duncan Fairgrieve, *Product Liability in Comparative Perspective*, Cambridge University Press, 2005, p. 88.
⑤ Harry Duintjer Tebbens, *International Product Liability*, Sijthoff & Noordhoff International Publishers, 1980, p. 86.

无法解除契约,仅可以请求损害赔偿。① 在日本法上,成立出卖人瑕疵担保责任,首先,要求买卖标的物有瑕疵。所谓标的物有瑕疵,指买卖的特定物存在使物的价值及通常用途或契约约定用途减损或消灭的缺陷;不具备出卖人所保证的性能也属之。② 其次,要求买卖标的物瑕疵属于隐含瑕疵。按照多数判例的理解,所谓隐含瑕疵,指买受人在交易时不能预见也不能想到的瑕疵。③ 最后,要求在契约缔结当时,买受人不知其瑕疵。④ 满足上述条件,卖方即应承担瑕疵担保责任,而不管卖方是否存在过错,因而这是一种严格责任。⑤

2. 债务不履行的损害赔偿

根据《日本民法典》第 415 条之规定,债务人不能按其债务本意履行债务时,债权人可以就因此发生的损害请求赔偿。因为应归责于债务人事由而不能履行时,亦同。⑥ 第 415 条并非针对合同的特别规则,但由于日本的合同是债法的一部分,因此日本法院非常自然地将第 415 条的规定运用于买卖合同之中。具体到产品责任案件来说,如果卖方没有提供符合合同约定用途的产品,则认为卖方没有按照销售物品的目的进行交付或者说卖方未按其债务本意履行债务,允许买方就因此遭受的损害请求赔偿。在这里,买方有权获得赔偿的损害包括人身伤害、财产损害以及经济损失。⑦

---

① 《日本民法典》第 570 条规定,买卖标的物有潜在瑕疵时,准用第 566 条的规定;《日本民法典》第 566 条第 1 款规定,买卖标的物为地上权、永佃权、地役权、留置权或质权的标的,而买受人却对此不知情,且因此则不能达到订立契约的目的时,买受人可以解除契约。如果无法解除契约,仅可以请求损害赔偿(第 566 条第 2 款、第 3 款与买受人权利的赋予关涉不大,故此省略)。因此,本书在这里对于第 570 条内容的阐述,是为了行文与表达的便利而将第 570 条与第 566 条第 1 款内容予以结合。参见渠涛编译:《最新日本民法》,法律出版社 2006 年版,第 124、125 页。另外,在因买卖的物存在潜在瑕疵致使契约目的不能达到的场合,渠涛先生编译的《日本民法典》中仅提到买受人可以请求解除契约;而梁慧星先生在《论出卖人的担保责任》一文中对于第 570 条内容的介绍则明确说明买受人在上述情况下可以解除契约并请求损害赔偿,参见梁慧星:《民法学说判例与立法研究》,法律出版社 2003 年版,第 149 页。事实上,买受人在买卖的物存在潜在瑕疵致使契约目的不能达到时享有解除契约并请求损害赔偿的权利是非常自然的,与《日本民法典》在实践中的运用也是一致的,因此本书对第 570 条的介绍特别加上了"并请求损害赔偿"的词句,目的在于说明买受人在上述情况下所享有的全部救济方式,并且突出"可以解除契约"与"不可解除契约"两种不同情况下买受人所面对的救济方式的不同。
② 梁慧星:《民法学说判例与立法研究》,法律出版社 2003 年版,第 149 页。
③ Phil Rothenberg, "Japan's New Product Liability Law: Achieving Modest Success", 31 *Law & Pol'y Int'. Bus.* 453, 460, 2000.
④ 梁慧星:《民法学说判例与立法研究》,法律出版社 2003 年版,第 149 页。
⑤ Jocelyn Kellam, *Product Liability in the Asia-Pacific*, Kluwer Law International, 1995, p. 114.
⑥ 渠涛编译:《最新日本民法》,法律出版社 2006 年版,第 93 页。
⑦ Jocelyn Kellam, *Product Liability in the Asia-Pacific*, Kluwer Law International, 1995, p. 114.

(二)"瑕疵担保"与"债务不履行的损害赔偿"规则之缺陷

与其他国家的合同救济方式相同,日本法中的上述合同规则的适用同样受到合同相对性原则的严格限制。① 另外,出卖人承担瑕疵担保责任给予买受人的损害赔偿仅仅限于产品本身或者合同的价款②,并不提供人身伤害、财产损害或者经济损失的赔偿③;然而,在缺陷产品致损的场合,受害人通常更加希望自己所遭受的人身伤害或财产损害获得赔偿而不仅仅是取回合同的价金。因此,严格地说,在日本法上,有关出卖人瑕疵担保责任的规则并非解决产品责任争议的适当依据。而且,瑕疵担保责任仅仅适用于买方在购买时不知道瑕疵存在的情况④,如果卖方证明情况并非如此,买方在购买时已经了解产品中存在的缺陷,买方将承担败诉的结果⑤。再有,根据日本法院的要求,依据《日本民法典》第415条提起诉讼,应对被告的过错进行证明,这无疑加重了原告的诉讼负担。最后,除非与公共政策相反,卖方可以通过主张合同中存在弃权声明或者免责条款等合同抗辩事由对抗原告的主张⑥,使产品买方的处境更加艰难。由此可见,《日本民法典》中的合同规则并不能成为受到缺陷产品伤害或损害的消费者寻求救济的有力武器。⑦

(三)缺陷之克服

1. 放松合同相对性的限制

依据《日本民法典》第415条和第570条提起的针对缺陷产品的合同之诉均受到合同相对性原则的严格限制,不仅使生产者在很大程度上逃避了合同责任的承担,也使产品的很多用户以及旁人无从寻求合同上的救济,这种情势相对于消费者利益保护的趋势无疑是南辕北辙。为此,日本法院试探性

---

① Itsuko Matsuura, "Product Liability Law and Japanese-Style Dispute Resolution", 35 *U. B. C. L. Rev.* 135,138, 2001.
② 根据该规定所给予的损害赔偿的范围是不无争议的,但通常认为,根据该责任,损害赔偿的范围限于产品本身或者合同的价款。See Jocelyn Kellam, *Product Liability in the Asia-Pacific*, Kluwer Law International, 1995, p. 114.
③ Jason F. Cohen, "The Japanese Product Liability Law: Sending a Pro-Consumer Tsunami Through Japan's Corporate and Judicial Worlds", 21 *Fordham Int'l L. J.* 108, 136, November, 1997.
④ Andrew Marcuse, "Why Japan's New Products Liability Law Isn't", 5 *Pac. Rim L. & Pol'y* 365,372, March, 1996.
⑤ Phil Rothenberg, "Japan's New Product Liability Law: Achieving Modest Success", 31 *Law & Pol'y Int'l Bus.* 453, 460, 2000.
⑥ Mark A. Behrens & Daniel H. Raddock, "Japan's New Product Liability Law: The Citadel of Strict Liability Falls,But Access to Recovery Is Limited by Formidable Barriers",16 *U. Pa. J. Int'l Bus. L.* 669, 682-683, 1995.
⑦ Andrew Marcuse, "Why Japan's New Products Liability Law Isn't", 5 *Pac. Rim L. & Pol'y* 365,372, March, 1996.

地放松了合同相对性的要求——在买卖合同中的卖方破产的情况下,允许买卖合同的买方替代破产的卖方向销售链条的前手直至生产者提起诉讼,但是如果没有卖方破产情况的发生,替代是不被允许的。① 正是因为日本法院对合同相对性限制的些许放松,有学者认为,合同相对性在日本的合同之诉中并非一个绝对的要求。② 但本书认为,日本法院对于合同相对性限制的放松,颇给人一种"杯水车薪"的感觉,毕竟合同中的卖方遭遇破产的情况并非常见,因此所谓的放松也仅仅是特例,能够享受到该例外待遇的买方亦是凤毛麟角,对于大多数受到限制的买方来说并不具有普遍的意义,生产者仍然处于几乎豁免合同责任的状态。这与大刀阔斧采用"直接诉讼"原则冲破合同相对性束缚的法国法院相比,显得过于谨慎和吝啬。

2. 推定被告的过错

原告依据第 415 条提起产品责任合同之诉需要证明被告的过错,但由于原告对产品的生产和销售过程无从了解,过错的证明对于为产品所害的原告来说是一个难以承受的负担。在这种情况下,日本法院采取了对被告的过错进行推定的做法,帮助产品的买方克服困难。日本的法院认为,卖方提供了不能用于合同约定用途的产品,就可以推定卖方具有过错;如果卖方不能反驳有关过错的推定,即应对买方因缺陷遭受的损害承担赔偿责任。③ 在这里,日本法院所采取的过错推定,确实使原告免于遭受收集证据证明被告过错的苦难,但是由于这里的过错推定是一个可以反驳的推定④,被告往往可以通过证明产品缺陷是卖方控制之外的因素导致的,或者卖方采取了合理的措施对产品进行检验而防止缺陷的发生来否认自己的过错,而原告通常无力对被告提供的证据进行反驳,最终往往会导致被告免于责任的承担。⑤

第二节 侵权法"过错证明负担规则"缺陷之弥补

在严格产品责任原则得到确立之前,各国在合同法规则之外,亦依据侵权的法律规则来确定缺陷产品生产者的责任。侵权法律规则适用于产品责任纠纷的解决,最明显的缺陷在于要求作为原告的消费者或用户对被告生产者的过错进行证明,而在现代化的大生产条件下,对于被告生产者的具体过

---

① Andrew Marcuse, "Why Japan's New Products Liability Law Isn't", 5 *Pac. Rim L. & Pol'y* 365,372, March, 1996, p. 372.
② Ibid.
③ Phil Rothenberg, "Japan's New Product Liability Law: Achieving Modest Success", 31 *Law & Pol'y Int'l Bus.* 453, 460, 2000.
④ 陈杭平:《论医疗过错推定及其诉讼展开》,载《清华法学》2020 年第 5 期。
⑤ Susan H. Easton, "The Path for Japan?: An Examination of Product Liability Laws in the United States, the United Kingdom, and Japan", 23 *B. C. Int'l & Comp. L. Rev.* 311, 322, Spring, 2000.

错进行证明,对于消费者或用户来说是一个非常繁重甚至不可能完成的任务。各国法院为了使受害的消费者或用户的利益得到保护,尝试了各种办法减轻原告的举证责任,对过失侵权法律规则之缺陷进行弥补。

一、美国相关规则之努力修正

美国确立严格产品责任原则之前,适用侵权法规则解决产品责任纠纷,大致有两条路径可供选择:过失侵权与虚假陈述。

(一) 虚假陈述

虚假陈述是美国侵权法中的一种侵权行为类型,它是指被告就某个事实作出的虚假或错误说明。受合同相对性规则的限制,因产品受到伤害或损害的原告,不能依据合同法规则提起诉讼,但可以依据侵权法上的虚假陈述规则获得救济。①

1. 虚假陈述之诉的构成要件

原告以虚假陈述为诉因请求损害赔偿,需要同时满足以下条件:

(1) 被告就重要事实作出了虚假或错误陈述

被告就产品作出了口头或书面的说明,或者被告提供了产品的图片或者其他形式的产品描述,或者被告作出了某种行为,均可构成被告的陈述。一般说来,卖方作出产品说明时,卖方没有披露产品存在的问题的义务。法律允许卖方保持沉默,从而避免因虚假陈述而承担责任。但是也存在关于"无披露义务"规则的例外情形。比如,卖方就产品仅仅作出了部分说明,而该部分说明迷惑了买方或者使买方形成有关产品的错误印象,在这样的情况下买方购买产品而招致伤害或损害,就会导致诉讼的产生,卖方则有义务对其产品提供完整的解释。另外,如果卖方采取积极的措施隐瞒产品的问题或缺陷,法院也会认定该行为足以构成虚假陈述。②

原告提起虚假陈述之诉,要求被告的虚假陈述必须是有关事实的陈述。原告不能就被告主观性的观点陈述、就产品作出的销售吹捧或者预测提起诉讼。再者,被告的虚假陈述必须是就重要事实作出了虚假陈述。③ 所谓重要事实,并不要求是原告决定购买和使用产品的最重要的原因,而是指该事实对原告购买产品的决定产生了影响。④ 例如,当一个学生选择法学院的时候,法学院的教授们是否有犯罪前科或者法学院是否停止讲授刑法课程,是影响学生决定的重要事实;然而,法学院的院长穿一脚蹬皮鞋而不是系带皮

---

① Tim Kaye, *Products Liability Law*, American Bar Association, 2015, p. 33.
② Ronald W. Eades, *Mastering Product Liability*, Carolina Academic Press, 2008, p. 64.
③ Ibid.
④ Vincent R. Johnson, *Mastering Torts*, Carolina Academic Press, 2005, p. 283.

鞋,或者教室座位的装饰是灰色而不是蓝色等,这样的事实对于学生的选择则是无关紧要的。①

(2) 被告存在故意或过失

被告故意的虚假陈述构成欺诈。原告如以故意的虚假陈述为诉因,必须证明被告在作出陈述时知道其所作出的陈述是虚假的,或者被告本身并不相信其陈述的真实性,或者被告并不在意其陈述的真假。如果原告能够证明被告构成故意的虚假陈述,那么原告除了可以获得人身伤害、财产损害、纯粹经济损失的赔偿,还有可能获得惩罚性赔偿②。

如果原告不能证明被告在作出陈述时知道其陈述为虚假,原告可以提起过失虚假陈述之诉。原告以此为诉因,则需证明卖方在作出陈述时没有尽到合理的注意义务来说明事实或真相。原告提起过失虚假陈述之诉,可以就人身伤害、财产损害、纯粹经济损失获得赔偿,但不能获得惩罚性赔偿③。

(3) 被告具有诱使原告产生信赖的意图

原告为了在虚假陈述之诉中获得救济,必须提供这样的证明:被告必须有让受害人信赖其虚假陈述为真实的意图④。这要求,被告陈述的目的旨在对原告作出购买或使用产品的决定产生影响。⑤ 其中的一个限定条件是,信赖被告虚假陈述的受害人,必须是被告作出虚假陈述时所针对的受众,或者是被告可以合理预见到的在相同类别的交易中可以知悉并信赖其虚假陈述的人⑥。

(4) 原告对被告的陈述形成合理的信赖

对于合理信赖的证明对于原告来说也是非常重要的。并不是每一个虚假陈述都会导致诉讼的发生。如果原告以自己的想法或观念为基础购买或使用产品,是不能以被告作出了虚假陈述为由提起诉讼的。原告对被告虚假陈述的信赖必须是合理的,即必须是那种理性的人在正常的情况下产生的信赖。如果原告是对于反常的观念或者销售吹捧产生了信赖,法院则不会支持这样的诉讼⑦。

(5) 原告因信赖虚假陈述而购买和使用产品后遭受损害

原告因信赖被告的虚假陈述,购买并使用被告的产品而招致损害,法院

---

① Vincent R. Johnson,*Mastering Torts*,Carolina Academic Press,2005,p. 284.
② John L. Diamond, Lawrence C. Levine & Anita Bernstein, *Understanding Torts*, LexisNexis, 2013, p. 334.
③ Ronald W. Eades,*Mastering Product Liability*,Carolina Academic Press,2008,p. 65.
④ John L. Diamond, Lawrence C. Levine, Anita Bernstein, *Understanding Torts*, LexisNexis, 2013, p. 337.
⑤ Ronald W. Eades,*Mastering Product Liability*,Carolina Academic Press,2008,p. 66.
⑥ John L. Diamond, Lawrence C. Levine & Anita Bernstein, *Understanding Torts*, LexisNexis, 2013, p. 337.
⑦ Ronald W. Eades,*Mastering Product Liability*,Carolina Academic Press,2008,p. 66.

对于无形的经济损失的计算方法,主要有以下两种:第一种为可得利益计算法,即被告虚假陈述中原告可以获得的价值减去原告所获得产品的实际价值,即为原告所遭受的财产损害。另一种为实际损失计算法,即以原告实际支付的价值减去原告所获得产品的实际价值,即为原告所遭受的财产损害[1]。除了上述经济损失以外,原告所遭受的人身伤害、财产损害等均可以获得赔偿。在故意虚假陈述的情形下,原告还可以获得惩罚性赔偿。

2. 虚假陈述与明示担保的重要区别

侵权法上的虚假陈述之诉与《统一商法典》中的违反明示担保之诉非常相似。但也存在一些非常重要的区别。

(1) 通知

依据《统一商法典》提起违反担保之诉,要求原告在合理的时间内就产品的缺陷或存在的问题通知被告。对于作为消费者的产品用户而言,这个要求已经成为消费者在因为被告违反明示担保而寻求救济时所遭遇的困难。原告提起虚假陈述之诉时,并不要求原告履行通知的义务。当然,虚假陈述之诉会受到法定诉讼时效的限制。只要诉讼是在法定的诉讼时效期间内提出的,原告不会因没有履行通知的义务而承受败诉的结果。[2]

(2) 免责声明

针对明示担保的规则,《统一商法典》规定了被告在一定条件下可以主张免责的条款。然而,在虚假陈述的诉讼中,是不存在免责声明的问题的,被告不能以免责声明作为抗辩的理由[3]。

(3) 救济的限制

尽管根据《统一商法典》主张明示担保的免责相对困难,但是根据《统一商法典》,限定被告所承担的赔偿责任的范围仍然是可行的。然而在虚假陈述诉讼中,被告不能就其所提供救济的范围作出限定[4]。

(4) 责任基础

违反明示担保的诉讼在性质上属于严格责任。在明示担保诉讼中,并不要求对被告的故意或过失进行证明。在虚假陈述诉讼中,无论是故意虚假陈述,还是过失虚假陈述,都需要对被告的过错进行证明。[5]

(5) 损害赔偿

在虚假陈述和违反明示担保之诉中,损害赔偿都是一个重要的问题。在违反明示担保之诉中,原告可以获得人身伤害、财产损害以及经济损失的赔偿。尽管在故意或过失的虚假陈述之诉中,也会获得这样的赔偿,但与其他

---

[1] Vincent R. Johnson, *Mastering Torts*, Carolina Academic Press, 2005, p. 300.
[2] Ronald W. Eades, *Mastering Product Liability*, Carolina Academic Press, 2008, p. 67.
[3] Ibid., p. 68.
[4] Ibid.
[5] Ibid.

任何诉讼不同的是,故意的虚假陈述之诉还可以使原告获得惩罚性赔偿。①

3. 虚假陈述的规则缺陷

如前所述,原告提起故意的虚假陈述之诉,首先需要证明被告存在故意,但这样的举证责任并非轻而易举。因为,在虚假陈述侵权之诉中,对被告的主观心理状态进行证明,就相当于在诈骗犯罪中对犯罪人的主观心理状态进行证明一样②,是相当困难的,案件往往陷入"无证可举"的尴尬境地③。另外,为了杜绝原告起诉的随意性,原告提起故意的虚假陈述之诉,还必须遵守额外的程序规则,即原告必须具体说明被告构成欺诈的具体情况,包括被告的恶意、动机、明知以及其他心理状态。毕竟在故意的虚假陈述之诉中,一旦原告胜诉,不仅可以就人身伤害、财产损害,以及经济损失获得赔偿,还可以获得惩罚性赔偿。④ 过失的虚假陈述之诉,实际上是过失侵权的法律规则在涉及产品陈述情形下的运用⑤,其规则缺陷在下文的过失侵权一节中将会提及,在此不再赘述。

4. 缺陷之弥补

为了弥补故意或过失的虚假陈述之规则缺陷,《侵权法第二次重述》在第402B条增加了有关"无辜的虚假陈述"的规则:"职业卖方,通过广告、商品标签或者其他形式,就其销售的产品的特性或品质的重要情况向公众作出虚假陈述,应当向对该虚假陈述产生合理信赖并遭受损害的消费者承担人身伤害、财产损害的赔偿责任,即便卖方作出该虚假陈述时并无故意亦无过失,即便消费者并非自卖方购得商品或与卖方并不存在合同关系。"⑥该规则即为虚假陈述侵权的严格责任——即便被告不知道其陈述为虚假,并且没有一个合理的卖方会知道该陈述为虚假的情况下,原告亦可因为被告的虚假陈述提起诉讼⑦。

在这里需要指出的是,为了在虚假陈述严格责任之诉中获得胜诉,原告必须证明被告是以销售该产品为业的。临时的卖方,或者非职业卖方不能因虚假陈述承担严格责任。⑧

此外,因虚假陈述承担严格责任,并非对故意或过失的虚假陈述的替代,而是虚假陈述的一种新的类型⑨,因为被告承担虚假陈述的严格责任,仅仅

---

① Ronald W. Eades, *Mastering Product Liability*, Carolina Academic Press, 2008, p. 68.
② Tim Kaye, *Products Liability Law*, American Bar Association, 2015, p. 45.
③ 李明:《腐败犯罪案件中刑事推定规则的适用》,载《人民法院报》2015年3月25日,第6版.
④ Tim Kaye, *Products Liability Law*, American Bar Association, 2015, p. 45.
⑤ Ibid., p. 46.
⑥ See John L. Diamond, Lawrence C. Levine & Anita Bernstein, *Understanding Torts*, LexisNexis, 2013, pp. 299-300.
⑦ Ronald W. Eades, *Mastering Product Liability*, Carolina Academic Press, 2008, p. 65.
⑧ Ibid.
⑨ Tim Kaye, *Products Liability Law*, American Bar Association, 2015, p. 47.

对原告因产品遭受的人身伤害和财产损害承担责任。原告在该类诉讼中不能获得纯粹经济损失的赔偿,也不获得惩罚性赔偿。

最重要的是,原告提起虚假陈述的严格责任之诉,并不要求被告具有过错①,也不要求产品本身存在缺陷②,从而不仅使原告可以摆脱对被告的故意或过失进行证明的负担,也可以使原告避免因缺乏专业知识和技能而无从证明产品缺陷的尴尬。

(二)过失侵权

在美国《侵权法第二次重述》确立严格产品责任原则之前,法院适用过失侵权的法律规则来解决因缺陷产品致损发生的争议。但是,在侵权领域确定生产者责任的早期发展阶段,生产者责任的成立受到合同相对性的严格限制,只是在合同相对性的束缚被摆脱之后,过失侵权作为确定生产者责任的依据才具有了实际意义。

1."无相对性则无责任"时期

在有关生产者责任的早期发展阶段——19世纪中期至20世纪初期,缺陷产品的过失供应商仅仅对那些与其有直接合同关系的人承担责任;任何与供应商不具有直接合同关系的人,不能因供应商的过失获得赔偿,这个奇怪的限制产品供应商侵权责任的原则一般称为合同相对性原则。③ 一般认为,该原则的起源可以追溯至阿宾格法官(Lord Abinger)对 Winterbottom v. Wright 一案的判决意见。④ 在该案中,被告按约定为邮局提供安全的马车来运送邮件并负责对马车的修理与维护;之后阿特金森(Atkinson)与邮局约定为其提供马和马车夫,原告作为一名被阿特金森雇佣的马车夫,在驾驶马车运送邮件的过程中,因马车车体坍塌而摔落受伤,遂对被告提起诉讼请求赔偿。审理该案的法官将其判决建立在下列基本原则之上:在缺乏合同关系的当事人之间,一方没有尽到适当的注意义务不会导致其侵权责任的承担;合同是产生注意义务的根源;因此,最安全的规则是将请求损害赔偿的权利限定于合同的当事人,一旦超越这个界限,请求权人的范围将会无限扩大,每一个受到伤害的人,甚至过路人都可能会提出权利主张,那将会导致荒唐结果的产生。⑤ 由此,"无相对性则无责任"原则正式确立。按照该原则,因缺陷产品遭受损害的人不能起诉与其没有合同关系的生产者、销售者,无合同关

---

① Tim Kaye, *Products Liability Law*, American Bar Association, 2015, p. 47.
② John L. Diamond, Lawrence C. Levine & Anita Bernstein, *Understanding Torts*, LexisNexis, 2013, p. 299.
③ James Henderson, Jr. & Aaron D. Twerski, *Products Liability: Problems and Process*, CITIC Publishing House, 2003, pp. 8-9.
④ 152 Eng. Rep. 402 (Ex. 1842).
⑤ Geraint Howells, *Comparative Product Liability*, Dartmouth, 1993, p. 69.

系的产品提供者既不承担违约责任也不承担侵权责任。①

2. 突破合同相对性的限制

依后见之明来看，审理"邮政马车案件"的法官所谓的荒唐结果恰恰就是后来所遵奉的法律规则。② 随着商品的生产和销售方式日趋复杂，在很多情况下，受害人与产品的生产者、销售者之间并不存在合同关系，如果把产品责任诉讼的主体限定于有直接合同关系的当事人，实际上无法为那些因缺陷产品遭受人身和财产损害的消费者或用户提供法律救济。③ 为此，美国的法院开始寻求突破合同相对性的限制。1916 年的 MacPherson v. Buick Motor Co. 一案宣告了消费者或者用户对缺陷产品的供应商提起诉讼受制于合同相对性的结束。④ 在该案中，被告是一家汽车制造商，原告则是一位从零售商处购得被告汽车的用户；审理该案的法官认为，对产品进行检查的义务是由被检物品的性质决定的，物品危险的可能性越大，就越需要更多的谨慎⑤；而本案中发生事故的汽车即属于具有很大危险性的产品，因此无论是否有合同的存在，该危险产品的生产者都负有小心地进行生产和检测的义务⑥。上述案件的判决意见很快得到了广泛的接受。现在，缺乏合同相对性已经不再是以过失为基础向缺陷产品的卖方请求赔偿的障碍。⑦

3. 过失侵权成为针对缺陷产品的主要诉因

MacPherson 案件之后，针对缺陷产品提起的侵权诉讼一般是建立在过失的基础之上⑧，或者说，过失成为针对缺陷产品的主要诉因。过失侵权在美国侵权法中是一种独立的侵权类型⑨，与故意侵权相并列。过失侵权包含的范围很广，并不局限于某一种特定类型的侵权行为。⑩ 过失侵权的构成需要具备以下因素：① 法律义务：被告对原告负有根据某种标准采取行动从而避免对原告造成不合理伤害的风险的义务；② 违反义务：被告的行为没有遵守该标准致使原告面临不合理伤害的风险（行为人过错）；③ 近因（或法律原

---

① 孙宏涛：《产品责任强制保险制度研究》，北京大学出版社 2018 年版，第 33 页。
② William C. Hoffman & Susanne Hill-Arning, *Guide to Product Liability in Europe*, Kluwer Law and Taxation Publishers, 1994, p. 79.
③ 张新宝：《侵权责任法原理》，中国人民大学出版社 2005 年版，第 387 页；杨麟：《论美国产品责任法中的缺陷认定理论》，载王军主编：《侵权行为法比较研究》，法律出版社 2006 年版，第 407 页。
④ 111 N. E. 1050 (N. Y. 1916).
⑤ Margaret E. Dillaway, "The New 'Web-Stream' of Commerce: Amazon and the Necessity of Strict Products Liability for Online Marketplaces", 74 *Vand. L. Rev.* 187, January, 2021.
⑥ Austin Martin, "A Gatekeeper Approach to Product Liability for Amazon", 89 *Geo. Wash. L. Rev.* 768, 2021.
⑦ Margaret E. Dillaway, "The New 'Web-Stream' of Commerce: Amazon and the Necessity of Strict Products Liability for Online Marketplaces", 74 *Vand. L. Rev.* 187, January, 2021.
⑧ Richard A. Epstein, *Torts*, CITIC Publishing House, 2003, p. 390.
⑨ 徐爱国：《英美侵权行为法学》，北京大学出版社 2004 年版，第 53 页。
⑩ Steven L. Emanual, *Torts*, CITIC Publishing House, 2003, p. 91.

因）：被告的过失行为与原告所遭受的伤害之间具有非常充分的因果联系；④ 实际损害：原告必须证明其遭受了实际的损害，这是原告以过失为诉因提起诉讼获得赔偿的要素之一①。以上要素亦为原告提起过失之诉需要证明的基本内容。

4. 过失侵权之规则缺陷

因缺陷产品受到伤害的消费者或用户依据过失侵权请求损害赔偿，虽然不再受制于合同相对性原则的制约，但在证据方面仍面临难以克服的困难。② 根据上述过失侵权的构成要素可以知道，受到缺陷产品伤害或损害的消费者或用户向缺陷产品的生产者请求赔偿，需要证明生产者在产品生产过程中存在过错。③ 在这里，确定生产者的责任标准适用过失责任原则。④ 但是，在现代大工业生产条件下，证明生产者在生产过程中存在过错往往很困难，甚至不可能。原因在于，由于科学技术的高度发达，产品的设计和生产具有相当的专业化⑤，而产品从设计到制造再到检验始终控制在生产者手中⑥，这常使那些受到经济实力、知识水平、信息获取能力等限制的原告无法或者很难加以调查和取证⑦。而原告如果不能对生产者的过错进行证明，即便已经因缺陷产品的使用受到伤害或者损害，也将面临不利的后果。⑧ 因此，有学者指出，在产品责任领域适用过失责任原则，固守"原告证明被告过失"的证明要求，仅仅体现了对于形式正义的维护；而受到伤害或损害的消费者或用户因不能逾越举证时的固有困难与障碍致使权利不能获得救济则有违实质正义的要求。⑨

5. 缺陷之弥补

为了合理地解决原告提起产品责任过失侵权之诉所面临的举证困难，美国法院从公平的精神出发⑩，逐渐依赖"事实自证原则"来对原告提供援助，使原告的举证负担在一定程度上得到缓解⑪。事实自证原则起源于 1863 年

---

① Steven L. Emanual, *Torts*, CITIC Publishing House, 2003, p. 92.
② Ibid., p. 120.
③ Kevin C. Staed, "Open Source Download Mishaps and Product Liability: Who Is to Blame and What Are the Remedies?", 36 *St. Louis U. Pub. L. Rev.* 169, 2017.
④ Nicole D. Berkowitz, "Strict Liability for Individuals? The Impact of 3-D Printing on Products Liability Law", 92 *Wash. U. L. Rev.* 1019, 2015.
⑤ 赵相林、曹俊主编：《国际产品责任法》，中国政法大学出版社 2000 年版，第 152 页。
⑥ 潘维大编著：《英美侵权行为法案例解析》，高等教育出版社 2005 年版，第 354 页。
⑦ 王利明：《侵权行为法研究》（上卷），中国人民大学出版社 2004 年版，第 252 页。
⑧ 曾世雄：《损害赔偿法原理》，中国政法大学出版社 2001 年版，第 83 页。
⑨ 曾隆兴：《详解损害赔偿法》，中国政法大学出版社 2004 年版，第 5 页；王利明：《侵权行为法研究》（上卷），中国人民大学出版社 2004 年版，第 251—252 页。
⑩ 赵相林、曹俊主编：《国际产品责任法》，中国政法大学出版社 2000 年版，第 152 页。
⑪ Steven L. Emanuel, *Torts*, CITIC Publishing House, 2003, p. 120; Nicole D. Berkowitz, "Strict Liability for Individuals? The Impact of 3-D Printing on Products Liability Law", 92 *Wash. U. L. Rev.* 1019, 2015.

英国法官波洛克(Pollock)对 Byrne v. Boadle 一案的裁决。在该案中,被告的一桶面粉从其库房的二楼窗口滚落,砸在正从窗下路过的一位行人身上,致其受伤。在审理该案时,波洛克法官认为,虽然原告无法直接证明被告如何因过失而导致面粉桶滚落窗外,但该案的事实已经足以表明被告必定存在某种过失,否则其面粉桶不会无故滚落砸伤行人。① 事实自证原则运用于产品责任案件中意味着,法院允许原告依据产品事故事实本身得出被告存在过失具有的可能性更大的推论,而无须提供任何直接的证据来具体证明被告在哪些方面存在过失。② 美国法院将事实自证原则运用于产品责任过失之诉的一个经典判例是 Escola v. Coca Cola Bottling Co.。③ 在该案中,瓶装的可乐在原告手中爆炸使其严重受伤。审理该案的法庭认为,瓶子的生产与检查都处于被告的控制之下,没有证据表明该瓶在离开被告的工厂之后受到外力的影响或其他不当的处置,而经由正确制造与可靠检查的瓶子通常不会发生爆炸,因此由可乐瓶爆炸的事实可以推定瓶子的生产和检查过程存在疏漏,被告应因此过失承担赔偿责任。④

虽然法院允许原告仅仅依靠间接证据对被告的过失进行证明,但是陪审团仍然有可能拒绝仅从产品存在缺陷的事实作出被告存在过失的推论。⑤ 另外,事实自证原则在产品责任案件中的运用通常会涉及密封容器包装的产品。⑥ 再者,该原则的适用,要求导致原告伤害的产品在到达原告手中之前一直处于被告的监管和控制之下。⑦ 然而在产品责任案件中,产品被生产商制造出来以后,往往要经过批发商—零售商的环节,才能达到原告手中,也就是说产品已经"几易其手",更有甚者,在伤害或损害发生之前,很有可能有更多的人接触过该产品。如需证明产品在到达原告手中之前一直处于被告的监管或控制之下,基本上是不可能达到证明要求的。⑧ 正是基于上述原因,事实自证原则的局限性得以显露。因此,尽管法院可以自由地运用事实自证原则在产品责任过失之诉中对原告提供证据上的援助,但事实自证原则在适用上的局限性决定了其并不能充分担当起为因缺陷产品受损的消费者和用户提供权利救济的重任。这种情况加剧了法院对过失侵权责任作为产品责

---

① 许传玺:《侵权法事实自证制度研究》,载《法学研究》2003 年第 4 期。
② Steven L. Emanuel, *Torts*, CITIC Publishing House, 2003, p. 101; Christopher Beglinger, "A Broken Theory: The Malfunction Theory of Strict Products Liability and the Need for a New Doctrine in the Field of Surgical Robotics", 104 *Minn. L. Rev.* 1041, December, 2019.
③ 150 P. 2d 436, 440-444 (Cal. 1944).
④ B. S. Markesinis & S. F. Deakin, *Tort Law*, Clarendon Press. Oxford, 1999, p. 562.
⑤ James A. Henderson, Jr. & Aaron D. Twerski, *Products Liability: Problems and Process*, CITIC Publishing House, 2003, p. 81.
⑥ Harry Duintjer Tebbens, *International Product Liability*, Sijthoff & Noordhoff International Publishers, 1980, p. 16.
⑦ Ronald W. Eades, *Mastering Products Liability*, Carolina Academic Press, 2008, p. 10.
⑧ Ibid., p. 11.

任纠纷救济手段的不满,导致法院开始寻求新的原则来摆脱过失责任原则的桎梏①,最终促成了严格产品责任原则的诞生。

二、英国相关规则之保守修改

(一)"无相对性则无责任"时期

受 1842 年"邮政马车案件"判决意见的影响,英国在侵权法上确立缺陷产品生产者的过失责任亦受到合同相对性的严格限制,生产者对与其没有直接合同关系的买方实际上处于一种"无责任"的豁免状态。以合同相对性作为限制条件将缺陷产品生产者的侵权责任予以过滤或者屏蔽,在当时是为处于发展阶段的工业提供保护的一种法律手段,因为工业生产的发展需要对生产者的责任施加一定的限制。② "无相对性则无责任"原则在英国持续了将近一个世纪的漫长历程,直到 1932 年,才被艾特肯法官(Lord Atkin)在 Donoghue v. Stevenson 一案中阐明的"预见暨相邻之原则"予以突破。

(二)过失侵权之诉

1. 产品责任过失侵权之诉的起源

1932 年的 Donoghue v. Stevenson 一案不仅宣告了 1842 年"邮政马车案件"中确立的合同相对性原则的死亡,而且标志着过失侵权适用于产品责任领域的开端。③ 在该案中,原告的朋友为原告买了一瓶啤酒,喝到最后原告在瓶中发现一个已经腐烂的蜗牛,之后原告对生产者提起诉讼。④ 在该案中,艾肯特法官提出著名的"预见暨相邻之原则"⑤,即如果一个人能够合理地预见其某种作为或不作为可能会伤害相邻他人,该人必须采取合理的注意去避免某种作为或不作为;所谓的相邻他人是指那些会因一个人的行为受到直接影响的人。⑥ 具体到产品责任来说,当产品的生产者销售其生产的产品,知道在产品的生产与销售过程中缺乏合理注意将会导致对消费者的生命或财产造成伤害或损害,并且希望该产品以离开他时的那种状态到达最后的

---

① Taylor Price, "Lending a Hand: The Use of the Mississippi Products Liability Act and Mississippi's Blood Shield Statute in Palermo v. Lifelink Found., INC.", 36 *Miss. C. L. Rev.* 361, 2018.
② Harry Duintjer Tebbens, *International Product Liability*, Sijthoff & Noordhoff International Publishers, 1980, p. 49.
③ Abed Awad, "The Concept of Defect in American and English Products Liability Discourse: Despite Strict", 10 *Pace Int'l L. Rev.* 275, Summer, 1998.
④ 1932 App. Cas. 562 (appeal taken from Scot).
⑤ 此处的"预见暨相邻原则"系借用曾世雄的译法,参见曾世雄:《损害赔偿法原理》,中国政法大学出版社 2001 年版,第 77 页。
⑥ 〔英〕约翰·洛根:《侵权法简明案例》(第 2 版),武汉大学出版社 2004 年版,第 3 页;另参见徐爱国:《英美侵权行为法学》,北京大学出版社 2004 年版,第 60 页。

消费者手中,而消费者此前没有实施检查的合理可能性,生产者就应对最后的消费者负有合理注意的义务。①

2. 过失侵权之诉的要件

上述"啤酒中的蜗牛案件"的判决使过失成为产品责任诉讼的重要诉因。在这里,过失是一种包含多种具体形态的侵权行为的统称,而产品责任过失侵权仅为其中一种具体的侵权行为形态。艾肯特法官在上述案件中提到的对相邻他人承担的合理注意义务是一种法定义务。一般说来,被告违反该法定的注意义务,造成原告的伤害或损害,而被告对此结果的发生并非有意或向往,则构成过失侵权。为了提起过失之诉,原告或者受伤的当事人必须证明:被告对其负有法定的注意义务;被告具有过错违反了该法定义务,即被告做了不应该做的事或者没有做本来应该做的事;作为被告作为或不作为的结果,原告遭受了一种本来可以合理预见的损害或伤害,即被告的违反法定义务与原告的伤害或损害之间具有因果关系。②

(三) 过失侵权之规则缺陷

相对于产品责任合同之诉与"无相对性则无责任"原则时期的侵权之诉而言,过失侵权之诉为原告带来的明显利益便是扫除了合同相对性的严重阻碍。因此,在 20 世纪 50 年代末期以前,在英国产品责任诉讼领域普遍存在的信念是,就产品造成伤害的案件而言,产品责任过失之诉可以提供非常充分的、适应性非常强的解决办法。但是,在 20 世纪 60 年代,随着"反应停"灾难的爆发和灾难受害人诉讼的进行,被合同之诉拒之门外的受害人在过失侵权之诉中遭遇困难和不便,人们对产品责任过失侵权之诉曾经持有的信念产生了强烈的动摇,过失之诉开始被攻击为一种在根本上缺乏适当性的救济途径。

首先,原告提起过失侵权之诉需要对被告的过错进行证明,这对于原告来说不仅昂贵而且艰难,因为原告不仅需要证明风险是可以预见的,而且还需要证明被告冒那种风险是不合理的。③ 在"反应停"灾难中,在对生产者的过错进行证明时,由于医学界对当时的科学和医学知识水平的状况存在很大分歧,灾难的受害人对生产者的风险预见能力以及过错的认定异常困难。一部分人认为,"反应停"致畸性测试的缺乏并不构成生产者的过失,因为这样的测试在药品生产时的 1958 年并未构成测试程序的一个步骤;在当时的技术水平下,进行致畸性测试存在一定的实际困难,即便可以通过动物测试获

---

① 1932 App. Cas. 562,599 (appeal taken from Scot).
② Christine A. Royce-Lewis, *Product Liability and Consumer Safety*, ICSA Publishing, 1988, p. 4.
③ Jane Stapleton, *Product Liability*, Butterworths, 1994, p. 43;C. J. Miller & R. S. Goldberg, *Product liability*, Oxford University Press, 2004, p. 209.

得一定的数据结果,但该结果对于人类来说是否具有可靠的意义仍值得怀疑。另一部分人则认为,在一般情况下,药理学家对于药物的致畸危险应当有一定的了解程度,"反应停"造成如此严重的灾难后果,生产者对其过失难辞其咎。①

产品责任过失侵权之诉受到攻击还基于另外一个更为基础性的理由,即人们对过失侵权之诉所依赖的过错责任原则的不满。原告因缺陷产品受到人身伤害,获得赔偿的基础首先在于对被告过错的证明,与工业伤害事故的受害人无须承担该举证责任即可获得赔偿相比,前者处于不利的境地。之所以将产品事故的受害人与工业伤害事故的受害人相提并论,是因为对于人身伤害的关注构成当时英国社会一种格外受到重视的公共政策。② 该公共政策起源于威廉姆·贝弗里奇(William Beveridge)于20世纪40年代早期提出的"福利国家计划"。③ 贝弗里奇的核心思想之一即为国家的责任是保证为人身伤害的受害人提供援助,提供援助的基础在于受害人的需要,而不能根据伤害的原因对受害人进行区别对待。这种观点后来被帕特里克·阿蒂亚(Patrick Atiyah)总结为:所有残疾人都有权利得到国家同样的同情和帮助,对特殊群体的区别对待只能导致政策的全部理性的丧失。受上述思想的影响,人们日渐对产品责任过失侵权之诉所依赖的过错责任原则感到失望,认为它不仅将产品事故中能够证明过错而获得赔偿的受害人与不能证明过错而未获得赔偿的受害人区分开来,而且也在产品事故的受害人与工业事故的受害人之间划定了不合理的界线。在一个文明的社会中,受到更多重视的应当是人而非财产,人身伤害在现代社会中应当被看作一种具有特别意义的不幸而受到关注,但产品责任过失侵权之诉并未表现出上述倾向,因此期待与

---

① C.J. Miller & R.S. Goldberg, *Product liability*, Oxford University Press, 2004, p.209.
② Jane Stapleton, *Product Liability*, Butterworths, 1994, p.44.
③ 第二次世界大战进行正酣之际,英国遭受大轰炸,一面艰苦坚强御敌,一面力求安定内部,特别提出要对全部社会安全措施进行彻底的检讨、调整,以求安定战后国民的生活。1941年6月,英国战时联合政府经国会同意,设立"社会保险及有关事业部会联合会",聘著名的伦敦大学经济学院院长贝弗里奇为主席,主持调查、检讨全国原有的社会服务措施,并提出必要改革的建议。贝弗里奇于1942年1月提出《社会保险及其他社会服务报告书》(又称《贝弗里奇报告》)。该报告提出,社会保险的对象应是全体国民,主张应设立失业、残疾、疾病、养老、生育、寡妇、死亡等7个项目的社会保险。在报告中,贝弗里奇提出了社会保险应具有三项原则:一是普遍性原则,即社会保障实行的范围不能只限于社会的贫困阶层,而应包括全体国民;二是政府统一管理原则,即政府应该通过国民收入再分配的形式,组织实施社会保障措施;三是全面保障原则,即要实现国民"从摇篮到坟墓"的保障。《贝弗里奇报告》把社会福利确定为一项社会责任,由国家提供基本的安全网来帮助国民抵御市场经济中的各种生活风险,体现了对人的生存权利和生活质量的尊重,具有一定的历史进步意义。参见曾繁正等编译:《西方国家法律制度、社会政策及立法》,红旗出版社1998年版,第187页;庄华峰、杨钰侠、王先进主编:《社会政策导论》,合肥工业大学出版社2005年版,第29—30页;杨伟民编著:《社会政策导论》,中国人民大学出版社2004年版,第163—165页。

寻求其他的救济途径成为自然与必然之举。①

（四）缺陷之弥补

本书在介绍美国产品责任基本理论时已经谈到,为了帮助原告减轻对于被告过错的证明负担,美国的法院比较积极地运用事实自证原则来对被告的过失进行推定;英国法官虽然也注意到了原告在产品责任过失侵权之诉中遭遇的举证困难,但并没有与美国的同行保持一致,相反,英国的法院除了在非常有限的情况下运用事实自证原则为原告提供帮助之外,并没有在产品责任过失之诉中允许事实自证原则的正式运用,更多的情况下,法院仍然坚持由原告对被告的过错进行证明。② 从这个方面来看,学者们广泛认同的看法再次得到印证:英国法律传统中最突出的特点就是稳定性和正规性,而美国法则显示出极强的适应性和灵活性;英国法官呈现出"严格规则主义"的司法风格,而美国法官彰显了"自由裁量主义"的司法精神。③

三、德国相关规则之锐意突破

为了帮助缺乏合同基础的为缺陷产品所害的原告获得救济,德国学者建议了准合同的救济方式④,为确定生产者的责任提供理论支持,但由于该方法存在固有局限⑤,德国最高法院在 1968 年"鸡瘟案件"的判决中摈弃了这种方法⑥,同时非常明确地将当事人之间不存在合同关系的产品责任纠纷置于侵权法的调整之下。

（一）侵权救济方式的主要内容

1. 借"鸡瘟案件"侵权法成为解决产品责任纠纷的主要法律依据
（1）鸡瘟案件回放

1963 年 11 月,经营养鸡场的原告为了预防鸡瘟,使用被告生产的疫苗让兽医对其饲养的鸡进行注射,但此后不久原告的养鸡场鸡瘟暴发,造成4000 多只鸡死亡,100 多只鸡不得不杀掉。检验结果表明,疫苗受到细菌侵

---

① Jane Stapleton, *Product Liability*, Butterworths, 1994, p. 44; C. J. Miller & R. S. Goldberg, *Product liability*, Oxford University Press, 2004, p. 209.
② B. S. Markesinis & S. F. Deakin, *Tort Law*, Clarendon Press · Oxford, 2007, pp. 562-563.
③ 崔林林:《严格规则与自由裁量之间——英美司法风格差异及其成因的比较研究》,北京大学出版社 2005 年版,引言第 5 页。
④ Harry Duintjer Tebbens, *International Product Lability*, Sijthoff & Noordhoff International Publishers, 1980, p. 70.
⑤ 参见本书第二章第一节德国部分。
⑥ 德国最高法院对各种准合同救济方式所进行的分析与评价,本书已经在上文的相应部分述及,在这里不再赘述。

染,被告用来盛装疫苗的瓶子部分存在未消毒的现象。

(2) 最高法院在"鸡瘟案件"中的判决意见及其意义和影响

原告起诉时,不仅将其诉讼请求建立在兽医与疫苗生产者之间的合同之上,而且还将《德国民法典》第 823 条第 2 款作为其请求权基础;此外,原告还尝试在产品生产者对最终用户的直接责任方面寻求救济①。德国最高法院认为,下级法院将"对第三人遭受的损害进行清算"以及"对第三人具有保护效果的合同"等准合同救济方式作为判决依据来支持原告的主张并非妥当。事实上,本案中的原告已经将《德国民法典》第 823 条第 2 款作为其请求权基础,即"违反以保护他人为目的的法律的人,负有向该他人赔偿因此而发生的损害的义务。依照法律的内容,无过错也可能违反法律的,仅在有过错的情况下,才发生赔偿义务"②,对此,德国最高法院认为,案中所涉疫苗,构成1961 年《药品法》意义上的一种药品;它能够对原告饲养的鸡造成伤害性甚至毁灭性的后果;而《药品法》禁止将这样的药品投入流通。《药品法》的该项规定具有"以保护他人为目的的法律"的性质,疫苗生产者提供有危险的瓶装疫苗的行为违反了该项保护性的法律规定,应当据此承担侵权责任,负有向原告赔偿因此而产生的损失的义务。

长期以来,在原被告缺乏合同关系的产品责任纠纷中,原告的请求与被告的责任应当何去何从的问题一直是德国法学界挥之不去的烦恼。德国最高法院的上述判决意见对原告将《德国民法典》第 823 条第 2 款作为其请求权基础所表示的认可和支持,不仅为缺乏合同背景的无助原告提供了一臂之力,而且也驱散了笼罩在德国法学界诸多专家学者心头的阴霾。由此,侵权法成为在产品责任领域寻求救济的主要法律依据,而之前的各种准合同救济方式的尝试和努力均已作为引玉之砖而成为历史的纪念。也正是在这个意义上,"鸡瘟案件"成为德国产品责任法的发展史上具有里程碑地位的案件,在日后所有对德国产品责任法所进行的介绍与述评中,该案件的经典意义都未曾被忽略或动摇。

2. 过错推定与举证责任倒置(过失侵权缺陷之弥补)

"鸡瘟案件"的经典意义不仅仅体现在德国最高法院摒弃准合同救济方式而将侵权法推向解决产品责任纠纷的法律基础的前沿。在本案中,德国最高法院还根据产品责任纠纷的特点,将过错推定与举证责任倒置规则适时而又妥帖地运用于产品责任案件之中,减轻了原告提起产品责任侵权之诉所面临的证明被告过错的沉重负担,使德国在产品责任领域朝着消费者保护的方向迈出了重要的一步。在"鸡瘟案件"中,德国最高法院认可和支持将《德国

---

① Basil S. Markesinis & Hannes Unberath, *The German Law of Torts: A Comparative Treatise*, Hart Publishing, 2002, p. 558.
② 《德国民法典》,陈卫佐译注,法律出版社 2006 年版,第 306—307 页。

民法典》第823条第2款作为确定发生产品责任纠纷但无合同背景的原被告之间法律关系的基础。但是，由于成立上述条款中的责任，需要被告有过错地违反了以保护他人为目的的法律①，因此原告根据上述条款提起诉讼，首先需要对被告存在过错进行证明。在这里，德国最高法院认为，如果违反以保护他人为目的的法律的行为可以得到证明，那么就可以推定该违反行为是被告存在过错的结果。被告必须提供充分的证据来对推定的过错进行反驳，否则被告即应承担损害赔偿的义务。

德国最高法院认为，该举证责任倒置的规则在原告依据《德国民法典》第823条第1款提起诉讼请求赔偿时同样适用。②《德国民法典》第823条第1款规定："故意或有过失地不法侵害他人的生命、身体、健康、自由、所有权或其他权利的人，负有向该他人赔偿因此而发生的损害的义务。"③原则上，原告依据该条提起诉讼，应当证明造成了其损害的被告行为具有违法性和过失。德国最高法院认为，对于被告过失的证明在很大程度上取决于受害人对事故发生的详细过程能够进行怎样的说明；而当涉及产品制造过程中的某一个环节时，要求受害人作出说明则尤其困难。因为，产品的生产场地、生产过程乃至成品的交付，均处于生产者的控制之下，而被告企业复杂的部门化的组织结构，以及生产过程中所涉及的技术、化学以及生物等各个方面的知识对于受伤的当事人来说是很难了解的，因而搞清楚缺陷的原因来证明被告的过错也是非常不易的④，这对于受伤的原告来说也是一种不公平的负担。鉴于此，德国最高法院进一步阐明下述规则：如果某人按照某工业产品的既定用途使用该产品，导致其依《德国民法典》第823条第1款之规定享有的权利受到损害，且该损害是由于该工业产品的制造存在缺陷而产生的，那么就要由生产者来解释缺陷发生的原因，并且证明自己对于缺陷的存在没有过失。⑤

（二）缺陷弥补之缺憾

不可否认，德国最高法院通过在产品责任侵权领域采用过错推定和举证责任倒置的规则使得原告在提起产品责任侵权之诉时如释重负，但同样不可否认的是，从消费者保护的角度来看，即便是对生产者进行过错的推定并确

---

① 〔德〕罗伯特·霍恩、海因·科茨、汉斯·G.莱塞：《德国民商法导论》，楚建译，谢怀栻校，中国大百科全书出版社1996年版，第171页。
② Basil S. Markesinis & Hannes Unberath, *The German Law of Torts: A Comparative Treatise*, Hart Publishing, 2002, p. 561.
③ 《德国民法典》，陈卫佐译注，法律出版社2006年版，第306页。
④ Basil S. Markesinis & Hannes Unberath, *The German Law of Torts: A Comparative Treatise*, Hart Publishing, 2002, p. 562.
⑤ Ibid., p. 560.

立生产者对于否认过错的证明要求,也无法为受伤的个人提供充分的保护。① 因为,成立侵权责任的基础仍旧是过错,故免责仍然是可能的。② 在大多数发生损害的案件中,通常会有如下情况——即便运用了最好的质量控制手段也未能发现该缺陷产品。这样,只要生产者提供了他已经采取所有的预防措施的证据,就可以反驳有关过错的推定,从而避免责任的承担③,因此仍然存在无法避免的缺陷产品的风险落在受伤的当事人身上的可能性。当然,过错推定规则在德国的产生和运用绝非偶然,毕竟该规则是德国法官在《德国民法典》的框架之内进行的司法创制,在《德国民法典》明确规定过错责任为侵权责任归责原则的情况下,德国法官已经尽其最大的努力将过错责任原则之下原告提起产品责任侵权之诉的障碍予以淡化或清除以满足保护受伤的消费者利益的需要。尽管此前亦有学者提出了在产品责任侵权领域采纳严格责任原则的建议和思想④,但对于德国传统的法律思想来说,由法官超越《德国民法典》规定的过错责任而通过司法来确定生产者的严格责任,则是莫大的忌讳和出位;如果确有采取严格责任的必要,也只能通过特别法的方式予以实现。

四、法国相关规则之重新诠释

（一）法国侵权法中的相关规则

《法国民法典》关于侵权责任的规定仅仅有 5 条,即第 1382 条至第 1386 条。其中,第 1382 条和第 1383 条构成法国侵权法的基石,系被侵害人提起一般侵权之诉的请求权基础。第 1382 条规定,人的任何行为给他人造成损害时,因其过错致该行为发生之人应当赔偿损害。第 1383 条规定,任何人不仅因其行为造成的损害负赔偿责任,而且还因其懈怠或疏忽大意造成的损害负赔偿责任。⑤ 法国学者勒吉尔（Legier）认为,《法国民法典》第 1382 条实际上规定的是故意侵权行为,而第 1383 条则规定的是过失侵权行为,两者共同构成法国现代过错侵权责任制度的基础。⑥ 在传统上,产品用户或旁观者受到缺陷产品伤害或损害之后提起产品责任侵权之诉通常是以第 1382 条或第

---

① Christopher J. S. Hodges, *Product liability: European Laws and Practice*, Sweet & Maxwell, 1993, p. 6.
② Harry Duintjer Tebbens, *International Product Liability*, Sijthoff & Noordhoff International Publishers, 1980, p. 78.
③ Christopher J. S. Hodges, *Product liability: European Laws and Practice*, Sweet & Maxwell, 1993, p. 6.
④ 王泽鉴:《商品制造人责任与消费者之保护》(第 2 版),正中书局 1982 年版,第 99—101 页。转引自张严方:《消费者保护法研究》,法律出版社 2003 年版,第 469—470 页。
⑤ 《法国民法典》(下册),罗结珍译,法律出版社 2005 年版,第 1073 页。
⑥ 张民安:《现代法国侵权责任制度研究》,法律出版社 2003 年版,第 6 页。

1383条为依据,而成立被告的侵权责任,需要原告证明被告的过错,无论故意还是过失①,此外还需证明损害的存在,以及被告的过错与原告损害之间的因果关系②。

(二) 侵权法相关规则之缺陷

法国传统的侵权责任是以过错责任原则为基础的,因此原告提起传统的侵权之诉必然需要对被告的过错进行证明。然而,对于普通的受害人来说,对被告过错的证明是一个几乎不能逾越的障碍,因为产品的整个生产和销售过程都处于被告的控制之下而不为原告所知;如果说在未发生产品事故的情况下,原告对于产品生产和销售过程的了解缺乏现实必要,那么当产品事故真实地发生,即便原告迫切地需要了解上述过程,通常亦因自身欠缺了解的能力而无法获得所需要的信息。因此,原告很难收集证明被告存在过错或者违反注意标准的证据,然而,只要诉讼是以过错为基础的,上述证据就会被法院所期待和要求③。证明过错的困难不仅使作为原告的产品用户或旁人面临败诉的风险,而且与同样作为原告的产品买方相比,亦处于不利的境地。产品的买方依据隐蔽缺陷担保理论对产品卖方或生产者提起诉讼,由于法院对职业卖方进行不可反驳的恶意推定,产品买方无须对被告的过错进行证明即可就缺陷产品造成的损害请求全部赔偿,这就为同为缺陷产品受害人的原告在请求损害赔偿方面因合同关系的有无以及诉讼基础的不同设定了不同的负担,这对于同样受到伤害的产品用户或旁人来说有失公平。④

(三) 缺陷之弥补

1. 缺陷即过错

为了帮助受害的产品用户或旁观者成立有关过错的证据,法国最高法院决定改变原告需要证明的过错的定义。⑤ 改变发生在20世纪70年代⑥,最高法院阐明如下规则:产品的某一状况,如果在卖方买方关系中会导致违反隐蔽缺陷担保责任的产生,那么在涉及产品用户或旁人的情况下,产品的这

---

① Dennis Campbell & Christian Campbell, *International Product Liability*, Lloyd's of London Press Ltd., 1993, p. 248.
② 张民安:《现代法国侵权责任制度研究》,法律出版社2003年版,第6页。
③ Dennis Campbell & Christian Campbell, *International Product Liability*, Lloyd's of London Press Ltd., 1993, p. 249.
④ Ibid., p. 248.
⑤ Ibid., p. 249.
⑥ Simon Whittaker, *Liability for Products: English Law, French Law, and European Harmonization*, Oxford University Press, 2005, p. 51.

一状况就会构成过错①。换句话说,将造成损害的缺陷产品投入流通的事实足以证明生产者的过错。这样,原告仅需证明产品中的缺陷即可满足对于过错的证明要求,而不再需要证明生产者在生产过程中对于注意义务的违反。由此,过错不再集中于生产者的行为,而是强调产品本身,过错的概念更为客观,对被告过错的证明也不再困难。② 法国学术界对最高法院阐述的上述规则的性质存在不同的认识。例如,马尔维尔(Malinvaud)认为最高法院只是进行了有关过错的推定,而维尼(Viney)则主张最高法院创设的是一个生产者不能反驳的推定。③ 但后来的判例表明,即便生产者能够证明他在产品的生产与设计中满足了所要求的注意标准,如果原告能够证明缺陷的存在,生产者也不能避免责任的承担。④ 在这个意义上说,最高法院对被告过错所给予的宽泛定义是进行了一场以《法国民法典》所规定的过错责任原则为剧目、以严格责任原则为内容的演出。之所以如此,一方面在于对《法国民法典》规定的过失责任原则之眷恋及缅怀,维护法典传统于不坠,另一方面则在于因应时代的需要赋予过失脱胎换骨的内涵。⑤ 这样的规则或许会带来性质与定位上的歧义与困惑,但从其成就的效果来看,可以肯定地说,该规则是法国产品责任法上有利于产品缺陷受害人的一个非常重要的进步和发展⑥。

2. 无生物责任法则于产品责任领域的运用

法国法院通过全新诠释侵权法规则来迎合产品责任发展之需要的脚步并没有因过失概念客观化之良好效果而停滞不前。面对日益增多和严峻的产品事故,法官们开始尝试根据无生物责任的理论,以《法国民法典》第1384(1)条为依据,对生产者施加严格责任。事实上,过失概念之重新诠释与严格责任原则之发展,两者相互激荡,相得益彰,共同构成法国现代产品责任法归责原理之动态过程⑦。

(1) 无生物责任法则

法国无生物责任法则是法国下级法院为了合理妥善地解决频繁发生的工厂机械设备事故导致的损害而对《法国民法典》第1384(1)条进行的扩充

---

① Harry Duintjer Tebbens, *International Product Liability*, Sijthoff & Noordhoff International Publishers, 1980, p. 91.

② Dennis Campbell & Christian Campbell, *International Product Liability*, Lloyd's of London Press Ltd., 1993, p. 249.

③ Ibid.

④ Ibid.

⑤ 邱聪智:《法国无生物责任法则之发展——法国侵权行为归责原理变迁之探讨》,载《民法研究(一)》(增订版),中国人民大学出版社2002年版,第141页。

⑥ Duncan Fairgrieve, *Product Liability in Comparative Perspective*, Cambridge University Press, 2005, p. 89.

⑦ 邱聪智:《法国无生物责任法则之发展——法国侵权行为归责原理变迁之探讨》,载《民法研究(一)》(增订版),中国人民大学出版社2002年版,第141页。

解释。①《法国民法典》第 1384(1)条规定,虽非因自己行为发生之损害,但因自己应为其负责之他人行为,或因保管物之行为所生之损害,亦负赔偿责任。②创设无生物责任法则思想的最具代表意义的法国格鲁诺布法院、布吉尔法院及迪容高等法院认为:《法国民法典》第 1384(1)条中有关物之行为责任的规定,是有关无生物责任的一般规定,在法律原理上,具有规范之地位;因此,工厂内之机械设备,虽非建筑物,但属于因所保管之物之行为而发生之损害,应适用该条规定,确定无生物保管人的责任;在归责原理上,物之行为责任,并非基于过失责任,故被害人无须举证保管人有无过失,相反,该保管人,除证明损害系出于不可抗力或被害人之过失者外,均应负赔偿责任。法国最高法院于 1896 年的 Teffaine 案件中,正式接受上述下级法院的见解,使无生物责任法则在该国民法领域中得以确立。③《法国民法典》第 1384(1)条亦由此扮演严格责任一般规范之角色。④

（2）无生物责任法则于产品责任领域的运用及缺憾

由于严格责任是原告在诉讼中获胜的最佳帮手,学者们以及律师于 20 世纪 70 年代开始尝试将这种制度运用于产品责任。⑤ 但是,在发生产品责任纠纷的情况下,生产者基于产品的销售通常已经丧失了对产品的控制、管理以及使用的权利,如果依据物品保管人的一般含义,生产者将不能成为产品受害人主张权利的对象。为了将生产者置于《法国民法典》第 1384(1)条规定的物品保管人的范围之内,法国学者戈尔德曼(Goldman)首先区分了物的行为与物的结构,前者是指产品是如何使用的,后者是指产品的内部因素,尤其是产品的设计。⑥ 在这个基础上,戈尔德曼对物品的管理人进行了区分,指出某些人是物的结构的管理人,而某些人则是物的行为的管理人,那些对物予以占有的人虽然是物的行为的管理人,可对物予以操纵和使用,但是,他们无法对物的内部结构进行操纵和控制,而能够对物的内部结构施加控制和操纵的人是产品的生产者,他们是物的结构的管理人,如果受害人因为产品的内部结构存在缺陷而受到损害,则生产商作为产品的结构管理人应根据《法国民法典》第 1384(1)条对受害人承担严格的损害赔偿责任。⑦

---

① 邱聪智:《法国无生物责任法则之发展——法国侵权行为归责原理变迁之探讨》,载《民法研究(一)》(增订版),中国人民大学出版社 2002 年版,第 151—152 页。
② 同上书,第 148 页,注 68。
③ 同上书,第 151—152 页。
④ 同上书,第 140 页。
⑤ Dennis Campbell & Christian Campbell, *International Product Liability*, Lloyd's of London Press Ltd., 1993, pp. 250-251;张民安:《现代法国侵权责任制度研究》,法律出版社 2003 年版,第 202 页,注 1。
⑥ Geraint Howells, *Comparative Product Liability*, Dartmouth,1993, p. 109.
⑦ 张民安:《现代法国侵权责任制度研究》,法律出版社 2003 年版,第 203—204 页。

戈尔德曼提出的区分物品管理人的理论在一定程度上得到了法院的接受，之后产生了一些将第1384（1）条运用于产品责任领域的判决。然而，法院将上述理论与规则仅仅适用于争议物品具有自己的结构和机理并且能够以一种危险的方式来表现自己的情况，这样的一种限制在实际上经常意味着伤害是由物品爆炸或者物品具有易燃性或者腐蚀性造成的。① 那么，该规则的运用对于确定生产者广泛的产品责任来说便不具有普遍的意义。而且，该规则也不能涵盖产品结构没有缺陷，但生产者未能提供充分适当的产品使用信息以致发生产品事故而应当承担损害赔偿责任的情形。因此，依据区分物品保管人理论，将生产者的产品责任建立在《法国民法典》第1384（1）条基础之上，并未使确定生产者的产品责任问题得到圆满的解决。

五、日本相关规则之谨慎调整

（一）日本侵权法中的相关规则

《日本民法典》第709条是有关侵权责任的一般规定："因故意或过失侵害他人权利或受法律保护的利益的人，对于因此所发生的损害负赔偿责任。"② 从该条规定可以看出，侵权责任建立在过失责任原则的基础之上。一般说来，根据该条成立侵权责任的要求是：① 必须实施了故意或者过失的行为；② 必须侵犯了另一个人的权利；③ 必须由此发生了损害结果；④ 侵权行为人必须具有承担责任的能力。当法官将上述侵权责任的成立要件运用于产品责任案件时，原告提起产品责任侵权之诉必须排除合理怀疑地证明以下5个要素，才能从生产者那里获得赔偿：① 一个缺陷产品；② 缺陷产生于被告的行为；③ 原告遭受了伤害；④ 被告的产品导致了原告的伤害；⑤ 被告违反了对原告的注意义务。③

（二）侵权法相关规则之缺陷

对于日本的消费者来说，依据侵权法提起产品责任诉讼，虽然避开了合同相对性原则的限制，但在接下来的侵权之诉的旅途中亦未必轻松。通过上文的叙述可以知道，原告在日本提起产品责任诉讼，需要排除合理怀疑地证明5个要素才能确定被告的责任。一般说来，在上述5个要素中，原告在证

---

① Simon Whittaker, *Liability for Products: English Law, French Law, and European Harmonization*, Oxford University Press, 2005, p.54.
② 渠涛编译：《最新日本民法》，法律出版社2006年版，第151页。
③ Phil Rothenberg, "Japan's New Product Liability Law: Achieving Modest Success", 31 *Law & Pol'y Int'l Bus.* 453, 457-458, 2000.

明伤害方面并不存在太大的困难,但对于缺陷的存在、缺陷的产生时间、因果关系以及过错的证明却是原告很难克服的障碍。这是因为,一方面,证明这些要素所需要的证据都掌握在被告手中,另一方面,日本并没有正式的交叉询问程序来在诉讼的事实收集阶段为原告提供帮助①,再加上很少律师愿意代理原告②。这样,本来就缺乏足够的技术知识以及必要的资源来克服技术秘密障碍的单个原告几乎没有任何方式来获得有关信息对制造过程进行解释,也无从了解某一特定产品在使用中造成伤害的频率以及类型,更何况在诉讼中达到排除合理怀疑的程度。③ 因此,受伤的原告几乎很少可以从缺陷产品的生产者那里获得赔偿。④

(三) 缺陷之弥补

发生于 20 世纪五六十年代的日本之四大产品伤害事件⑤与日本的四大污染事件⑥引起了社会的广泛关注。一方面,公众对政府和企业的信任产生了动摇;另一方面,公众对自身权利的重视日益增强。迫于压力,政府不仅制定了大量有关安全生产的规范⑦,产品责任的问题亦日渐受到重视⑧。在这

---

① Wendy A. Green, "Japan's New Product Liability Law: Making Strides or Business as Usual?", 9 *Transnat'l Law.* 543, 555, Fall, 1996.
② Jason F. Cohen, "The Japanese Product Liability Law: Sending a Pro-Consumer Tsunami Through Japan's Corporate and Judicial Worlds", 21 *Fordham Int'l L. J.* 108, 138, November, 1997.
③ Jocelyn Kellam, *Product Liability in the Asia-Pacific*, Kluwer Law International, 2000, p. 115.
④ Wendy A. Green, "Japan's New Product Liability Law: Making Strides or Business as Usual?", 9 *Transnat'l Law.* 543, 555, Fall, 1996.
⑤ 参见本书第一章第一节。
⑥ 日本的四大污染事件:第一,日本水俣病事件。1953 年至 1968 年,在日本熊本县水俣湾,由于人们食用了海湾中含汞污水污染的鱼虾、贝类及其他水生动物,近万人患中枢神经疾病,其中甲基汞中毒的 283 名患者中有 66 人死亡。第二,日本四日市哮喘病事件。1955 年至 1961 年,在日本的四日市,由于石油冶炼和工业燃油产生的废气严重污染大气,呼吸道疾病病例骤增,尤其是哮喘病的发病率大大提高。第三,日本爱知县米糠油事件。1963 年 3 月,在日本爱知县一带,由于对生产米糠油业的管理不善,多氯联苯污染物混入米糠油内,酿成有 13 000 多人中毒,数十万只鸡死亡的严重污染事件。第四,日本富山痛痛病事件。1955 年到 1968 年,生活在日本富山平原地区的人们,因为饮用了含镉的河水和食用了含镉的大米以及其他含镉的食物,患上"痛痛病",就诊患者 258 人,其中因此死亡者达 207 人。参见康树华:《环境保护中的企业责任——从日本的四大公害案件判决谈起》,载《社会科学》1982 年第 10 期;王倩等:《从环境公害解决方案到重金属污染对策制度建立——日本"痛痛病"事件启示》,载《环境保护》2013 年第 21 期;浜尚亮:《环境污染公害之日本水俣病事件》,载《人民公安》2016 年第 Z1 期;蒋峰、赵彩霞:《日本治理大气公害事件的经验与启示》,载《黑龙江科技信息》2016 年第 24 期。
⑦ 1960 年制定《药事法》,1961 年制定《分期付款销售法》,1962 年制定《赠品表示法》,1968 年制定《消费者保护基本法》。参见张严方主编:《中国消费者权益保护研究报告(2020)》,北京大学出版社 2021 年版,第 262 页。
⑧ Luke Nottage, *Product Safety and Liability Law in Japan*, Routledge Curzon, 2004, p. 39.

种形势下,日本法院针对产品责任诉讼中原告的证明困难,开始尝试使用一些技巧来帮助原告满足举证要求。① 日本法院的努力主要集中于过错认定方面。

根据产品可能造成的伤害所波及的范围,在伤害人数可能是无限的情况下,例如石棉案件,或者涉及食品、饮料、药品的案件,法院创设了"特别过失"规则,要求生产者应当遵守行业内通行的最高程度的注意标准。② 在上述领域发生产品事故的情况下,法院即推定生产者存在过错,由生产者负责对过错进行反驳。这样,举证责任便由原告转移至被告,生产者如果不能推翻法院有关过错的推定,将面临责任的承担。③ 在涉及消费品发生爆炸的场合,日本法院认为,该消费品应当是绝对安全的产品,如果发生爆炸,产品则存在缺陷,生产者就被推定存在过失。在这里,过失的要求似乎被产品存在缺陷的要求代替了。④ 日本法院的上述做法似乎表明日本先前的产品责任制度已经从简单的、以过失为基础的民法典的条款发展开来,而趋向一种接近严格责任标准的情况⑤。但是,应当注意的是,日本法院的这种努力大多表现在涉及重大产品事故的案件中,能否适用于所有的产品事故并没有任何保障,也很难说这种做法在实务上已经固定下来了,尤其是对于注意标准的确定,针对不同行业不同产品适用不同的注意程度,尚处于缺乏法律的安定性的状态。⑥

小　结

产品责任领域的法律规则与消费者利益的保护密切相关。在消费者保护运动中,各国适用于产品责任纠纷解决的合同法规则与侵权法规则暴露出明显不利于消费者利益保护的不足与缺陷。虽然各国的法律规则各有特色,但在消费者利益保护方面暴露出来的不足与缺陷却呈现出惊人的相似。各国合同法规则适用于产品责任领域最明显的缺陷均在于合同相对性的严格限制,这不仅使生产者逃避责任的承担,而且也使大量缺乏合同关系的产品

---

① Wendy A. Green, "Japan's New Product Liability Law: Making Strides or Business as Usual?", 9 *Transnat'l Law.* 543, 555, Fall, 1996.
② Jocelyn Kellam, *Product Liability in the Asia-Pacific*, Kluwer Law International, 2000, p. 115.
③ Andrew Marcuse, "Why Japan's New Products Liability Law Isn't", 5 *Pac. Rim L. & Pol'y* 365, 375, March, 1996.
④ Jocelyn Kellam, *Product Liability in the Asia-Pacific*, Kluwer Law International, 2000, p. 115.
⑤ Andrew Marcuse, "Why Japan's New Products Liability Law Isn't", 5 *Pac. Rim L. & Pol'y* 365, 372, March, 1996.
⑥ 于敏:《日本侵权行为法》(第 2 版),法律出版社 2006 年版,第 343—344 页。

用户或旁人面临无从寻求救济的风险。① 在保护消费者利益的目标的引导下,各国对于合同法规则缺陷的克服集中表现于摆脱合同相对性的束缚,只是由于彼此司法风格以及法律传统的差异,合同相对性的限制之消除或缓和程度不同。各国侵权法规则适用于产品责任领域最突出的缺陷在于原告承受了对被告过错的证明负担,如果原告不能满足举证要求,将面临损害不能获得赔偿的风险。在现代化的、不透明的生产条件下,原告证明被告的过错,不仅非常困难,而且违背公平理念。同样是在保护消费者利益的目标的引导下,各国对于侵权法规则缺陷的弥补均致力于减轻原告对被告过错进行证明的负担,虽然彼此采用不同的方法,例如英美的事实自证原则,德日的过错推定和举证责任倒置规则,以及法国的缺陷即过错,但殊途同归,均旨在为遭遇举证困难的缺陷产品的受害人提供证明之帮助。事实上,正是突破合同相对性限制的渴求与摆脱过错证明负担的愿望之结合缔造了产品责任领域的严格责任原则,该原则在产品责任纠纷中的适用,既不受制于合同相对性的限制,也免除了原告对被告过错进行证明的负担,由此彰显出其与先前规则相比所肩负的制度功能。

---

① Kira M. Geary, "Section 230 of the Communications Decency Act, Product Liability, and a Proposal for Preventing Dating-App Harassment", 125 *Penn St. L. Rev.* 501, Winter 2021.

第三章　严格产品责任原则产生的法哲学基础溯源

司法的克制主义与能动主义,是法学理论中两种一直不断尖锐斗争的司法哲学。一般而言,司法克制或司法能动是法官在进行自由裁量时享有多少自由或者受到多大限制的程度问题。① 这是在微观层面对司法权的边界所进行的讨论,即法官解释法律或"法官造法"的空间,或者说司法能动性及其限度。② 纵观历史,两大法系的主要代表国家都经历了一个从极端司法克制主义到司法能动主义占据一席之地的发展过程。③

严格产品责任原则诞生之前,缺陷产品致损事故的受害人可以依据合同法规则或过失侵权规则请求损害赔偿。但是,如前所述,受害人依据合同法规则或侵权法规则进行索赔,往往会因合同相对性的限制或过错的证明负担而遭遇索赔困境,最终导致不公平的结果。④ 而法官在相当长的历史时期内无视不公平结果的持续与蔓延,一味坚持对于既有规则的严格遵守,呈现出非常明显的司法克制主义的风格。但是,进入 20 世纪以来,随着消费者问题日益突出,消费者与生产经营者之间的矛盾日益尖锐,各国法官在产品责任案件审理过程中,逐渐开始尝试突破合同相对性原则的限制,减轻或免除原告对于生产者被告的过错进行证明的负担,并最终促成了以"保护消费者利益"为目标的严格产品责任原则的诞生。正如弗里德曼所言:"法律改革可能在引起人们注意某有害或令人难堪的残余的事件之后发生。或者,法律亦有可能主动以效率或正义为名进行清除。"⑤严格产品责任原则的产生,在很大程度上依赖于法官对既有规则的创新解释或锐意突破,在此过程中,法官所表现出来的司法能动主义的倾向日趋明显。对于产品责任领域法官司法风

---

① 张晓萍、王国龙:《论司法裁判过程中司法的克制主义》,载《苏州大学学报(哲学社会科学版)》2007 年第 5 期。
② 宏观层面司法权的边界就是把司法权置于政治体制框架中,划分司法权与行政权、立法权的界限。参见吴英姿:《司法的限度:在司法能动与司法克制之间》,载《法学研究》2009 年第 5 期。
③ 同上。
④ Kira M. Geary, "Section 230 of the Communications Decency Act, Product Liability, and a Proposal for Preventing Dating-App Harassment", 125 *Penn St. L. Rev.* 501, Winter 2021.
⑤ 〔美〕劳伦斯·M. 弗里德曼:《法律制度——从社会科学角度观察》,李琼英、林欣译,中国政法大学出版社 2004 年版,第 318 页。

格的转变,消费者保护运动的推动功不可没。① 另一方面,相应社会历史时期各国占主流的法哲学思潮对于司法风格潜移默化的渗透和影响同样不可低估。②

第一节 坚持司法克制主义的法哲学思潮

一、司法克制主义的内涵辨析

从资产阶级革命时代提出了权力分立原则,大陆法系为制约司法权恣意行使,严格限制法官的裁判权,禁止法官借法律解释之名改变立法者的意图,侵害立法权。在 19 世纪后半期,社会经济的安定要求法律保持相对的稳定性,英国主张把法官裁判视为法律形式论理的演绎和概念的机械组合。③ 司法克制主义的理论由此诞生。司法克制主义理论认为,法律是已经存在的客观"现成"之物,法官的任务就是在司法过程中去发现、解释和服从法律④,在最大限度地尊重先例和成文法、严格寻求立法原意的基础上,对法律尽量作出逻辑上的严格解释⑤;法官职业道德的最主要内容是要表达对法律的忠诚,把法律规则放到最高的位置,法律至上⑥。法官行为的姿态是释法,而非"变法";是找法,而非"造法";认同法律,而非"颁布法律"。⑦ 司法克制主义的价值取向认为形式正义优于实质正义,即使在个案应用现有法律将导致不正义的情形出现,只要立法没有改变,就应当牺牲个案成就法律的权威。⑧

二、英国的分析实证主义法学提倡对于制定法的客观分析

在 19 世纪中期以后的大约一个世纪的时间里,分析实证主义法学长期占据英国法学理论的支配地位。该法学流派的核心就是对法律进行一种实证的分析,或者说,对一个国家的制定法进行客观分析。该学说坚持把实在

---

① 张严方:《消费者保护法究》,法律出版社 2003 年版,第 258 页。
② 徐国栋:《民法基本原则解释——以诚实信用原则的法理分析为中心》(增删本),中国政法大学出版社 2004 年版,第 193 页。
③ 吴英姿:《司法的限度:在司法能动与司法克制之间》,载《法学研究》2009 年第 5 期。
④ 陈金钊:《法官司法缘何要奉行克制主义》,载《扬州大学学报(人文社会科学版)》2008 年第 1 期。
⑤ 李辉:《论司法克制主义》,载《巢湖学院学报》2010 年第 1 期。
⑥ 陈金钊:《法官司法缘何要奉行克制主义》,载《扬州大学学报(人文社会科学版)》2008 年第 1 期。
⑦ 〔美〕朱迪丝·N. 施克莱:《守法主义:法、道德和政治审判》,彭亚楠译,中国政法大学出版社 2005 年版,第 3 页。转引自陈金钊:《法官司法缘何要奉行克制主义》,载《扬州大学学报(人文社会科学版)》2008 年第 1 期。
⑧ 李辉:《论司法克制主义》,载《巢湖学院学报》2010 年第 1 期。

法与伦理规范和社会政策严格区分开来,并倾向于认为正义就是合法律性。① 分析实证主义法学的观念体现了很强的条文至上的倾向,规范的确定性与逻辑的严整性被看作法律的生命。② 这导致英国的法学家们不愿意认真关注道德或者政策问题及其与法律的相互关系。③ 当英国法官确定判决理由时,他们主要关注先例中的形式性要素,如法院的等级、先例的法律效力以及先例法官在判决中的本意及其用语,他们很少对先例的实质性要素——例如政策、道德、价值、舆论等——进行认真且深入的分析和考察。④ 这样,在适用法律的过程中,当现有的法律规则与正义的价值标准之间有某种脱节时,英国法官倾向于严格固守现有的规则,以维护法律的权威,即便这种对规则的严格遵守在个案中有可能导致不公甚至荒谬的后果。⑤

三、法国的注释法学认为法官只是法律的工具

1804年《法国民法典》的成功编纂使人们认为成文法具有完备性,能将所调整的事物一一纳入。⑥ 在这种背景之下,在法国逐渐形成以注释《法国民法典》为主要任务的注释法学派。⑦ 该学派的学术特点在于,只承认法律,尤其是成文法的法源性。他们认为,所有法律问题,必须用成文的法律来规制,习惯法、判例法和其他法的一般原则均不能构成法的渊源。同时,该学派还认为,法学的任务在于保障法律的严格适用,在严密的逻辑结构中捕捉法律的真正含义,并将其适用于法律条文所设想的具体案件,帮助法律忠实地达到这个目的。⑧ 在这种指导思想下,注释法学派极为忌惮司法权的强大和法律解释的恣意⑨,认为法官只能严格执行法典,无须也不能解释法律,即使有解释也应唯立法者与法律条文的原意是从,不允许有任何裁量余地。"法官只不过是重复的条文,他们只是法律的工具。"这一孟德斯鸠的名言,成为该学派的座右铭。⑩ 由于注释法学派的深刻影响,保守的法国司法机构颇满

---

① 〔美〕E. 博登海默:《法理学:法律哲学与法律方法》,邓正来译,中国政法大学出版社1999年版,第126页。
② 崔林林:《严格规则与自由裁量之间——英美司法风格差异及其成因的比较研究》,北京大学出版社2005年版,第171页。
③ 〔英〕P. S. 阿蒂亚:《法律与现代社会》,范悦等译,辽宁教育出版社、牛津大学出版社1998年版,第162页。转引自崔林林:《严格规则与自由裁量之间——英美司法风格差异及其成因的比较研究》,北京大学出版社2005年版,第171页。
④ 崔林林:《严格规则与自由裁量之间——英美司法风格差异及其成因的比较研究》,北京大学出版社2005年版,第58—60页。
⑤ 同上书,第5页。
⑥ 李荣:《西方法官解释的历史与学派之争》,载《环球法律评论》2007年第3期。
⑦ 吕世伦:《法理的积淀与变迁》,法律出版社2001年版,第507页。
⑧ 何勤华:《西方法学史》(第2版),中国政法大学出版社2000年版,第127—135页。
⑨ 同上书,第140页。
⑩ 同上书,第135—140页;庞凌:《法院如何寻求司法能动主义与克制主义的平衡》,载《法律适用》2004年第1期。

足于坚守法典的庄严词法律句,以求赋予国家以永久性和严格性的外观。

四、德国的概念法学主张法官是按照法律条文含义适用法律的机器

19世纪末期,在德国兴起了一种实证主义法学,该学派在内容上的主要特点是:第一,实证主义法学的研究对象是实在法;第二,强调法律体系具有逻辑自足性,即认为社会生活中无论发生什么案件,均可依逻辑方法从成文法中获得解决,不承认法律有漏洞;第三,以逻辑的方法来解释实在法,而不是去分析法律的价值成分,也不去理会法律在社会生活中所发生的因果关系;第四,现行法律是否有效,在于规范内容的逻辑结构,即只要在法律的权限之内,只要合乎法律的程序,这个法律就是有效的,而不管法律的社会、经济、道德等基础。① 德国实证主义法学由于上述特点,被后来兴起的社会法学斥之为"机械法学"和"概念法学"。② 概念法学在立法上产生的影响表现为绝对严格规则主义的立法方式,法典打算回答可能出现的每一个问题并且以此来否定以解释法律的途径来进行法官立法的一切可能性。③ 在这种严格规则主义的立法条件下,德国的审判过程所呈现出来的是一种典型的机械式活动的操作图,法官酷似一种专门的工匠,除了特殊的案件外,他的作用仅仅在于找到正确的法律条款,把条款与事实联系起来,并为从法律条款与事实的结合中会自动产生的解决办法赋予法律意义。④ 法官的形象就是立法者所设计和建造的机器的操作者,法官本身的作用也与机器无异。⑤

五、日本的新康德主义法学强调法律的确定性优先

从明治末到大正乃至昭和初期,更多的日本学者是将德国的学说积极地引进日本。这一时期法学研究的方法或者说倾向,是以德国法学为中心的概念法学。⑥ 与之并存的还有法哲学领域内新康德主义法学的广泛传播。该学说认为法律的理念,即价值包含三个因素:第一个因素是正义,正义要求法

---

① 吕世伦主编:《现代西方法学流派》,中国大百科全书出版社2000年版,第184页;梁慧星:《从近代民法到现代民法——二十世纪民法回顾》,载《民法学说判例与立法研究》(二),国家行政学院出版社1999年版,第88页。
② 徐爱国、李桂林、郭义贵:《西方法律思想史》,北京大学出版社2002年版,第257页。
③ 〔英〕J.A.约洛维奇:《普通法和大陆法的发展》,刘慈忠译,载《环球法律评论》1983年第1期。
④ 庞凌:《法院如何寻求司法能动主义与克制主义的平衡》,载《法律适用》2004年第1期。
⑤ 〔美〕梅里曼:《大陆法系》,顾培东、吴获枫译,西南政法学院印行1983年版,第39页。转引自徐国栋:《民法基本原则解释——以诚实信用原则的法理分析为中心》(增删本),中国政法大学出版社2004年版,第195页。
⑥ 渠涛:《日本民法学的演进及民法制度的沿革》,载渠涛编译:《最新日本民法》,法律出版社2006年版,第396—397页。

律符合基本的道德价值,即平等;为了进一步确定平等和不平等的问题,就必须加上法律理念的第二个因素即功利,功利着眼于法的社会功能,但对社会功能的分析也仅能归结为不同政党的意识形态以及对国家和法律的不同观点;为了安全和秩序的目的,就必须设法对什么是正确的和什么是错误的问题作出权威性的确定,因此正义和功利的观念还必须用第三个价值即法律的确定性来补充,这个价值要求由国家来颁布和维持一个实在且有约束力的法律制度,要求人们承认法律和司法裁决而不问其是否符合正义和它的社会功能如何。① 该学说认为,上述三种价值互为要求,但同时又互相矛盾,在发生不可调和的冲突的情况下,法律确定性应该优先,法律秩序的存在比法律秩序的正义更为重要。② 与上述法律的确定性优先的观点相应,日本新康德主义法学学派的学者坚持认为法律解释完全是割断价值判断的、对法律的客观性的认识③,这种观点与概念法学的民法研究方法的结合共同造就了在20世纪上半叶以前日本的法官呈现"不知人痛痒"④的特点。

六、美国坚持遵循先例的传统

美国与前述英国、法国、德国、日本的情况不同,其间并不存在具有向前的推动作用的法学思想来主张对于先前规则的严格机械地坚持而无视不公平结果的发生。美国所经历的合同法规则与侵权法规则适用于产品责任案件所表现出来的尴尬与不适,在很大程度上是美国遵循先例传统的必然产物。遵循先例传统在美国的形成源于对英国法的继受。⑤ 法院继受的不仅是英国普通法的实质内容,普通法的判例使用技术,如援引和遵循先例的习惯和方法,也随着掌握司法技术的英国法律专家的大量出现,成为法律继受的重要组成部分。⑥ 对于美国来说,英国法的观念与模式不仅有历史的基础,而且十分熟悉和习惯,实践中司法判例的作用已经不可取代,因此,美国法官最得心应手的仍是英国普通法的判例,而不是法典编纂热潮中诞生的成文法典。⑦ 到19世纪中期,普通法已被牢固地确立为美国法律制度的基

---

① 吕世伦主编:《现代西方法学流派》,中国大百科全书出版社2000年版,第963页;沈宗灵:《现代西方法理学》,北京大学出版社1992年版,第31、37页。
② 〔美〕E.博登海默:《法理学:法律哲学与法律方法》,邓正来译,中国政法大学出版社1999年版,第176—177页。
③ 陈根发:《当代日本法学思潮与流派》,法律出版社2005年版,第108页。
④ 〔日〕棚濑孝雄:《法律家一元制的构想和现代司法的建构》,载《现代日本的法和秩序》,易平译,季卫东审校,中国政法大学出版社2002年版,第270页。
⑤ 崔林林:《严格规则与自由裁量之间——英美司法风格差异及其成因的比较研究》,北京大学出版社2005年版,第23—24页。
⑥ 同上。
⑦ 〔美〕伯纳德·施瓦茨:《美国法律史》,王军、洪德、杨静辉译,潘华仿校,中国政法大学出版社1989年版,第12—17页。

础①,遵循先例的原则也在这个时期得以基本形成②。虽然并不似英国那般严格和刻板,但正如卡多佐法官所言,奉行先例是规则而不是例外③;霍姆斯法官对此也持类似的见解,认为法官仅在填隙补缺时才能从事立法性质的活动,但他们的活动被局限于从克分子到分子那样的运动④。

七、各国法哲学思潮或传统对司法风格产生的影响

自19世纪中期开始支配英国法学理论达一个世纪之久的分析实证主义法学、19世纪末期形成于德国并于20世纪上半叶传播至日本的概念法学、19世纪在法国获得巨大成功的注释法学以及自20世纪初开始引进日本并在此后占有决定性地位的新康德主义法学⑤虽然产生的时期存在交错,各学派的名称亦不相同,但他们对法的价值、法律解释方法以及法官的角色和作用等方面所拥有的认识具有惊人的相似性(尽管在其他方面各学说的主张未必统一)。在法的价值方面,他们侧重法的确定性,要求法律对于其调整的社会生活有最大的涵盖面;对于法律的解释方法,他们拘泥于对法律规则的文字与语义进行分析,排斥对价值、社会政策、适用效果的考量;对于法官的角色和作用,他们认为法官与自动售货机无异,将案件事实投入这种机器,这种机器就会像往常那样毫不费力地制造出适当的判决;法院只是法律的工具,它根本无意志可言;法官是法律的宣示者,无权宣布新法律,而只能保持和阐释旧法律。⑥美国虽然没有明显受到上述各种学说的浸染,但19世纪美国对于遵循先例原则的相对严格的坚持亦产生类似的效果。在上述思想或传统的影响之下,法官审理案件,更为注重形式正义,即将法律平等地或者说以同样的方式适用于那些由它们规范的阶层的人们,体现了一种对原则的坚持,对体系的服从,而不管法律的实质性原则究竟为何。⑦ 在适用法律的过程中,法官的自由裁量权受到严格的限制,法官只需进行对法律的逻辑把握,

---

① 〔美〕伯纳德·施瓦茨:《美国法律史》,王军、洪德、杨静辉译、潘华仿校,中国政法大学出版社1989年版,第16页。
② 崔林林:《严格规则与自由裁量之间——英美司法风格差异及其成因的比较研究》,北京大学出版社2005年版,第27页。
③ 〔美〕E.博登海默:《法理学:法律哲学与法律方法》,邓正来译,中国政法大学出版社1999年版,第543页。
④ 李清伟:《司法克制抑或司法能动——兼论公共政策导向下的中国司法能动》,载《法商研究》2012年第3期。
⑤ 陈根发:《论日本法的精神》,北京大学出版社2005年版,第49页。
⑥ 徐国栋:《民法基本原则解释——以诚实信用原则的法理分析为中心》(增删本),中国政法大学出版社2004年版,第182页。
⑦ 〔美〕约翰·罗尔斯:《正义论》,何怀宏、何包钢、廖申白译,中国社会科学出版社1988年版,第58页。

而不需进行价值判断①;只需绝对地忠诚于法律,而不需展示自己的内心信念;只需将法律公正、一贯地执行,而不需考虑适用的结果是否合理与公正②。正是由于法官在适用法律过程中满足于形式正义的追求,他们对19世纪末20世纪初发生的巨大的社会经济变化无动于衷,仍旧将19世纪自由资本主义阶段的法律规则固执地适用于垄断资本主义社会中,全然不顾变化了的社会经济状况已经丧失了先前规则的适用基础。在产品责任案件中,法官对于合同相对性原则以及过错责任原则的坚持就是很好的证明。

第二节　崇尚司法能动主义的法哲学流派

20世纪是一个急剧变化、剧烈动荡的世纪。从19世纪末开始,西方主要资本主义社会由自由资本主义进入垄断资本主义阶段。这是资本主义社会生产力与生产关系、经济基础与上层建筑矛盾运动的必然结果。一方面,垄断资本主义的出现使各种社会矛盾趋向激化,严重的社会问题层出不穷。其一是30年代席卷全球的空前的经济危机,使无数人陷于失业、饥饿、贫困;其二是两次世界大战,使数千万人丧失生命,使许许多多城市变成废墟,造成物价飞涨,商品奇缺,货币贬值,住房恐慌,造成了人类历史上前所未有的惨剧。另一方面,20世纪也是科学技术突飞猛进地发展的世纪,各种科学技术成果的运用,使人们享受空前的物质文明的同时,也造成了企业事故、交通事故、环境污染、缺陷产品致损等严重的社会问题。③ 在这种情况下,资本主义国家不得不关注劳动、福利、经济等方面的问题,并运用政治和法律的手段予以解决。于是,劳工法、社会保障法、环境保护法、公共交通法、经济法等社会立法不断制定出来,法律的社会化成为时代的潮流。上述社会问题的存在和法律实践的开展同时要求对法律理论作出调整。如果法学的对象依然与现实生活脱节,局限于现有法律制度的要素和结构分析,而且只是像概念法学家、分析法学家那样机械地注释成文法和判例法,不为国家运用法律手段解决社会问题提供指南或提出意见,就不能适应社会和法律实践的需要。崇尚司法能动主义的社会法学、自由法学就是在这种强烈的和积极的社会推动下应运而生。

---

① 聂长建、景春立:《司法能力主义:对司法克制主义和司法能动主义的平衡》,载《中南大学学报(社会科学版)》2012年第1期。
② 参见谭岳奇:《从形式正义到实质正义——现代国际私法的价值转换和发展取向思考》,载《法制与社会发展》1999年第3期。
③ 梁慧星:《民法学说判例与立法研究》(二),国家行政学院出版社1999年版,第89—90页。

一、司法能动主义的内涵辨析

有学者认为,司法能动主义是指司法机构在审理案件的具体过程中,不因循先例和遵从成文法的字面含义进行司法解释的一种司法理念以及基于此理念的行动。① 也有学者认为,司法能动主义指的应当是关于司法的、具有如上倾向的"特定信仰或行动",或是一种关于司法的、具有如上倾向的"系统的理论或主张"。② 鉴于本书当下的研究目的,本书采纳《布莱克法律词典》对司法能动主义的定义:一种司法裁决哲学,允许法官以他们自己的有关公共政策的观点等因素来指导他们的裁判,坚持此种司法哲学常常会导致法律违宪或忽视司法先例。这个言简意赅的定义,事实上已经指明了司法能动的核心内涵③,即司法机关超出国家原则,以法律之外的社会正义为依据,超职权发挥其能动作用,进行"司法立法"或者"法官立法"。司法能动主义强调的是法官以积极的姿态参与司法活动,实现司法维护正义的使命④,在非常的情况下甚至跳出规则对司法权的限制,运用法官的自由裁量权来实现对案件的自由心证⑤。

二、美国的社会法学强调法律的功能和效果

社会法学产生于19世纪末20世纪初,社会法学的产生除了当时的社会历史条件以外,从法学角度来看,很重要的原因在于人们(特别是法学家阶层)对自文艺复兴以来所形成的通过人们的理性就可以认识一切的观念开始发生动摇。受此影响,人们认为,传统的自然法学、分析法学已经不能满足日益变化的社会对法律所提出的要求,社会需要一种新的法学理论解决现存的社会问题,社会法学应运而生。⑥ 社会法学研究的重心不在立法和司法判决,而在社会本身,强调对法律和司法判决的社会效果的研究,强调对"活法""行动中的法"和法院的实际发生情况的研究。⑦ 美国的社会法学是一个广义的概念,主要包括霍姆斯的实用主义法学、庞德的社会法学和美国的现实主义法学。⑧

---

① 李清伟:《司法克制抑或司法能动——兼论公共政策导向下的中国司法能动》,载《法商研究》2012年第3期。
② 周赟:《司法能动性与司法能动主义》,载《政法论坛》2011年第1期。
③ 刘练军:《比较法视野下的司法能动》,载《法商研究》2011年第3期。
④ 李清伟:《司法克制抑或司法能动——兼论公共政策导向下的中国司法能动》,载《法商研究》2012年第3期。
⑤ 刘练军:《比较法视野下的司法能动》,载《法商研究》2011年第3期。
⑥ 谷春德主编:《西方法律思想史》,中国人民大学出版社2004年版,第435—436页。
⑦ 同上书,第437页。
⑧ 同上书,第475页。

（一）实用主义法学主张司法必须与现实相适应

1902年至1932年担任美国联邦最高法院大法官的霍姆斯被公认为美国实用主义法学的奠基人。他在《普通法》一书中针对法律形式主义的倾向，阐述了有限遵循先例原则，为法官自由裁量权和判例法提供了法理支持，吹响了美国法哲学的号角。[①] 美国另一位最伟大的法官卡多佐对于司法审判过程的认识与霍姆斯的见解具有很多的相似性，卡多佐强调说，信奉先例应当是司法中的一项规则而不应当是其间的一个例外，但是在尊奉先例会明显不符合正义感和社会福利的情形下，法官可以不受遵循先例这项规则的约束。

（二）社会法学关注法律的社会效果

美国学者庞德是20世纪西方各国尤其是美国法学界最有权威的法学家之一，自1916年起担任哈佛大学法学院院长长达20年，他所代表的社会法学长期以来在美国法学中占有主导地位。庞德认为，社会法学关注的重点不在于法律本身，而在于法律的社会效果，基于此，法律适用除了有法司法以外，为了使司法适应新的道德观念和变化了的社会和政治条件，有时或多或少地采取无法司法是必要的，这既是对机械法学落后于社会生活的补救，也是由法律适用的社会目的所决定的。

（三）现实主义法学坚持以法律效果来评价法律

美国现实主义法学是从霍姆斯的实用主义法学发展而来的。20世纪二三十年代，在美国形成规模宏大的现实主义法律运动，这场运动一直持续到60年代，在美国法律思想界、法律实务界和法学教育界，都产生了深远的影响。现实主义法学的代表人物卢埃林认为，社会是不断变化的，而且比法律变化更快，因此要不断审查各部分法律是否与社会需要相适应；坚持从法律效果来评价法律；法院判案，不能仅依靠规则，而且还要依靠智慧理性和环境感。[②] 美国得克萨斯大学布莱恩·雷特客观地指出，美国的现实主义法学是20世纪美国本土最重要的法理学运动，它不仅对美国的法学教育和法学学术产生了深远的历史影响，而且还推动了美国的法律改革和律师业的发展。

[①] 谷春德主编：《西方法律思想史》，中国人民大学出版社2004年版，第475页。
[②] 沈宗灵：《现代西方法理学》，北京大学出版社1992年版，第212页。

三、英国的新分析法学提倡法院创制性的司法活动

新分析法学形成的标志是 1961 年哈特所著《法律的概念》一书的出版,哈特由此成为第二次世界大战之后分析实证主义法学的旗帜。① 哈特认为,判例和立法,无论他们怎样顺利地适用于大多数的普通案件,都会在某一点上发生适用上的问题,将表现出不确定性,他们将具有人们称之为空缺结构的特征。对于这种空缺,不同的法学家对于法律有不同的解释,两种极端的理论由此产生:一个是坚信规则的机械法学,即形式主义;另一个是拒绝规则的现实主义法学,特别是其中的规则,即怀疑主义。哈特认为,一个合适的做法就是,在相信规则权威性的同时,正视司法活动的创造性。以英国的判例法为例,我们要承认:第一,单一的、确定的和权威的判例是不存在的;第二,对于规则唯一有效和正确的系统阐释也是不存在的;第三,无论判例的效力如何,都要容许法院创制性的司法活动,法律的空缺结构意味着的确存在这样的行为领域,在那里,很多东西需要留待法院或官员去发展。② 哈特的上述观点充分表明,在法律解释上,他企图采取法律形式主义和怀疑论之间的中间道路。③ 新分析法学的另一代表人物拉兹认为:法院在解决争端的过程当中,有义务适用可以适用的现有法律,对于法律未规定的争端,也应创制新法解决争端,因为法院有责任解决现有法律没有提供完整解决方案的争端,而不能将这些争端置之不管;当过去的立法和先例不适合当前情势时,法院也可以行使自由裁量权改变现有法律④,此时法官会借助法律之外的其他考虑,如道德价值、社会目标等⑤。

四、德国的社会法学主张创造法律是法官的功能之一⑥

目的法学与利益法学为德国社会法学的两个重要支派,耶林与赫克分别为两个支派的代表人物。耶林对社会法学的最大贡献是,他首先在 19 世纪下半期针对概念法学的盛行扯起了批判的大旗,他所创立的被后人称为"目的法学"的庞大思想体系,事实上成了现代社会法学的前奏。⑦ 赫克延续了耶林对概念法学的批判,认为传统的概念法学由于其僵化而不能适应现代社会发展的需要,它应该被一种新的法学理论,也就是利益法学所代替。

---

① 吕世伦主编:《现代西方法学流派》,中国大百科全书出版社 2000 年版,第 205 页。
② 同上书,第 218 页。
③ 沈宗灵:《现代西方法理学》,北京大学出版社 1992 年版,第 241—242 页。
④ 严存生主编:《西方法律思想史》,法律出版社 2004 年版,第 307 页。
⑤ 何勤华主编:《西方法律思想史》,复旦大学出版社 2005 年版,第 331 页。
⑥ 谷春德主编:《西方法律思想史》,中国人民大学出版社 2004 年版,第 443 页。
⑦ 同上书,第 438 页。

(一) 目的法学主张法律的最高需要是服务于社会目的

作为概念法学的叛逆者、目的法学的创始人,耶林认为法律的最高需要是服务于社会目的。社会是真正的立法者,法与社会目的相连,法从社会目的中获得其内容;所有法的规定具有维护社会的生活条件之目的。① 这一理论是耶林对法哲学的突出贡献。耶林坚持认为,法律的内容不仅可以是而且必须是无限变化的,目的是相对的标准,因而法律必须根据时代的需要和文明化的程度调整其规则以与变化的人的条件相适应。

(二) 利益法学强调法官应注意平衡各种相互冲突的利益

利益法学的代表人物赫克及其追随者认为,任何一种实在的法律制度必然都是不完整的和有缺陷的,而且根据逻辑推理的过程,也并不总能从现存法律规范中得出令人满意的判决。② 因此应当承认成文法的漏洞。利益法学向法官建议一种填补法律漏洞的方法,要求法官考虑各方当事人的利益,然后自主地按照法律中隐含的评价原则的本义评估。法官不是仅仅将事实情况合乎逻辑地归入现有的法律规则,而是必须在该方法并非实现目的的唯一途径时根据价值取向对法律规则进行补充。③ 利益法学通过指导法官在审理案件时领悟法律蕴含的价值取向④,起到了解救和促进作用,在某种程度上适应了当时社会的需要。

五、法国的科学法学强调结合社会的发展来研究法律问题

从 19 世纪后半期开始的资本主义的飞速发展,给法国造成了资本集中、工业生产的大规模化、庞大的无产者阶层及贫富两极分化等新的社会经济问题,使人们对作为法秩序和注释学派的思想基础的基本观念,如个人的自由、平等,产生怀疑,严重动摇了注释法学派仅靠探求 1804 年的立法者意思和对法律条文作逻辑操作以解决问题的逻辑主义。⑤ 19 世纪末,《法国民法典》即将成为百岁老人,法典的老化与社会生活突飞猛进的发展同步行进,法典的

---

① 〔德〕阿图尔·考夫曼、温弗里德·哈斯默尔主编:《当代法哲学和法律理论导论》,郑永流译,法律出版社 2002 年版,第 166 页。
② 〔美〕E. 博登海默:《法理学:法律哲学与法律方法》,邓正来译,中国政法大学出版社 1999 年版,第 144 页。
③ 徐国栋:《民法基本原则解释——以诚实信用原则的法理分析为中心》(增删本),中国政法大学出版社 2004 年版,第 315—316 页。
④ 〔德〕阿图尔·考夫曼、温弗里德·哈斯默尔主编:《当代法哲学和法律理论导论》,郑永流译,法律出版社 2002 年版,第 168 页。
⑤ 梁慧星:《从近代民法到现代民法——二十世纪民法回顾》,载《民法学说判例与立法研究》(二),国家行政学院出版社 1999 年版,第 96—97 页。

漏洞在极速发展的社会生活的冲击下日益暴露出来,改革成为必由之路。惹尼,作为20世纪法国最负盛名的法学家,在批判19世纪法国私法注释学派的僵化、保守、封闭的基础上,创立了以自由研究学问、将科学技术手段运用于法学研究、强调结合社会的发展来研究法律问题为特色的科学法学派。惹尼认为,法律的渊源不可能囊括法律的内容,总是需要将一定的自由裁量权限留给法官,让法官得以进行创造性的精神活动。但是,这种权力的行使不能根据法官个人的不受控制的任性,而必须以客观原则为依据。因此,法官必须仔细观察普通的道德情感,研究特定的时间和地点的社会条件和经济条件,来发现法律条文之外的潜在的法律规范,弥补社会发展而造成的成文法不足的缺陷。① 法国原本就设想不应通过任何种类的判例法发展法律,后来发生的变化多半是惹尼所进行的工作的成果,注释法学派一度让位于更加重视目的论的做法,因而通过司法判决发展法律,虽然不能说是全新的动向,但已被有人公开承认为一种事实。②

六、日本的法社会学提倡法官在法律解释中进行利益衡量

在第二次世界大战前的日本,法律解释中除了概念法学的禁锢之外,还存在严重的官僚法意识的影响,即在行政官员的法律解释和适用中,价值判断已经为既定的政策所限制,官僚本人的价值判断往往被排除在外,因此官僚的法律解释不外是如何使法律适应政策的技巧罢了。③ 第二次世界大战后,随着民主主义法学的兴起,日本法学界对法律解释学的体系进行了重建。1953年以后,围绕法律解释方法的争论成了法学界普遍关心的事情,并逐渐具体到各部门法的领域。④ 领导日本战后法学界的是日本法社会学。该流派的一个代表人物末弘严太郎在法律解释方面也提出了自己具有炸弹效果的论文,他认为审判过程是事实认定、法律解释和产生结论的心动过程。法律绝不是像几何学的公理和定理那样因为具有明确的内容才得以存在,而是法律家自己探求的,进而是法律家自己创造的东西;法官在审判时是从杂乱、陌生的事实中寻找和制作作为法律适用对象的事实,因此法官的劳动可以说起到了创造的作用。因此,事实认定、法律解释和产生结论的心动这三者是相互制约、相互作用的,其结果是产生一切和一时的决定。而对之起作用的是法官的人格,即法官的理想、人生观等。末弘严太郎明确地表示,法律解释的理论实际上是法官和其他法律解释者的良心的问题。⑤ 法社会学的另一

---

① 吕世伦主编:《现代西方法学流派》,中国大百科全书出版社2000年版,第237页。
② 〔英〕J. A. 约洛维奇:《普通法和大陆法的发展》,刘慈忠译,载《环球法律评论》1983年第1期。
③ 陈根发:《当代日本法学思潮与流派》,法律出版社2005年版,第128页。
④ 同上书,第106页。
⑤ 同上书,第154页。

代表人物川岛武宜认为,法是由法的价值判断和语言的技术两个要素构成的,因此法的解释也与这两个要素密切相关。民法领域产生的纠纷,原则上属于相互对立的私人利益的冲突,审判的结果是给予一方私人利益以有力的法律保护。因此,这里的价值判断是比较衡量对立的诸方利益,决定是否给予法律保护的过程。法律解释者决定了利益衡量后,接着就必须选择最能实现该利益衡量的语言的技术。川岛认为,法律解释中的利益衡量和语言的技术,完全可能也应该建立在科学的基础之上。川岛的这一学说为当时的民法解释学者所普遍接受,使日本民法解释学的主流沿着以自觉地选择一定的利益衡量与基础的机能主义方法的方向发展。①

小　　结

20世纪以来,美国的实用主义法学、社会法学、现实主义法学,英国的新分析法学,德国的目的法学、利益法学,法国的科学法学以及日本的法社会学等流派对于法律的概念、法的作用均有各自不同的主张,但各学派在以下方面却持有大致相同的见解:其一,法律规则的完备无缺只是一厢情愿的神话,法律漏洞的存在是一个不可否认且必须面对的客观事实;其二,法官对于法律的适用,并不仅仅限于对既有规则的机械运用,他还会依赖法律制度的一般精神、社会与经济制度中的某些基本前提或显而易见的趋势、公认的正义理想以及他置身于其间的社会的某些道德观念,法官应当享有一定程度的自由裁量权,当法律适用的结果与公正或公平的观念相违背时,允许法官通过法律解释的方式创制新的规则来与变化了的社会经济生活相称。在上述思想的影响之下,自20世纪以来,美、英、德、法、日各国法官适用法律审理案件的观念发生了很大的转变,他们已经由原来对形式正义的维护逐渐转向对实质正义的追求。不仅变化了的社会经济状况开始纳入法官制作判决理由时需要考虑的范畴,而且将先前的法律规则适用于变化了的社会经济生活中新涌现出来的案件所产生的不公平结果也开始令法官担忧;当这种不公平结果的发生日益频繁而成为一种社会现象,抗议不公平结果的声音成为一种社会力量,法官的正义感通常会强烈地迸发出来,表现为对承受不公平结果的受害人的支持和同情,而法官的支持和同情则表现为对不再必要、不再正当、不再可以被接受、不再具有理性的法律规则赋予全新的解释。具体到作为本书研究对象的产品责任案件的审理来讲,这表现为美国法官率先在诉讼中突破合同相对性原则的限制,结束了生产者侵权责任的豁免状态;德国法官为了

---

① 陈根发:《当代日本法学思潮与流派》,法律出版社2005年版,第167页。

帮助原告解决侵权诉讼中证明被告过错的困难,突破性地采取过失推定原则实现举证责任的倒置;法国的法官更进一步,毅然将产品中缺陷的存在视为生产者的过错,免除原告的过错证明负担。这是法官对法律规则适用中产生的不公平结果予以关注的最好证明,但法官的努力并没有止于关注,他们还作出了有胆识的、决定性的和反传统的行动,摈弃了社会上曾经占优势的但他们确信现在已经完全过时或不合理的规则,冒着风险给未来指出了新的前进航向[1]。

---

[1] 〔美〕E. 博登海默:《法理学:法律哲学与法律方法》,邓正来译,中国政法大学出版社 1999 年版,第 559 页。

第四章　严格产品责任原则的确立及扩张

　　各国法院对先前适用于产品责任领域的合同法规则与侵权法规则在消费者利益保护方面暴露出来的不足与缺陷所进行的弥补与克服使严格责任原则在产品责任领域的适用呼之欲出。而各国为了保护消费者利益对严格产品责任原则的争相接受和采纳使该原则产生初始便成为保护消费者利益的法律工具。不仅如此，伴随着严格产品责任原则的确立而形成的产品责任法亦将保护消费者利益作为该法的宗旨和目标，导致了严格责任原则在产品责任法中适用的日益扩张。但这样的定位与安排是否妥当，尚需根据产品责任诉讼实践的发展进行评判。

第一节　严格产品责任原则的确立

一、严格产品责任原则在美国确立的"三部曲"

（一）严格产品责任原则的雏形

　　1944年加利福尼亚的特雷纳法官在 Escola v. Coca Cola Bottling Co. 一案中所表达的并存意见是美国法官对严格产品责任原则的最早阐释。[①] 该案中，原告将瓶装的可乐放进冰箱时可乐瓶在其手中爆炸使其严重受伤；审理该案的法庭根据事实自证原则，判令存在过失的被告对原告承担损害赔偿责任。特雷纳法官对被告承担损害赔偿责任的判决结果表示同意，但其表达了独特的判决理由。特雷纳法官认为，当生产者将一件产品投放市场，知道该产品将不会经过检验而被使用，而该产品被发现具有缺陷造成了人身的伤害，生产者即便没有过失也会招致责任的产生，因为这样会最有效地减少产品中内在的对于生命和健康造成危害的危险；另外，普通的消费者并不能预见并且防止产品中的某些危险，伤害的成本以及健康或时间的损失对受害人来说可能是巨大的厄运与不幸，而生产者却可以通过保险或者提高产品的价格在大众之间将伤害的风险进行分散；因此，确定生产者责任的依据应当是

[①] Austin Martin, "A Gatekeeper Approach to Product Liability for Amazon", 89 *Geo. Wash. L. Rev.* 768, 2021. 另，并存意见是指一个或少数法官所提出的意见，它赞同法庭的判决，但所持理由与法庭多数成员不同，参见《英汉法律词典》，法律出版社1985年版，第173页。

严格责任而不是过失责任。①

(二)适用严格产品责任原则的首个判例

特雷纳法官在上述 Escola 案件判决中的并存意见尽管没有判例地位，但其影响力很快显现②，于 20 世纪 60 年代早期在美国司法界得到了广泛的接受。1963 年，加利福尼亚州最高法院在 Greenman v. Yuba Power Prods.，Inc. 一案中作出了美国历史上第一个适用严格责任原则的产品责任案件的判决。③ 该案中，原告被从机器中飞出的木片击中前额严重受伤，因为该机器缺少一种防护装置来防止进入机器的木片从入口处回流；原告在事故发生后的 10 个半月之后分别向销售者和生产者发出书面的关于违反货物品质担保的通知。被告主张上述通知没有在合理的时间内发出，因此原告的诉讼应当予以驳回。审理该案的法庭认为，当生产者将一件产品投放市场，知道该产品在使用之前用户不会对缺陷进行检查，该产品最终被证实具有缺陷而导致了用户的伤害，生产者就应承担严格的侵权责任，用户不需要进行任何关于违反品质担保的通知。④

(三)严格产品责任原则确立的标志

Greenman 案件的判决作出两年以后，美国法律研究院⑤于 1965 年颁布了《侵权法第二次重述》，其中的第 402A 条以前述 Greenman 案件的判决为基础⑥，就产品销售者⑦对其用户或消费者造成的伤害或损害的特殊责任进行了规定：

(1)在下列情形下，销售任何对用户或消费者或其财产含有不合理危险

---

① Escola v. Coca Cola Bottling Co.，150 P. 2d 436，440-444（Cal. 1944）；Austin Martin，"A Gatekeeper Approach to Product Liability for Amazon"，89 *Geo. Wash. L. Rev.* 768，2021；Aaron Doyer，"Who Sells? Testing Amazon. Com for Product Defect Liability in Pennsylvania and Beyond"，28 *J. L. & Pol'y* 719，2020.
② 〔美〕肯尼斯·S. 亚伯拉罕:《责任的世纪——美国保险法和侵权法的协同》，武亦文、赵亚宁译，中国社会科学出版社 2019 年版，第 147 页。
③ Charles E. Cantu，"Twenty-Five Years of Strict Product Liability Law: The Transformation and Present Meaning of Section 402A"，25 *St. Mary's L. J.* 327，329（1993）；Zoe Gillies，"Amazon Marketplace and Third-Party Sellers: The Battle over Strict Product Liability"，54 *Suffolk U. L. Rev.* 87，2021.
④ Greenman v. Yuba Power Prods.，Inc.，377 P. 2d 897（Cal. 1963）.
⑤ 美国法律研究院(the American Law Institute)成立于 1923 年，从最初时起便是一家由美国一些最杰出的法官、教授和律师组成的荣誉团体。美国法律研究院的任务是主持法律重述，以促进法律的清晰化和简明化以及促进法律对社会需求的适应。
⑥ Charles E. Cantu，"Twenty-Five Years of Strict Product Liability Law: The Transformation and Present Meaning of Section 402A"，25 *St. Mary's L. J.* 327，328（1993）.
⑦ 这里的销售者是一个广义的概念，包括产品的生产者、销售者等。但本书的研究仅限于生产者的责任。

的缺陷状况的产品的人对因此给最终用户或消费者,或其财产,造成的身体伤害/实际损害应承担责任:

(a) 该销售者从事销售此类产品的生意;并且

(b) 该产品被期待并且确实,在其被售出时的状况未有任何实质改变的情况下,到达用户或消费者手中。

(2) 上述(1)所述规则即使在以下情形下仍然适用:

(a) 该销售者在其产品的生产和销售中已经履行所有可能的注意;

(b) 该用户或消费者并非从该销售者手中购得该产品或并未与该销售者订立任何合同关系。①

《侵权法第二次重述》②第 402A 条标志着美国法律研究院首次正式承认缺陷产品的生产者即使在产品的生产和销售中已履行所有可能的注意仍可能对用户或消费者承担责任,这是一条严格责任规则,原告无须证明被告存在过失③,亦无须与被告存在合同关系。可以说,严格产品责任原则在《侵权法第二次重述》中的采纳,是对美国法院此前对合同法规则与侵权法规则的不足与缺陷进行弥补与克服时的心声的反映。④ 因此,美国大多数州随后均以热情的态度对该原则予以支持和接受。⑤ 就此,严格责任原则占据了产品

---

① 美国法律研究院通过并颁布:《侵权法重述——纲要》,〔美〕肯尼斯·S. 亚伯拉罕、阿尔伯特·C. 泰特选编,许传玺等译,许传玺审校,法律出版社 2006 年版,第 110—111 页;James M. Beck, Esquire, "Rebooting Pennsylvania Product Liability Law: Tincher v. Omega Flex and the End of Azzarello Super-Strict Liability", 26 *Widener L. J.* 91, 2017.

② 美国法律研究院定义下的法律重述是:指向法院和其他适用既有法律的主体的法律文件。也即,法律重述主要为法院判案提供指导,为法律适用者提供参考。重述的目的在于澄清普通法,法律规范的相关因素或变化,反映法律目前的状况或对法庭将来审判的影响。这种影响力,来源于编写者们自身的权威性。组建美国法律研究院、担任重述工作的报告者们是美国法律界相关领域内公认的最杰出的学者。这种影响力,同时也源自法律重述对司法活动的潜在指导性。法律重述得到立法者和司法者的认同,并非由于它们具有成文法或法典的效力,能以法律规则和原则的形式约束法院和案件当事人,而在于它对法院裁判过程的帮助和指导。当法院碰到与先例相冲突但又不是必须遵循先例时,它有充分的自由选择重述中的相关规则作为自己判决的支撑。参见朱雅妮:《法律重述:概念、理念与国际化》,载《湖南师范大学社会科学学报》2012 年第 5 期。

③ 美国法律研究院通过并颁布:《侵权法重述——纲要》,〔美〕肯尼斯·S. 亚伯拉罕、阿尔伯特·C. 泰特选编,许传玺等译,许传玺审校,法律出版社 2006 年版,第 111 页。

④ 第 402A 条的目的就是确保缺陷产品导致的伤害成本由将缺陷产品投放到市场中的生产者来承担,而不是由处于弱势的、没有能力保护自己的受害人来承担,消费大众有权利得到最大程度的保护。See James M. Beck, Esquire, "Rebooting Pennsylvania Product Liability Law: Tincher v. Omega Flex and the End of Azzarello Super-Strict Liability", 26 *Widener L. J.* 91, 2017.

⑤ Juliad Kitsmiller, "Missouri Products Liability Is 'Budding' (Again): Budding v. Ssm Healthcare System and the End of the Strict Products Liability Cause of Action Against Hospitals", 69 *UMKC L. Rev.* 675, 677 (2001); Zoe Gillies, "Amazon Marketplace and Third-Party Sellers: The Battle over Strict Product Liability", 54 *Suffolk U. L. Rev.* 87, 2021.

责任归责原则的核心位置,第402A条成为美国产品责任法的圣经。①

二、欧洲共同体对严格产品责任原则的接受及推行

(一)《欧洲共同体产品责任指令》的颁布

美国《侵权法第二次重述》第402A条确立的严格产品责任原则为1985年7月25日颁布的《欧洲共同体产品责任指令》所借鉴。② 如前所述,欧洲消费者保护运动的一大特色在于得到国际组织——欧洲共同体的大力支持,正是这一点使《欧洲共同体产品责任指令》的制定成为可能。欧洲共同体的成立与发展提出了建立欧洲共同市场的要求,共同市场的良好运行要求成员国具有一致适用的法律规则。然而,在产品责任领域内,由于各成员国适用的法律规则彼此不同,受害消费者的法律地位以及致害生产者的法律责任存在差异,这些差异直接影响了共同市场的健康发展。为了保证共同市场内竞争的公平、货物的自由流通,同时为消费者提供平等的保护,欧洲共同体理事会制定并颁布了《欧洲共同体产品责任指令》,旨在消除成员国间相关的法律差异。③ 消除差异的最重要举措体现在《欧洲共同体产品责任指令》的核心内容,即对严格产品责任原则的采纳和接受——第1条规定,生产者对因其产品之缺陷所造成的损害,应承担赔偿责任。④《欧洲共同体产品责任指令》规定各成员国在指令颁布之日起3年内将指令的内容转化为国内法付诸实施。⑤

(二)英国《消费者保护法》的制定

严格产品责任原则在英国的确立源于英国将1985年《欧洲共同体产品责任指令》在国内付诸实施而采取的立法行动,行动的标志和结果为1987年《消费者保护法》的通过与颁布。但需要指出的是,严格产品责任原则在英国的产生并非简单地来自对《欧洲共同体产品责任指令》内容的接受,事实上,早在20世纪70年代英国就"人身伤害的赔偿机制"开展的法律改革运动就已经提出了实行严格产品责任原则的建议和思想。

20世纪60年代,公众在非常广泛的领域内对消费者保护问题的关注,

---

① David G. Owen, "Defectiveness Restated: Exploding the 'Strict' Products Liability Myth", 1996 *U. Ill. L. Rev.* 743, 1996.
② James A. Henderson, Jr. & Aaron D. Twerski, "What Europe, Japan, and Other Countries Can Learn from the New American Restatement of Products Liability", 34 *Tex. Int'l L. J.* 1, 12, Winter, 1999.
③ Andrew Geddes, *Product and Service Liability in the EEC*, Sweet & Maxwell, 1992, p. 7.
④ 参见《欧洲共同体产品责任指令》第1条。
⑤ 《欧洲共同体产品责任指令》第19-1条。

促使英国有关产品伤害的法律朝着保护消费者大众的方向调整。① 在"反应停"诉讼过程中,受害人所遭遇的困难与障碍使得有关缺陷产品的合同法规则与人身伤害的侵权法规则在20世纪60年代中晚期成为立法机构、司法机构、学者和公众关注的焦点,此点已如前述②。1971年11月,法律委员会与苏格兰法律委员会开始研究现行的有关赔偿缺陷产品造成的人身伤害、财产损害以及其他损失的法律是否适当而充分,并且提出对法律应当进行哪些改进从而提供其他的救济途径,以及应当向哪些人提供这些救济提出了建议。1972年,英国首相希斯(Heath)宣布成立由皮尔逊(Pearson)负责的皇家委员会,专门针对在什么程度上、在何种情况下以及通过什么方式对死亡或者人身伤害进行赔偿予以研究,并且非常明确地将在制造、提供或使用产品或服务的过程中遭受伤害或死亡的情况作为研究的对象。③ 20世纪70年代英国有关"人身伤害的赔偿机制"的法律改革运动就此拉开帷幕。作为上述考察和研究的结果,三个委员会均发表了工作报告,尽管报告的内容彼此并不完全一致,但是在缺陷产品造成的人身伤害或死亡这个问题方面,法律委员会和皮尔逊委员会均建议,当缺陷产品是在营业的过程中被投入流通,该缺陷产品的生产者应当承担严格责任。法律委员会提出了施加严格责任的若干理由,例如,损失应当由制造风险的生产者来承担;并且,位于生产与销售链条上的人处于控制产品的品质与安全的最佳位置;生产者是通过保险承担缺陷产品造成人身伤害的风险的最佳人选。④ 上述工作报告所提出的建议为英国将《欧洲共同体产品责任指令》转化为国内法从而确立生产者对缺陷产品的严格责任奠定了坚实的思想基础。英国于1987年颁布《消费者保护法》,在该法的第一部分基本上采纳了指令的内容。根据该法,产品的生产者对其产品负严格责任,在这一责任原则之下,受到损害的消费者只要证明产品是有缺陷的、受害人遭受可诉的损害以及产品的缺陷与他所受到的损害有因果关系,就可以从相关的责任人处获取赔偿⑤。

(三) 德国《产品责任法》的生效

德国将《欧洲共同体产品责任指令》转化为国内法付诸实施的行动表现为1989年制定、1990年生效的《产品责任法》。该法为德国在一般产品责任领域广泛确立生产者的严格责任的标志。但是,在该部《产品责任法》诞生之前,德国已经在其1976年的《药品法》中明确规定了生产者的严格责任。这

---

① Jane Stapleton, *Product Liability*, Butterworths, 1994, p.44.
② Ibid.
③ C. J. Miller & R. S. Goldberg, *Product Liability*, Oxford University Press, 2004, p.212.
④ Ibid.
⑤ 李奇文:《英国产品责任法若干问题的探讨》,载《法商研究》1994年第2期。

是"反应停"灾难的政治结果。[1]

1. 1976年《药品法》

德国作为"反应停"的原产国，灾难后果尤其深重，这场灾难的政治结果是促使德国联邦议会在充分认识到药品上市、批准、销售之前对药品的品质、功效以及安全进行审查的必要性的情况下于1976年颁布新的《药品法》，旨在通过一系列更为严格的管理药品生产的措施来减少药品造成的损害风险。尽管有来自药品生产企业的强烈反对[2]，《药品法》中依然引入了药品生产企业承担严格责任的赔偿制度。该法第84条规定，使用在本法适用之地域范围内获准或由法律规定无须获准而提供的人用药品，造成人之死亡或人之身体、健康无法恢复的损害，将该药品在本法适用之地域范围内投入流通的医药厂家应当对受害人由此造成的损害负赔偿义务。赔偿义务之成立需要满足以下条件：① 在使用这种药品一定剂量后具有超出医学所允许程度的损害作用，且其原因源于该药品开发或生产过程之中；② 损害是由于不符合医学要求的标识或使用说明所致。[3] 该规定放弃了过错责任原则，使该法成为德国第一部对生产者规定严格责任的法律[4]，在德国乃至欧洲产品责任法的发展过程中具有十分重要的意义。

2. 1989年《产品责任法》

德国《产品责任法》的规定非常近似地跟随了指令的内容。[5] 德国的立法者在立法理由中指出，作为《产品责任法》中的一个重大变化，未来的产品责任属于与过错无关的责任，同时，在该理由中也恰当地指出，该规范与联邦最高法院以往通过审判实践而阐发的产品缺陷责任规则是相适应的。[6] 与过错无关的严格责任在德国《产品责任法》第1(1)条中得到确立。根据该条的规定，如果产品存在缺陷造成人之死亡或者身体伤害或者对人之健康的其他损害或者物品的损坏，产品的生产者应当对遭受伤害或损害的人承担赔偿责任。但该条的适用范围亦有一定的限制，即在物品损坏的情况下，只有当受损物品是其他物品而非缺陷产品本身、该物品属于通常供私人使用或消费的类型且该物品是由受害人用于通常的用途，缺陷产品的生产者才会对受害

---

[1] London Economics, Jörg Finsinger & Jürgen Simon: *The Harmonization of Product Liability Laws in Britain and Germany*, Anglo-German Foundation for the Study of Industrial Society, 1992, p. 165.

[2] Geraint Howells, *Comparative Product Liability*, Dartmouth, 1993, p. 137.

[3] 徐国建：《联邦德国新产品责任立法》，载《现代法学》1990年第6期。

[4] 陈冶东：《联邦德国的消费者保护法及消费者组织》，载《德国研究》1994年第2期。

[5] Rebekah Rollo, "Why the European Union Doesn't Need the Restatement (Third)", 69 *Brooklyn L. Rev.* 1073, 1083, Spring, 2004.

[6] 〔德〕马克西米利安·福克斯：《侵权行为法》，齐晓琨译，法律出版社2006年版，第302页。

人承担赔偿责任①。

(四)《法国民法典》的修改

作为欧洲共同体的成员国,法国同样面临将《欧洲共同体产品责任指令》转化为国内法而予以实施的任务。但与其他成员国实施指令的时间相比,法国搭乘的是末班车。② 其中的原因绝对是来自法国国内的。法国政府曾经成立了由盖斯坦(Ghestin)教授领导下的专家委员会研讨如何将指令的内容纳入法国法,但从 80 年代末开始的 10 年间提交的草案由于议会的解散而成为无用之物。直至新政府成立后才重新开始相关的立法进程。同时,由于法国已经远远超过了指令所规定的实施期限,欧盟委员会已经对法国启动了公约所规定的当成员国不履行义务时的诉讼程序。然而,真实情况并不像表面看起来的那样富有戏剧性。因为,如前所述,通过法官的创新解释,例如对职业卖方的恶意推定,以及"缺陷即过错"规则之运用,既有的法国法对于严格产品责任原则之运用与指令中的规则已经大致相同③。

1998 年 5 月 9 日,法国最终通过第 98-389 号法律,以"有缺陷的产品引起的责任"为标题将为实施《欧洲共同体产品责任指令》而制定的关于产品责任的法律规则添加在《法国民法典》第四编中,就此,关于法国对于指令实施的争议终于尘埃落定。《法国民法典》中关于"有缺陷的产品引起的责任"的法律规则一共有 18 个条文,附在法典第 1386 条之后,分别以第 1386-1 条至第 1386-18 条的方式予以标记④。其中第 1386-1 条、第 1386-9 条、第 1386-10 条分别规定,产品的生产者应对因其产品的缺陷造成的损害承担责任,不论其与受害人是否有合同关系;原告应当证明损害,产品的缺陷以及该缺陷与损害之间的因果关系;即使产品的生产遵守了技艺规则或现有规范,或者产品的生产得到行政批准,其生产者对产品的缺陷仍应负责任。⑤ 从以上规定可以看出,《法国民法典》中关于缺陷产品的法律责任明确采纳了严格产品责任原则,由此结束了法官通过对既有规则进行创新解释对生产者施加严格责任的状态。

---

① Christopher J. S. Hodges, *Product Liability: European Laws and Practice*, Sweet & Maxwell, 1993, p. 342.
② 〔德〕克雷斯蒂安·冯·巴尔:《欧洲比较侵权行为法(下卷)》(第 2 版),焦美华译,张新宝审校,法律出版社 2004 年版,第 475 页。
③ Hans Claudius Taschner, "Harmonization of Product Liability Law in the European Community", 34 *Tex. Int'l L. J.* 21, 32, Winter, 1999.
④ 《法国民法典》(下册),罗结珍译,法律出版社 2005 年版,第 1116 页。
⑤ 同上书,第 1116—1117 页。

三、日本对严格产品责任原则的采纳

受四大产品伤害案件①的影响,有关产品的品质与安全以及生产者责任的问题从20世纪70年代以来已经引起日本国民的广泛关注。日本学者开始致力于探求新的理论来促进产品责任法的发展,其中最为显著的是日本学者我妻荣、四宫和夫等人设立的产品责任研究会,他们于1975年提出《产品责任法纲要试案》②供立法参考,但政府却迟迟没有采纳。这是因为国内企业以及长期执政的自民党强烈反对。他们反对的理由是,产品责任法的制定将会增加企业的成本,提高产品的价格。③ 另外,企业还认为,产品责任法的颁布和实施意味着国家权力直接介入企业生产和产品流通的各项活动中,这与市场经济中企业自然淘汰的原则是不协调的,是对以营业活动自由为中心的企业活动的干涉。企业的排斥理论与国家的保护政策正好相吻合,使政府对产品责任的保守态度得以延续。④ 1993年的大选为确立产品责任所需的政治环境带来了巨大的改变。⑤新任的细川护熙首相在其第一次政治演说中宣称,要将日本的经济政策从以企业为出发点转变为以消费者为出发点。这种政治上的变化极大地增加了日本的产品责任法被日本议会通过的可能性⑥。

日本政府于1994年7月1日公布的《制造物责任法》基本上采纳了与《欧洲共同体产品责任指令》相同的概念。⑦ 日本的《制造物责任法》是作为一般侵权行为责任的特别规则被制定出来的,其内容简洁、概括,除附则外,共有6条规定。其中第3条有关制造物责任的规定尤为引人注目,因其实现了产品责任原理从民法上的"制造者等的过失"到"制造物的缺陷"的变更。⑧该条规定:"制造业者等,当其制造、加工、输入或为前条第2款、第3款的姓名等的表示的制造物,于交付后因缺陷侵害他人生命、身体或财产时,对因此所生损害负赔偿责任。"⑨由此可以看出,日本产品责任法开始实行严格责任

---

① 详见本书第一章第一节"二、消费者保护运动的发端"。
② 王泽鉴:《产品责任特别立法之比较研究》,载《民法学说与判例研究》(第3册),中国政法大学出版社1998年版,第232页。
③ Sumiko Takaoka,"Product Defects and the Value of the Firm in Japan: The Impact of the Product Liability Law", 35 J. Legal Stud. 61, 64, January, 2006.
④ 张德芬:《日本的产品责任法及其对我们的启示》,载《郑州大学学报(哲学社会科学版)》1997年第4期。
⑤ Sumiko Takaoka,"Product Defects and the Value of the Firm in Japan: The Impact of the Product Liability Law", 35 J. Legal Stud. 61, 64, January, 2006.
⑥ Ibid.
⑦ Susan H. Easton, "The Path for Japan?: An Examination of Product Liability Laws in the United States, the United Kingdom, and Japan", 23 B. C. Int'l & Comp. L. Rev. 311, 323, Spring, 2000.
⑧ 李艳岩:《中日产品责任法律制度若干问题比较》,载《哈尔滨商业大学学报(社会科学版)》2003年第5期。
⑨ 《日本制造物责任法》,梁慧星译,载《外国法译评》1994年第4期。

原则,这是对过去实行的过失责任原则的重大突破。① 日本通产省(日本议会)所发布的关于产品责任法的概要中对产品责任的解释为,用产品缺陷代替制造者的故意过失,就是产品责任;或者说,如果产品存在缺陷,即使没有故意过失,制造者也要负责任。

第二节　严格产品责任原则暨产品责任法的宗旨及目标

现代意义上的产品责任法是与严格产品责任原则的确立相伴而生的。在严格产品责任原则于各国得到确立之前,产品责任争议的解决依据是合同法规则或侵权法规则,其间并不存在独立的产品责任法或针对产品责任争议的特别规则。②但随着严格产品责任原则在美国《侵权法第二次重述》中的确立以及欧洲各国与日本分别通过立法或者修改民法典的方式对严格产品责任原则的采纳,产品责任法已经摆脱在合同法与侵权法之间游走的状态而成为纯粹的侵权法的一个分支。③不仅如此,随着产品责任法的迅速发展及其所具有的重要意义,产品责任法还颇有独立于侵权法成为一个专门的法律领域的强劲趋势。④　根据前面章节的内容可以知道,严格产品责任原则是在消费者保护运动的推动之下,为了妥善、及时地解决缺陷产品受害人的损害赔偿而诞生的规则,那么,严格产品责任原则以及与之相伴而生的产品责任法以保护消费者利益为宗旨不仅是众望所归,也是顺理成章的选择;对于消费者利益的保护,也因严格产品责任原则具有相对及时可靠地填补损害的功能而不致流于一种幻想;而及时可靠地填补损害又有赖于损失的分散与转移机制获得了切实的保障。

一、严格产品责任原则暨产品责任法的宗旨

各国对于严格产品责任原则的采纳非常明显地流露出对消费者利益的关切,以保护消费者利益为宗旨成为别无二致的选择。

前文已经提到,在美国首次提出严格产品责任原则的 Escola v. Coca Cola Bottling Co. 一案中,特雷纳法官在阐述其具有里程碑意义的并存意见时指出,普通的消费者并不能预见并且防止产品中的某些危险,遭受伤害的消费者不仅要承受健康的损害,而且还要承担因伤害而产生的花费,如果再要求受害的消费者付出精力、时间以及金钱来对生产者的过错进行证明,那

---

① 张德芬:《日本的产品责任法及其对我们的启示》,载《郑州大学学报(哲学社会科学版)》1997年第4期。
② Kenneth S. Abraham, *The Forms and Functions of Tort Law*, Foundation Press, 2012, p. 217.
③ Richard A. Epstein, *Torts*, CITIC Publishing House, 2003, p. 394.
④ Richard A. Epstein, *Cases and Materials on Torts*, CITIC Publishing House, 2003, p. 715.

么对于他来说将是巨大的厄运与不幸,因此确定生产者责任的依据应当是严格责任而不是过失责任。① 而在正式采用严格产品责任原则作出判决的 Greenman v. Yuba Power Prods., Inc. 一案中,特雷纳法官更加明确地指出,对生产者施加严格责任的目的是确保由将缺陷产品投放市场的生产者而不是由无力保护自己的受害人来承担缺陷产品造成的伤害的成本来承担。受害的消费者所获得的救济不应当因买卖法上的错综复杂的规则而受到羁绊。②

对欧洲各国产品责任法产生重要影响并作为欧洲各国产品责任立法蓝本的《欧洲共同体产品责任指令》在前言中也非常明确地宣扬了保护消费者利益的宗旨,并且以保护消费者利益为出发点来进行规则的设立。《欧洲共同体产品责任指令》在前言中提出:"考虑到对于消费者的保护,参与生产过程的所有生产者都应当承担责任,只要其提供的成品、配件,或者任何原材料存在缺陷,并且,出于同样的考虑,责任还应当延伸到产品的进口商以及产品上的商号、商标或者其他标志标明的生产者,或者生产者不明的产品的销售者";"在数人都对同一损害负责的情况下,出于对消费者的保护,受害人应当能够向其中任何一人主张全部的损害";"为了保护消费者的人身健康以及财产,产品的缺陷不应当根据产品是否适合使用来进行判断,而是应当根据产品是否缺乏一般公众有权期待的安全来进行判断";"为了保护消费者,如果有其他人的行为或过失促成了损害的发生,生产者的责任不会受到影响";"为了保护消费者,需要对死亡,人身伤害以及财产损害进行赔偿";"为了实现对消费者的有效保护,任何通过合同就生产者对受害人承担的责任予以减免的规定都是无效的"。③ 由《欧洲共同体产品责任指令》前言中的上述内容可以看出,保护消费者利益不仅是该指令确定无疑的出发点,而且也是其鲜明强烈的宗旨和目标。

英、德、法三国为了履行作为欧洲共同体成员国的义务而将《欧洲共同体产品责任指令》转化为国内法付诸实施所进行的立法活动,无不将保护消费者利益作为立法的精神和指引。英国为实施《欧洲共同体产品责任指令》而进行的立法活动是在 1987 年《消费者保护法》第一部分规定了有关产品责任的内容,该部分的标题即为产品责任,其中第 1 条规定,"制定这些规则的目

---

① 150 P. 2d 436, 440-444 (Cal. 1944); Ryan Bullard, "Out-Teching Products Liability: Reviving Strict Products Liability in an Age of Amazon", 20 *N. C. J. L. & Tech. On.* 181, May 2019.

② James A. Henderson, Jr. & Aaron D. Twerski, *Products Liability-Problems and Process*, CITIC Publishing House, 2003, p. 86.

③ Council Directive 85/374 of 25 July 1985 on the Approximation of the Laws, Regulations and Administrative Provisions of the Member States Concerning Liability for Defective Products, in Christopher J. S. Hodges, *Product Liability: European Laws and Practice*, Sweet & Maxwell, 1993, pp. 18-28.

的是遵守产品责任指令,而对这些规则也应当本着遵守产品责任指令的精神进行相应的解释"①。英国的做法不仅表明其将产品责任法视为消费者保护法律体系的一个组成部分,而且对消费者利益的保护是贯穿产品责任全部规则的灵魂。德国为了将《欧洲共同体产品责任指令》转化为国内法付诸实施而制定了专门的1989年《产品责任法》,该法采纳了与指令十分接近的语言表述,因而被认为是指令的副本。法国对《欧洲共同体产品责任指令》的实施采用了对《法国民法典》进行修订补充的方式,虽然新增加的18个有关产品责任的条文中并没有提到"为了保护消费者利益"的字眼,并且对《法国民法典》的修订大大晚于指令规定的实施时间,但这丝毫不能否定法国对于消费者利益保护的重视和强调。事实上,修订的耽搁恰恰是因为法国国内法给予消费者的保护程度高于指令的保护程度而引起的长久激烈的争论,这足以说明法国在产品责任立法方面同样以消费者利益保护作为方向和目标。

日本于1994年公布的《制造物责任法》很大程度上是对《欧洲共同体产品责任指令》的借鉴和移植,该法第1条开宗明义地规定:本法的目的在于,通过规定制造物的缺陷致人的生命、身体及财产发生损害情形,以及制造业者等的损害赔偿责任,谋求保护受害者,以此促进国民生活的安定向上和国民经济的健康发展。②

二、严格产品责任原则暨产品责任法的目标

(一)填补损害

填补损害是侵权法的首要目标,它是指在行为人实施侵权行为并致他人损害以后,行为人应向他人负赔偿责任,以填补受害人所受的损失。现代侵权法的一个重要发展趋势就是进一步强化填补损害的功能,其原因在于:一方面,随着对人权保护的加强,现代侵权法充分体现了人本主义的精神,其基本制度和规则都是围绕"以受害人保护为中心"建立起来的,最大限度地体现了对人的终极关怀。尤其是在侵权法的各种功能(如填补损害与制裁)发生冲突的时候,侵权法的首要价值取向仍然是填补损害,而不是制裁。另一方面,现代侵权法以追求实质正义和法律的社会妥当性为目标,这就需要从维护受害人的利益考虑,尽可能地对受害人提供充分的补救。如果无辜的受害人的损失不能得到补救,则社会正义就无从谈起。尽管侵权责任也有制裁性质,但毕竟不像刑事责任那样具有强烈的惩罚性,侵权法所关注的重心仍然是对受害人提供充分的补偿。侵权法的功能就是在缺乏合同关系的情况

---

① Consumer Protection Act 1987, Part I, Sec1-(1), in Christopher J. S. Hodges, *Product Liability: European Laws and Practice*, Sweet & Maxwell, 1993, p. 648.
② 《日本制造物责任法》,梁慧星译,载《外国法译评》1994年第4期。

下,决定如何赔偿损害,或由谁赔偿损害。①

现代意义上的产品责任法,作为纯粹的侵权法的一个分支,主要调整消费者请求生产者对缺陷产品造成的损害进行赔偿的社会关系。②消费者提起产品责任之诉,其根本的目的和愿望在于使其缺陷产品造成的伤害或损害获得赔偿,因此填补损害是产品责任法的首要功能,而伴随着严格产品责任原则的适用,产品责任法在及时可靠地填补受害人损害方面的功能更为卓越而显著。第一,在权利主体方面,严格产品责任原则适用于所有因缺陷产品遭受伤害或损害的人,包括产品的消费者、用户以及旁人,与受合同相对性限制的合同法规则相比,不会使缺乏合同关系的受害人之损害沦于无法填补的境地。第二,在损害赔偿的范围方面,严格产品责任的运用一般会涉及受害人的人身伤害和财产损害,有的国家甚至包括精神损害,以及惩罚性损害赔偿,而依据合同法规则请求损害赔偿,通常仅限于合同的价款或者产品的修理与更换。第三,在责任限制方面,严格产品责任原则的运用排除了一切限制或免除生产者对消费者应当承担的责任的约定之效力,而提起合同之诉可能会遭遇格式免责条款对受害人权利的预先剥夺。第四,在证明要求方面,严格产品责任原则免除原告对于被告过错的证明要求③,诉讼过程因此而迅捷,诉讼成本因此而降低。若依传统的过错责任原则提起产品责任侵权之诉,原告无法回避对于被告过错的证明,而这往往是一个耗时劳神费力却没有结果的过程,将导致诉讼之迟延而缓不济急。④ 第五,在抗辩事由方面,根据严格责任原则提起产品责任侵权之诉,被告即便证明自己在产品的生产与销售方面没有过失亦不能免除责任的承担,通常只有不可抗力与受害人过失⑤才可以使生产者的责任得以减免。若依据过失责任原则提起诉讼,即便是法院出于对受害人的同情对被告的过失进行推定,被告也往往会通过证明自己在产销方面已尽充分注意而逃避责任的承担,而原告对被告的证据通常是反驳乏力。第六,在赔偿保障方面,受害人遭受的损害对其个人来说是难以承受的灾难,而受严格产品责任威慑的企业可以通过保险对受害人的损害进行赔偿

---

① 王利明:《侵权行为法研究》(上卷),中国人民大学出版社2004年版,第87页;张新宝:《侵权责任法立法:功能定位、利益平衡与制度构建》,载《中国人民大学学报》2009年第3期。
② 刘静:《产品责任论》,中国政法大学出版社2000年版,第22页。
③ Allison Zakon, "Optimized for Addiction: Extending Product Liability Concepts to Defectively Designed Social Media Algorithms and Overcoming the Communications Decency Act", 2020 Wis. L. Rev. 1107, 2020.
④ 邱聪智:《从侵权行为归责原理之变动论危险责任之构成》,中国人民大学出版社2006年版,第96页。
⑤ 在产品责任法领域,受害人过失通常指消费者误用等情形。考虑到若无受害人的与有过失,加害人的过错行为也不可能致害或只可能造成一定的损害,故受害人过错客观上造成了加害人承担责任的危险。对于如此造成或扩大的损害,受害人应自己承受损失,不应转嫁于加害人。参见郑永宽:《侵权法过失相抵制度研究》,厦门大学出版社2021年版,第70页。

并将分散损失①,使受害人不会因生产者缺乏赔偿能力而面临无从获得救济的风险,但在过失责任原则之下,生产者被追究责任的概率相对要低,对产品责任保险也不会产生强烈的需求。总之,严格产品责任原则所具有的上述制度特点使其可以更好地实现填补受害人损害的功能。

(二) 分散风险②

在现代社会,严格产品责任的适用常常是与保险制度联系在一起的。严格产品责任对生产者施加了相对严苛的责任,而生产者为了分散风险,就有必要通过损失分担机制将赔偿责任社会化,这种损失分担机制主要是通过责任保险的形式来实现的。③ 有严格责任,客观上就需要通过责任保险,甚至社会保险来分散风险。④严格产品责任原则正式确立标志——美国《侵权法第二次重述》第402A 条的评注 C 对损失分散进行了这样的表述:公共政策要求卖方应当承受产品造成的意外伤害的负担,该负担应当被视为生产成本的一部分,卖方可以就此购买责任保险。⑤

产品责任保险是指以产品责任事故引起的、产品制造商或销售商依法应承担的经济损害赔偿责任为标的的保险,主要承保被保险人因生产或销售有缺陷的产品,在消费或使用的过程中发生事故,对产品用户、消费者或其他第三人造成人身伤害或财产损失,依法应承担的经济损害赔偿责任。产品制造商或销售商向保险公司投保了产品责任保险,便将这种经济损害赔偿责任转移给了保险公司,一旦产品责任事故给产品用户、消费者或其他第三人造成人身伤害或财产损失,保险公司承担依法应由该制造商或销售商负责的损害赔偿责任。⑥

产品责任保险作为责任保险的一种,是伴随着"消费者至上主义"和越来越强的索赔意识而产生的⑦,但对产品责任保险最早源于何处,未有一致看

---

① Dan B. Dobbs, *The Law of Torts*, West Group, 2000, p. 975.
② Connor Mannion, "Showdown at High Noon: Whether a Person Injured by a 'Liberator' 3D-Printed Firearm Can Recover on a Product Liability Claim Under the Third Restatement", 72 *Rutgers U. L. Rev.* 543, Winter, 2020.
③ 周华:《侵权损害赔偿的社会化发展与侵权法危机论探究》,载《重庆理工大学学报(社会科学)》2019 年第 12 期;岳红强:《我国民法典中危险责任制度的建构》,载《法商研究》2019 年第 6 期。
④ 王利明:《侵权行为法研究》(上卷),中国人民大学出版社 2004 年版,第 250 页;王竹、刘忠炫:《责任保险对我国侵权法的实际影响评估——基于司法适用数据的分析》,载《法制现代化研究》2019 年第 3 期。
⑤ Marshall S. Shapo, *The Law of Products Liability*, Butterworth Legal Publishers, 1990, pp. 7-27.
⑥ 张洪涛、王和主编:《责任保险理论、实务与案例》,中国人民大学出版社 2005 年版,第 226 页。
⑦ 刘静:《产品责任论》,中国政法大学出版社 2000 年版,第 199 页。

法。有学者认为,第一张产品责任保险单是 1900 年由英国海上事故保险公司出具的、承保酒商饮用含砷啤酒引起的民事赔偿责任的保单①,也有人认为起始于 1910 年前后英美等国保险市场上的毒品责任保险②。无论如何,早期的产品责任保险主要是承保因提供不洁食物、饮料引起的食物中毒,承保范围比较狭窄,后来,随着对产品责任保险需求的逐步上升,承保范围逐渐扩大③,但产品责任保险的迅速发展以及保险需求的急剧扩大也只是随着产品事故的增加与恶化以及严格产品责任原则的确立才得以发生④。

一般认为,产品责任保险具有两方面的现实意义:一方面它可以满足企业的风险转移需要,为产品的制造商、经销商提供保险保障;另一方面,产品责任保险也有利于增强被保险人的赔偿能力,使产品缺陷的受害人及时获得赔偿,从而保护消费者的合法权益。⑤ 责任保险制度是严格产品责任原则正常运作的保障,有学者认为,严格产品责任原则通过产品责任保险制度实现损失分散的效果,具有填补社会福利计划在事故赔偿方面的疏漏的作用,从而使产品责任法具有社会工程的工具之色彩。⑥

第三节 严格产品责任原则的扩张适用

法官与学者们期待以严格产品责任原则来克服合同法规则中合同相对性的赔偿障碍,并使原告摆脱侵权法规则下不公平的举证负担。在这种背景之下,保护消费者利益不仅成为严格产品责任原则的历史使命,而且也被奉为严格产品责任原则暨产品责任法的宗旨,严格产品责任原则由此获得越来越多的支持并开始进入扩张适用阶段。挣脱了合同相对性束缚的合同法规则与摆脱了不公平证明负担的侵权法规则两者结合形成的严格产品责任原则似乎宣告了产品责任领域不利于消费者利益保护的法律规则的结束,但确立了严格责任原则的产品责任法是否可以就此高枕无忧呢?

---

① Kenneth Canner, Woodhead-Faulkner, *Essential Cases*:*Insurance*,Cambridge,1985,p. 71. 转引自刘静:《产品责任论》,中国政法大学出版社 2000 年版,第 199 页。
② 刘金章、刘连生、张晔:《责任保险》,西南财经大学出版社 2007 年版,第 313 页。
③ 刘静:《产品责任论》,中国政法大学出版社 2000 年版,第 199—200 页。
④ 郭颂平主编:《责任保险》,南开大学出版社 2006 年版,第 124 页。
⑤ 张洪涛、王和主编:《责任保险理论、实务与案例》,中国人民大学出版社 2005 年版,第 226 页;王竹、刘忠炫:《责任保险对我国侵权法的实际影响评估——基于司法适用数据的分析》,载《法制现代化研究》2019 年第 3 期。
⑥ W. Page Keeton & David G. Owen, *Products Liability and Safety*:*Cases and Materials*,The Foundation Press,1989,pp. 183-184.

一、产品责任诉讼数量与赔偿数额激增

随着1965年《侵权法第二次重述》第402A条中严格产品责任原则的确立,美国绝大多数州迅速以热情的态度对严格产品责任原则予以采纳和接受,此后,大多数的法院在面对产品责任案件时,会很自然地运用第402A条确立的规则,一律根据严格责任标准进行评判。在诉讼过程中,关注的焦点是产品的状况而非生产者的行为,原告获得损害赔偿不再需要对生产者的过失进行证明。原告提起产品责任之诉所享有的证明负担的减轻引发了大量的产品责任诉讼的发生,提起诉讼请求赔偿也不再被认为是为社会所排斥的行为或者不太光彩的事情,相反,它被看作消费者行使自己权利的愿望的反映。与此同时,热切的原告律师也为诉讼的开展提供了有力的帮助[1],使得产品责任诉讼的数量出现惊人的增长[2]。

但让人吃惊的并不仅仅是诉讼数量的增加,原告请求赔偿数额的上涨也同样令人感叹今非昔比。以下几组数字可以充分说明这一时期产品责任诉讼领域发生的巨大变化。根据美国最大的一家保险公司Aetna公司的报告,在1960年至1969年间,产品责任诉讼的数量增长了将近10倍,1960年为35000件,1969年居然达到30万件;1969年的诉讼请求额超过1亿美元,是1960年诉讼请求额的4倍。[3] 另外,根据美国保险协会的报告,在1963年至1971年的8年间,产品责任诉讼的数量已经从5万增加到50万。[4] 此外,位于纽约的一家调查组织(保险服务事务办公室)称,从1969年起至1973年,保险公司因产品责任诉讼而支付的赔偿金增长了将近4倍,保险公司的亏损也从7880万美元上升到2亿9560万美元[5]。

二、第一次保险危机与产品责任危机

(一)危机的爆发

产品责任诉讼数量与请求赔偿额的戏剧性增加使生产者开始处于焦虑状态,因为他们不仅面临的诉讼越来越多,而且对受害人的赔偿也越来越多。赔偿额的大幅增加导致很多保险公司遭受了非常惨重的损失。保险公司在

---

[1] 原告律师的酬金是一定比例的赔偿金。正因如此,原告律师在诉讼中表现得尤为"热切"。
[2] Bernard Wysocki Jr., "Litigation Loadt", *The Wall Street Journal*, June 3, 1976, at 1, col. 6.
[3] Arthur Joel Levine, "'Mercenary, Mendacious Mythology'? —Assessing the Insurance Industry's Explanation for the Product Liability 'Crisis' of the 1970s", The Claremont Graduate University, 2004, pp. 107-108.
[4] Ibid.
[5] Bernard Wysocki Jr., "Litigation Loadt", *The Wall Street Journal*, June 3, 1976, at 1, col. 6.

产品责任保险方面遭遇的巨大损失,必然导致保险费的大幅上扬,而保险费的大幅上扬导致产品责任保险的成本在企业的销售额中占据很大比重或者导致许多生产者很难以合理的价格购买保险,部分企业因此而停产,也有的企业在没有保险的情况下勉强维持经营。

1975年前后,在产品责任领域里发生了很明显的问题——很多生产者不能获得产品责任保险或者无力支付保险,企业为此存在停止营业的可能性,受伤的当事人将不能执行法院的产品责任判决,生产者可能对生产某些对社会有用的产品犹豫不决,产品责任领域私人保险制度正在崩溃。[1] 正因如此,媒体和学术界将上述情况称为"保险危机"。[2] 由于保险行业与企业界人士将出现保险危机的原因归结为严格的产品责任制度,对产品责任制度进行改革的呼声也甚嚣尘上,因此在一定程度上可以说,"保险危机"引发了"产品责任危机"。

(二)危机的应对

1. 美国商务部的努力

鉴于"保险危机"与"产品责任危机"的存在,生产者与保险公司联合起来推动立法以解决危机。生产者与保险公司的联合行动促使美国商务部于1976年成立了一个特别工作小组对产品责任问题进行调查研究。该特别工作小组在1977年发布的最终研究报告中称,尽管产品责任诉讼已经成为许多企业的一个难题,但对于国家来说,产品责任还没有达到危机的程度。[3]产品责任保险尽管在1970年代中期有大幅的增长,但在一般的情况下,企业还是可以获得保险的,当然某些高风险的行业除外;另外,也没有大量的证据表明,生产者由于产品责任诉讼的增加或者保险成本的增加而被迫停止营业,尽管某些行业的生产者已经停止某些危险产品的生产线并且对开发新的产品表现得更为谨慎。

该特别工作小组对产品责任领域出现的前述"危机"分析了以下三点原因:

第一个原因是责任保险人确定费率的程序。[4]产品责任保险费已经落后于司法于20世纪60年代至70年代对于生产者责任的扩大。1970年代中

---

[1] Bernard Wysocki, Jr., "Litigation Load", *The Wall Street Journal*, June 3, 1976, at 1, col. 6.
[2] Gerald P. Konkel, David S. Cox & Christopher Popecki, "Prior Insurance and Non-Cumulation of Liability Conditions Don't Wipe Away Billions in Product Liability Coverage", 55 *Tort & Ins. L. J.* 33, Winter 2020.
[3] 王晨:《揭开"责任危机"与改革的面纱——试论经受挑战的美国严格产品责任制度》,载《比较法研究》2001年第1期。
[4] Frank J. Vandall, *Strict Liability: Legal and Economic Analysis*, Quorum Books, 1989, p. 152.

期,当保险人最后意识到在过去的十年中已经悄悄发生的重大法律变化时,他们作出了过激的反应。保险费的迅速大幅上扬并非建立在坚实数据的基础上,而是建立在直觉和恐慌性定价的基础上。①

第二个原因来自不安全的产品生产。② 该特别工作小组认为,销售的产品有的是带有危险的制造缺陷,有的是由于产品的设计考虑不周而具有危险性,还有的是由于对隐藏的危险之警告不够充分或者安全使用产品的说明不够适当等,这么多的产品责任诉讼类型绝不是仅凭严格产品责任这样一个单一的责任标准就可以合理认定的生产者的责任③。

第三个原因在于侵权诉讼中的各种不确定性。④ 各州之间的责任规则呈现多样化,甚至在同一个州内法官们所持有的责任标准也各不相同,这都导致产品责任诉讼呈现一种不健康的不确定性。尤其是在设计缺陷与产品警示缺陷案件中,更是由于缺乏一个可操作性的规则来判断产品是否存在缺陷而导致问题更加突出,而判断产品缺陷在所有的产品责任诉讼中都是非常核心的问题。该特别工作小组还指出了其他一些导致产品责任领域出现问题的不重要原因,例如,通货膨胀,消费者增长的权利意识,产品数量的增加以及产品复杂程度的增加,消费者对产品的误用等。⑤

1978 年,美国商务部又成立了一个特别工作小组负责对产品责任与事故赔偿进行调查研究,该特别工作小组发布了一份选择方案,其中包括针对产品责任问题的各项立法措施。1979 年,美国商务部制定并公布了一部《统一产品责任示范法》供各州在进行产品责任立法时参考,其中第 104 条对不同的缺陷种类规定了不同的归责原则:① 对制造和装配缺陷实行严格责任,并按照《侵权法第三次重述》第 402A 条的标准来确定;② 对设计缺陷和警示缺陷,并不实行纯粹的严格责任。在确定设计缺陷的责任时,应考虑到在制造时所能认识的该产品的致损可能性,为预防损害而设计的产品在制造方面的技术可行性,可供选择的设计在生产、销售上的比较成本以及这种设计可能产生的新损害等;在确定是否已发出充分的指示和警告时,应考虑到在制造时对该产品危险性和潜在损害之性质加以预计的能力,以及提出相应警示

---

① Bernard Wysocki Jr. ,"Litigation Loadt", *The Wall Street Journal*, June 3, 1976, at 1,col,6.
② Frank J. Vandall, *Strict Liability*: *Legal and Economic Analysis*, Quorum Books, 1989, p. 152.
③ Bernard Wysocki Jr. ,"Litigation Loadt", *The Wall Street Journal*, June 3, 1976, at 1,col,6.
④ Frank J. Vandall, *Strict Liability*: *Legal and Economic Analysis*, Quorum Books, 1989, p. 152.
⑤ Bernard Wysocki Jr. , "Litigation Loadt", *The Wall Street Journal*, June 3, 1976, at 1, col,6; Frank J. Vandall, *Strict Liability*: *Legal and Economic Analysis*, Quorum Books, 1989, p. 152.

的技术可能性成本。①

2. 美国保险协会及各州立法机构的努力

真正对美国各州的立法产生广泛影响的是美国保险协会于1977年3月发布的产品责任改革建议方案,该方案后来成为各州产品责任立法的蓝本。该方案所建议的改革包括:① 从伤害发生之日起3年的产品责任诉讼时效期间,以及从产品的生产或销售之日起8年的除斥期间;② 当伤害是由售后发生的对产品进行的更改或改变所致,被告可以主张抗辩;③ 确立开发风险抗辩,要求仅仅根据产品销售时的科学技术知识水平对生产者进行判断;④ 将在伤害之后发生的产品设计或结构上的改进的证据予以排除;⑤ 对警告的义务进行重构,包括要求原告证明在伤害与没有警告之间存在明晰的因果关系;⑥ 对于惩罚性的损害赔偿施加某些限制;⑦ 对于规范工业事故的某些规则进行重构,包括从对生产者作出的判决中减去受害人通过工人赔偿制度已经获得的利益,以及禁止生产者对雇主提起补偿与分摊诉讼。②

到1979年后期,美国保险协会所建议的前4项措施先后被15个州的立法机构采纳,包括亚利桑那州、阿肯色州、科罗拉多州、印第安纳州、肯塔基州、密歇根州、明尼苏达州、内布拉斯加州、新罕布什尔州、北卡罗来纳州、俄勒冈州、南达科他州、田纳西州以及犹他州。例如,各州休止法案③的颁布。这些法案通过规定产品首次销售之后一定长度的除斥期间,对原告提起产品责任之诉设定时间限制。以印第安纳州休止法案的规定为例:"任何产品责任的诉讼必须在诉因产生之日起2年内或者产品送至最初的用户或消费者手中10年内提起;除非诉因是在产品最初送达之后的8年后产生,但尚未超过10年,诉讼可以在诉因产生之后的两年内提起。"④这样的规定使得一些诉讼在伤害发生之前即被限制,例如因某些比较陈旧的缺陷产品受到伤害的受害人将会被阻止提起诉讼请求赔偿。⑤

除休止法案之外,还有关于"符合政府标准"的规定。在普通法上,符合政府标准可能是法院判断生产者是否履行了适当注意的一个因素。但是,新颁布的"符合政府标准"的规定则走得更远。依据该规定,符合政府标准的产品被推定为不存在缺陷的产品或者并不存在不合理的不安全性,由此"符合政府标准"成为被告在产品责任诉讼中可以运用的一个重要抗辩。例如,田纳西州的法案规定:如果在产品生产之时,联邦或州的法律或者行政条例就产品的设计、检查、测试、生产、标识、警示规定了相应标准,卖方就可以提出

---

① 齐章安、庾国庆:《两大法系中产品责任的归责原则》,载《法律科学》1992年第5期。
② Bernard Wysocki Jr., "Litigation Loadt", *The Wall Street Journal*, June 3, 1976, at 1, col. 6.
③ The Statute of Repose.
④ Frank J. Vandall, *A History of Civil Litigation*, Oxford University Press, 2011, p. 69.
⑤ Ibid., p. 70.

一个不可反驳的推定,即该产品在上述方面并非处于不合理的危险状态。①

俄勒冈州的立法机构则是创设了一个可以反驳的推定,即如果一个产品被生产、销售或者出租时能够被用于其既定的用途,该产品就不存在不合理的危险。这样的推定明显是有利于生产者、销售者和出租人的。该规定的结果是,一些受伤害的原告,即便可以提出有效的诉讼,但如果不能反驳上述推定,亦不能获得赔偿②。

辛辛那提市则模仿美国商务部的《统一产品责任示范法》制定了自己的产品责任法案。另外,还有几个州,包括亚拉巴马州、佛罗里达州、佐治亚州、伊利诺伊州、罗德岛以及弗吉尼亚州,针对产品责任诉讼规定了特别的诉讼时效期间。

综上,如果说严格产品责任原则由于摈弃了合同相对性的限制与对被告过错的证明负担从而导致了产品责任诉讼数量的激增,并由此引发了保险行业的恐慌以致最终造成产品责任的危机,那么,各州立法机构对于危机的化解,则是通过对产品责任诉讼施加新的限制,为提起产品责任之诉的原告设置胜诉障碍,或者为被告提供重要的抗辩理由等一系列"亲被告"的措施而实现的。这一方面减少了产品责任之诉的数量,另一方面降低了原告胜诉的概率。截至1980年,第一次保险危机与产品责任危机得到了相当程度的缓解③。

三、严格产品责任原则走向绝对

美国很多州的立法机构通过一系列"亲被告"的措施缓解了20世纪70年代的保险危机与产品责任危机,但是20世纪80年代在美国风起云涌的石棉诉讼促使美国的法院对严格产品责任原则的运用和解释趋于绝对,以致再次引发保险危机与产品责任危机。

针对石棉制品提起的人身伤害诉讼无疑是美国历史上最为显著的大规模侵权诉讼④。在美国,针对石棉制品提起的产品责任诉讼最早可以追溯到20世纪60年代末期,但第一个获得胜诉的案件系1973年的Borel v. Fiberboard Paper Products Corp⑤。该案被认为打开了美国石棉诉讼浪潮的闸

---

① Frank J. Vandall, *A History of Civil Litigation*, Oxford University Press, 2011, p. 74.
② Ibid., p. 77.
③ Bernard Wysocki Jr., "Litigation Loadt", *The Wall Street Journal*, June 3, 1976, at 1,col,6.
④ Robin Cantor, Mary S. Lyman & Richard Resis, "Asbestos Claims and Litigation", in Robin Cantor ed., *Product liability*, American Bar Association, 2011,p. 125.
⑤ 493 F. 2d 1076(5th Cir. 1973). Cert. denied,419 U. S. 869 (1974).

门。① 从 20 世纪 80 年代中期开始,石棉诉讼激增。由于该类诉讼所具有的广泛的社会影响力,美国的部分法院依据严格产品责任原则审理案件时,为了使受害人的损害获得赔偿,即便生产者在生产时不知道也不可能知道产品中存在的风险,或者没有更安全的办法来制造产品,法院仍然责令生产者对产品造成的损害承担责任,从而使严格责任原则的适用呈现出一种极度扩张的趋势,严格责任成为"绝对责任"或者说"超严格责任"②,这种趋势在 20 世纪 80 年代达到顶峰③。

(一) *严格产品责任原则走向绝对的代表判例*

1. Beshada v. Johns-Manville Prods. Corp

可以用来解释绝对严格责任的一个典型判例是新泽西州最高法院于 1982 年审理的 Beshada v. Johns-Manville Prods. Corp 一案④。在该案中,原告主张,他们由于接触了被告生产的石棉而患有石棉沉滞症、间皮瘤以及其他因石棉而引起的疾病,但被告并没有对石棉所具有的危险进行警示,因此应当承担赔偿责任。被告提出开发风险的抗辩,主张根据石棉销售时的科学技术水平,没有人知道也不可能知道石棉是危险的,所以不应当因为没有警告不能知道的危险而承担责任。那么,本案的关键问题就在于,一个生产者是否应当对没有警告的不可知危险承担责任。审理该案的法院认为,被告是应当负责的,无论被告在产品生产时是否知道或者是否应当知道该产品具有的危险。法院指出,在严格责任中,生产者对于产品在审判时所表现出来的危险倾向的了解是推定的,无论生产者在实际上是否了解以及是否能够了解。这也是严格产品责任与过失产品责任的唯一区别。在过失责任中,并没有推定生产者了解产品中存在的危险倾向,这种了解是原告负责举证的内容;在严格责任中,如果允许危险的不可知性作为被告免责的抗辩,那就相当于否定了在严格责任中生产者对于危险的了解的推定,取消了严格责任原则

---

① 在该案中,对于如何证明某个被告的石棉制品是造成原告伤害的实质原因(原告接触的石棉制品是由多个生产者生产的),法院认为,没有必要去探寻究竟是哪一个特定被告的产品造成了原告的伤害或者对被告的责任进行划分,相反,原告所接触到的石棉制品的所有生产者都应该承担连带责任。在此后的案件中,法院还适用了"发现规则"来解决石棉诉讼中困扰原告的诉讼时效的问题,即考虑到石棉制品致病的长期潜伏性,诉讼时效从原告发现该疾病以及该疾病与接触石棉的关系之日起开始计算,而不是从伤害发生之日起开始计算。Robin Cantor, Mary S. Lyman & Richard Resis, "Asbestos Claims and Litigation", in Robin Cantor ed., *Product liability*, American Bar Association, 2011, p. 128.

② Victor E. Schwartz, "The Death of 'Super Strict Liability': Common Sense Returns to Tort Law", 27 *Gonz. L. Rev.* 179-182 (1992).

③ Victor E. Schwart, "The Re-Emergence of 'Super Strict' Liability: Slaying the Dragon Again", 71 *U. Cin. L. Rev.* 917, 934(2003).

④ 447 A. 2d 539 (N. J. 1982);吴晓露:《产品责任制度的法经济学分析》,浙江大学出版社 2014 年版,第 48 页。

与过失责任原则的唯一区别,从而取消了严格责任原则。另外,在生产者没有对不可知的危险进行警告的情况下对其课以责任,似乎是不公平的,但这种不公平仅仅限于表面。因为,当生产者通过制造和销售产品已经在实际上引起了诉争的损害,如果生产者不承担责任,事故的成本将会落在受害的消费者身上,那就等于要求消费者对生产者的生产成本进行资助或提供津贴,这才是实质上的不公平。受害人因为缺陷产品已经遭受疾病或残疾,在所有那些生产、销售工业产品的人中分散伤害的成本,要远远好于由无辜的受害人来独自承受,这一点位于严格产品责任原则的核心,它不会因被告进行生产时的科学知识水平而有些许改变。①

2. O'Brien v. Muskin Corp.

新泽西州最高法院后来又将其在上述案件中的推理延伸适用于 O'Brien v. Muskin Corp. 一案中②。在该案中,原告使用被告设计并建造的游泳池,在跳水时由于游泳池底的材质太滑,手滑开时无法及时避开池底而使头部直接撞击到坚硬的池底,造成脑部受伤。原告主张,被告在设计游泳池材质时,错误选择比乳胶湿滑两倍的乙烯基,以及未设置明显的禁止跳水标示,才导致原告身体之伤害。原告以产品设计存在瑕疵为由,请求被告公司就该产品所造成的损害承担严格责任。被告提出的抗辩为,虽然乙烯基并不是唯一的池底材料,但确实是目前最合适的材料,因为乙烯基的特别湿滑度有助于跳水者在正确的姿势下能以双手帮助头部迅速滑离游泳池底部,避免脑部因撞击受伤。但法院认为,制造商不能单以在产品生产时并不存在可行的替代方法及其产品生产技术已达到当时科技最高水平为由、规避产品瑕疵所造成的损害赔偿责任。因为既然依照最高生产技术,仍不能避免发生危害人类的结果,则当初就应该停止生产贩售③。

3. Halphen v. Johns-Manville Sales Corp.

绝对严格责任在 20 世纪 80 年代在南部也得到了发展。在 1986 年,路易斯安那州最高法院在 Halphen v. Johns-Manville Sales Corp 一案中依赖风险分配的理论来支持施加绝对严格责任,认为一个生产者在不知道并且也不可能知道产品危险的情况下,也可以承担严格的产品责任。④ 在该案中,原告的丈夫死于恶性胸膜间皮瘤(肺癌的一种)。原告声称,她丈夫的疾病与死亡是在得克萨斯的一家造船所工作时以及在美国空军部队担任维修人员时接触了被告销售的含有石棉的产品所导致的,因此向被告请求赔偿。被告抗辩,石棉所具有的危险在其生产或销售时并不为其所知。法院认为,对

---

① 447 A. 2d 539 (N. J. 1982).
② 94 N. J. 169, 463 A. 2d 298.
③ 潘维大编著:《英美侵权行为法案例解析》,高等教育出版社 2005 年版,第 355—356 页。
④ 484 So. 2d 110, 116 (La. 1986).

产生风险的物负有监督、管理、注意义务的人应当承担该风险的发生所造成的损害的责任，而不是由因某物所具有的缺陷状况而受到损害的无辜的受害人来承担；另外，生产者处于一种更佳的位置来分散承担严格责任的成本，或者通过提高产品的价格，或者通过购买责任保险；再有，正义感也会要求，不应该由无辜的受害人对生产者所进行的缺陷产品的生产提供补贴；在当初设想侵权法中严格产品责任的时候，生产者在销售产品时了解产品危险的能力是非实质性的因素；根据纯粹的严格责任的理论，是产品本身在受审，而不是生产者的知识或者行为在受审；所以在生产者的缺陷产品造成了消费者或者用户的损害的时候，生产者在生产或销售时对于产品危险状况的了解与否对于判定生产者的责任是根本不相关的因素①。

(二) 严格产品责任原则走向绝对的法理分析

上述法院在被告不知道也不可能知道产品存在危险的情况下仍然判令其对原告承担损害赔偿责任，是基于如下信念：在严格产品责任原则之下已经推定生产者知悉产品中存在的危险，并且这种推定是一种不可反驳的法律上的推定；既然生产者知悉产品中存在的危险而仍然将该产品进行销售或者投放市场，就足以表明生产者存在过失，所以无须原告进行证明②；至于生产者在生产或销售产品时实际上是否知悉或者是否具备知悉产品中的危险的能力，与判定生产者的责任无关。

在上述法院的观念中，生产者的过错是指其知悉产品中存在的危险而仍销售产品，无论生产者在实际上对危险是否知悉、是否应当知悉或者是否可能知悉。这样的一种过失内涵与过失责任原则中的过失具有不同的意义。在过失责任原则之下，过失是指被告在产品的设计、制造、检验、包装等方面未尽充分的注意，被告对于过失的反驳通常也是通过证明自己在产品的设计、制造、检验、包装等方面已尽充分的注意来完成。充分的注意一般是指被告已经运用了当时最为先进的科学技术知识进行产品的设计、制造、检验与包装来防止产品损害的发生，而原告证明被告存在过失，则需要证明被告没有采用最为先进的科学技术知识来防止损害的发生，即被告本来已经预见了损害，但没有采取适当的措施予以避免。由于原告对生产过程的了解存在不便，证明被告过失存在困难，才免除原告的该项证明负担，从而导致严格产品责任原则的产生。但这里的严格责任所指向的损害是指被告生产销售产品时因未尽充分注意而发生的损害，即被告可以预见或者已经预见但未采取合理措施予以避免而产生的损害。但是，将严格产品责任原则扩展适用形成的

---

① 484 So. 2d 110, 116 (La. 1986).
② 美国法律研究院通过并颁布：《侵权法重述第三版：产品责任》，肖永平、龚乐凡、汪雪飞译，肖永平审校，法律出版社 2006 年版，第 145—146 页。

严格责任中所指向的风险之范围已经被无限扩大——该风险是否可以预见均在所不问——损害结果的发生即可在证明产品存在缺陷的同时使生产者的责任也得以确定,最终导致严格责任走向绝对。

四、第二次保险危机与产品责任危机

绝对的严格产品责任造成了极度不利的社会后果。[1] 一方面,由于生产者于生产时不知道也不可能知道产品存在风险或者没有更安全的方法来制造产品的情况下,仍然要对产品中的风险造成的损害承担责任,生产者不得不通过购买责任保险的方式分散意外产品事故的损失,而生产者购买责任保险的费用反过来又体现在产品的价格中,提升了的产品价格超越了产品本身的价值,消费者因而认为该产品过于昂贵而不适于销售,最终的结果是许多产品的销售和服务的提供不再盈利,而被迫从市场上撤离,这对于经济的影响可想而知。[2] 另一方面,保险公司针对生产者的保险要求,开始大幅度提高那些易于发生产品事故或者灾难事故的产品或服务的保险费,例如疫苗、民用航空器、体育设施等产品,以及接生、滑雪、商业运输等服务。更为甚之,对于某些产品或者服务,例如,子宫内避孕器,以及对小孩提供的日托服务,保险公司干脆拒绝提供保险,当时的媒体将这种保险市场对产品责任事故保险市场的反常变化称为"保险危机"。该次保险危机在 1986 年年初达到顶峰,对美国的产品和服务的市场造成了严重的破坏。[3]

以下的几个典型事例可以形象地说明第二次保险危机与产品责任危机发生时的情况。1983 年 6 月 9 日,美国唯一一家生产治疗晨吐药品的企业宣布停止该药品的生产。该公司的决定是在陪审团判决其给予一个女孩 75 万美元的赔偿之后作出的。该女孩出生时手臂和手掌畸形残缺,她母亲在怀孕时服用了该公司生产的止吐药。该公司曾经表示该药是绝对安全的,但现在该公司已经成为几百个诉讼的被告,这些诉讼中的原告都声称该药导致了胎儿的畸形。在法院对上述案件进行判决时,食品与药品管理局的发言人说,并没有发现药品与出生缺陷之间的因果关系,但是有关的研究仍旧会继续。[4]

1986 年 3 月 11 日,应全国制造者联合会的要求,600 多家企业(其中主

---

[1] Victor E. Schwart, "The Re-Emergence of 'Super Strict' Liability: Slaying the Dragon Again", 71 *U. Cin. L. Rev.* 917, 934(2003).
[2] George L. Priest, "Can Absolute Manufacturer Liability Be Defended?", 9 *Yale J. on Reg.* 237, 240(1992).
[3] George L. Priest, "The Current Insurance Crisis and Modern Tort Law", 96 *Yale L. J.* 1521, 1522(1987).
[4] "Company Stops Making Morning Sickness Drug", *The New York Times*, at A16, col. 1, June 10, 1983.

要是中小企业)的代表来到华盛顿,全国制造者协会已经安排他们分别会见媒体与议员从而将正在发生的保险恐慌公之于众。其中的一位代表于1980年组建了自己的公司,生产残疾人专用的轮椅。1986年1月,他被告知,他的公司是不能获得保险的,即便他以前并没有被起诉过。尽管他后来获得了保险,但保险费从1535美元上升到18 000美元,而保险范围仅仅是以前的1/3。意识到一个灾难性的诉讼可能会摧毁公司,该公司将在10月停止营业。该位代表表示:"在某种程度上,我并不责备保险公司;就目前的法律形势而言,我不能保护我自己。"①

许多生产者将他们遭遇的以合理的保险费获得责任保险的困难归因于目前产品责任领域的法律状况。② 1986年1月31日,Searle公司宣布停止两种宫内节育器的生产,原因就是太多没有根据的诉讼导致公司承担过高的抗辩成本,并且公司也不能以合理的价格获得保险。该公司撤离市场的决定导致国内只剩下一家位于加利福尼亚的生产宫内节育器的企业,而该公司的产品在1984年仅仅占市场份额的3%。Searle公司的发言人称,产品的用户主张因使用其产品而患有不育症或者骨盆系统疾病并没有任何医学或科学上的依据。位于纽约的一家计划生育研究机构也证实Searle公司的产品是安全并且有效的。但是,大量的诉讼仍然使公司不得不作出停产的决定,而随着该公司产品的减少,将会有大量的意外怀孕以及更多的妇女不得不选择做节育手术。③

在1986年年初,Lederle实验室因为不能以合理的价格获得产品责任保险,准备停止百白破疫苗的生产,而该种疫苗对于数百万小学生预防白喉、百日咳、破伤风三种疾病是非常重要的。到1986年5月,该实验室宣布将继续供应该种疫苗,但是将产品的价格提高了250%来覆盖自我保险的成本。④

因诉讼和保险成本的增加而导致产品消失的并不限于卫生保健行业。运动器械行业也受到了严重的影响。到1986年,美国国内仅剩下两家生产蹦蹦床的企业,而橄榄球头盔的生产者已经从10个减少到3个。这两种产品的生产都是由于发生了四肢瘫痪事故及其导致的数百万美元的赔偿而严重缩减。⑤

保险危机不仅仅影响到了商业企业,政府部门也同样面对大幅度的保险费的上涨或者根本不能获得所需要的保险。许多市政当局为了应对这种保险危机,不得不改变对公共服务的安排,有一些甚至非常极端。例如,

---

① Stephanie Goldberg & Emily Couric, "Manufactures Take Over", 72 ABA Journal 52, July 1st, 1986.
② Ibid.
③ Ibid.
④ Ibid.
⑤ Ibid.

一些城市搬走了公园运动场上的所有运动设施,有的城市将跳水板从学校的游泳池撤掉,还有的城市暂时取消了警察的巡逻,关闭了公园与森林保护区。

为此,在20世纪90年代,美国各州的法院达成一种共识,认为绝对严格责任在产品责任法中作为一种施加责任的标准是不明智的,也是不正确的,它要求生产者提供的产品达到100%的安全。① 因此许多人建议,必须对产品责任制度进行改革,将产品责任的标准限制在一定的程度之内,以保证实现产品的最优安全状态为必要。②

小　　结

两次保险危机与产品责任危机的爆发表明,人们对于《侵权法第二次重述》第402A条确立的严格产品责任原则的草率而又匆忙的接受和采纳可能更多是反映了法官和学者们反对什么或者排斥什么,而不是他们支持什么或者需要什么。他们反对不公平的证明负担,反对合同相对性设置的赔偿障碍,反对假借契约自由之名的格式免责条款,第402A条非常有针对性地表达了这样的关注和焦虑——只要商业买方所销售的产品处于一种缺陷状况对产品的用户、消费者或其财产具有不合理的危险,便对任何生产者施加责任。这里的责任是严格的,即便生产者已经尽到所有合理的注意,责任仍然存在。在这里,不仅不公平的证明负担被消除了,合同相对性的要求也被取消了,而且合同中免责条款的效力也受到了限制。此外,合同法上的其他规则诸如救济方式的限制以及产品缺陷的及时通知均失去了用武之地。但是,在这个时代开始时,人们对于第402A条所确立的严格责任将要把产品责任法引向何方并未了然于心,对于严格产品责任原则的严格程度也没有一个确切的把握,采纳了严格责任原则的产品责任法很难说能够安然无恙。

---

① Victor E. Schwartz, "The Death of 'Super Strict Liability': Common Sense Returns to Tort Law", 27 *Gonz. L. Rev.* 179-182, 1992.
② George L. Priest, "Can Absolute Manufacturer Liability Be Defended?", 9 *Yale J. on Reg.* 237,240, 1992;〔美〕罗伯特·考特、托马斯·尤伦:《法和经济学》,张军等译,上海三联书店、上海人民出版社1994年版,第616页。

第五章 严格产品责任原则式微的司法实践动因

——现代产品责任诉讼中产品缺陷的类型化

美国所经历的产品责任危机与保险危机促使法官和学者们对严格责任在产品责任领域的适用进行反思。严格责任原则确立以来的产品责任诉讼实践的发展为检验与审视该原则提供了土壤。随着产品责任诉讼的发展,针对产品设计缺陷和警示缺陷的诉讼在美国占据的比重越来越高,产品缺陷已经由《侵权法第二次重述》第402A条确立前后单一的制造缺陷类型发展为制造缺陷、设计缺陷、警示缺陷三种不同的缺陷类型并存。产品缺陷的三种类型在德国①、英国②以及日本③均得到法律实务界或理论界的认同,但鉴于美国有关产品缺陷的理论相对完善,本书拟以美国的产品缺陷理论及诉讼实践为基础对三种类型的产品缺陷进行说明,同时尽量兼顾其他国家的情况。

第一节 制造缺陷及其认定

一、制造缺陷的概念和特征

制造缺陷是指与该产品的设计意图相背离的物理状况。④ 也有的学者将制造缺陷简单定义为产品与其规格不一致。⑤ 两种定义的实质基本相同,均以生产者提供的产品设计或规格作为认定产品缺陷的标准。产品存在制造缺陷可以表现在很多方面:首先,产品在生产过程中可能被污染;其次,制

---

① Duncan Fairgrieve, *Product Liability in Comparative Perspective*, Cambridge University Press, 2005, pp. 108-109.
② C. J. Miller & R. S. Goldberg, *Product Liability*, Oxford University Press, 2004, pp. 395-478.
③ Sumiko Takaoka, "Product Defects and the Value of the Firm in Japan: The Impact of the Product Liability Law", 35 *J. Legal Stud*. 61, 67, January, 2006.
④ 美国法律研究院通过并颁布:《侵权法重述第三版:产品责任》,肖永平、龚乐凡、汪雪飞译,肖永平审校,法律出版社2006年版,第2页;Lauren Sterrett, "Product Liability: Advancements in European Union Product Liability Law and a Comparison Between the Eu and U.S. Regime", 23 *Mich. St. Int'l L. Rev*. 885, 2015.
⑤ Richard A. Epstein: *Torts*, CITIC Publishing House, 2003, p. 406.

造产品所使用的原材料或配件可能会包含物理缺陷①;再次,尽管产品的配件单独来看没有缺陷,但在组装为成品的过程中有可能出现错误,这是制造缺陷案件最为常见的一种类型②;复次,产品装配之后,在进行细节加工时有失完美和充分,使产品的边缘过于粗糙、过于锋利或者具有其他的危险;最后,产品的包装中可能存在危险的缺陷③。

制造缺陷具有如下特征:第一,制造缺陷产生于产品的制造过程中④。产品制造缺陷可以产生于产品制造过程的每一个环节。原材料与零部件的选择、产品的制造工序、加工工序、装配工序以及包装工序,都有可能产生制造缺陷。第二,制造缺陷的产生具有必然性。在某种程度上,无论采用何种生产方法或质量控制系统,这种缺陷总是要发生的。对于大规模的产品生产或者对于由许多零部件构成的产品而言,个别产品出现缺陷的情况是无法避免的,虽然生产者可以使绝大部分产品符合质量要求,但是大规模制造产品的生产过程绝不会万无一失。成品检验手段应当能够发现产品中存在的大多数缺陷,但可能不会做到全部查出。然而,这种粗劣产品的出现率是可以精确地计算出来的,这使得生产者能够通过保险和价格来分散随之而来的损害赔偿的风险。第三,制造缺陷的判断相对容易。制造缺陷是在生产过程中产生的异于或者偏离本来的设计而产生危险性的一种后果,既然事先有规格或标准存在,那么这种缺陷完全可以通过对其规格、技术标准的检验或通过与正常产品的对比检验进行判断和识别。正常的技术标准、规格或者说特定的生产意图与诉争产品相符的程度就是判断此种缺陷是否存在的依据。第四,制造缺陷的危害性以及损失的扩散性相对较小。制造缺陷一般只影响少量产品,而同一设计的大多数产品仍然是相对安全的,故针对制造缺陷需要采取的补救措施的范围较小,纠正此缺陷所用的时间也比较短,一般不会使生产者背负过于沉重的负担⑤。

---

① 梁新元等:《产品缺陷风险分析和预期召回效益评估》,西南财经大学出版社 2019 年版,第 26 页。
② 同上。
③ David G. Owen, "Manufacturing Defects", 53 *S. C. L. Rev.* 851, 856-857, Summer, 2002;〔美〕肯尼斯·S. 亚伯拉罕:《责任的世纪——美国保险法和侵权法的协同》,武亦文、赵亚宁译,中国社会科学出版社 2019 年版,第 149 页。
④ Mika Sharpe, "Products Liability in the Digital Age: Liability of Commercial Sellers of Cad Files for Injuries Committed with a 3D-Printed Gun", 68 *Am. U. L. Rev.* 2297, August, 2019.
⑤ 赵相林、曹俊主编:《国际产品责任法》,中国政法大学出版社 2000 年版,第 94—96 页。

二、制造缺陷的认定方法

(一) 美国法院的认定方法

针对制造缺陷的诉讼构成了产品责任诉讼最基本的类型。作为侵权法的独立分支的产品责任法在20世纪60年代的美国产生之初,产品责任案件主要是针对制造缺陷而进行的诉讼。因此,美国《侵权法第二次重述》第402A条中的规则也是针对制造缺陷而产生和确定的。当然,受制于产品责任诉讼的发展阶段,在第402A条之中并没有指明任何产品缺陷的类型。根据第402A条,一件产品是否属于有缺陷而具有不合理的危险,取决于它是否与普通消费者对于产品安全的合理期待相符合。因此,消费者期待成为判断产品是否存在缺陷的标准而被运用于制造缺陷案件之中。但由于该方法本身所固有的模糊性,许多法院在制造缺陷案件中确立责任时逐渐趋向于回避适用该方法。20世纪90年代,《侵权法第三次重述:产品责任》根据全美各州的法院判决或者立法文件所积累的关于制造缺陷的规则和理论,将制造缺陷定义为"对既定设计的背离",从而使"对既定设计的背离"标准成为检验产品制造缺陷的主流方法[1];此外,许多法院还适用"产品故障原则"来帮助原告在间接证据的基础上证明产品中的缺陷从而获得赔偿[2]。因此,在美国当代的产品责任法中,"对既定设计的背离"标准与"产品故障原则"是针对制造缺陷的两个主要的认定方法。[3]

1. 消费者合理期待的标准

(1) 消费者合理期待标准的定义

根据《侵权法第二次重述》第402A条的规定,如果产品销售者所销售的产品处于一种缺陷状况,具有不合理的危险,并且该缺陷状况造成了用户或者消费者的身体伤害或者财产损害,产品的销售者承担严格责任。对于缺陷状况,该重述的评注g中所给出的定义为:一种不为最终消费者所期待的、对他会具有不合理危险的状况;而对于不合理的危险,该重述的评注i所进行的解释为:被销售产品的危险超出普通消费者所期待的程度,而购买该产品的普通消费者拥有社会大众关于该产品特征的一般知识。[4] 该两条评注对产品所具有的不合理危险的缺陷状况所进行的解释使判断产品缺陷的"消费

---

[1] Connor Mannion, "Showdown at High Noon: Whether a Person Injured by a 'Liberator' 3D-Printed Firearm Can Recover on a Product Liability Claim Under the Third Restatement", 72 *Rutgers U. L. Rev.* 543, Winter, 2020.

[2] 许传玺、付文飙:《关于修订〈产品质量法〉中产品责任规则的若干思考》,载《北京社会科学》2019年第10期。

[3] David G. Owen, "Manufacturing Defects", 53 *S. C. L. Rev.* 851, 864-865, Summer, 2002.

[4] 美国法律研究院通过并颁布:《侵权法重述——纲要》,〔美〕肯尼斯·S. 亚伯拉罕、阿尔伯特·C. 泰特选编,许传玺等译,许传玺审校,法律出版社2006年版,第114—116页。

者合理期待"标准得以确立。① 根据该标准所需要探询的是,产品的安全是否与一个理性的消费者所期待的安全相一致。如果答案是否定的,产品就是有缺陷的。②

消费者合理期待标准的支持者经常以亚里士多德提出的矫正正义的理论为依据,将消费者合理期待标准建立在公平的基础之上。③ 亚里士多德所倡导的矫正正义是指法院或者其他被赋予了司法或准司法权力的机关④通过适用法律来对违法的行为予以纠正从而使当事人得其所不应失,失其所不应得,正义由此得以实现⑤。在产品责任领域,当消费者就特定的产品支付了标明的价格,消费者即有权利合理地期待其所购买的产品可以安全地发挥产品设计所意图的功能而不会不合理地造成伤害或者损害,这也是消费者合理期待标准得以建立的前提。然而,当消费者在正常使用产品的过程中遭受了伤害或损害,而生产者事先并没有通过降价或者其他的方式对产品所具备的危险品质作出任何表示,消费者对于产品安全的合理期待即被粗暴地粉碎,产品就应当被认定为存在缺陷,生产者应当以其销售所得对消费者意外遭受的损失进行赔偿,只有这样,才可以使受到伤害的权利得到补救,被扭曲的公平得到矫正。⑥

(2) 消费者合理期待标准的局限性

消费者合理期待的标准在产品责任案件中曾经一度得到广泛的应用⑦,但由于该标准具有很大的模糊性或者说不确定性⑧而日渐受到法官和学者的批评和质疑。原因在于,该标准依赖于特定的陪审团对特定消费者心目中的期待的想象,而每一位陪审员都有可能对抽象的消费者期待持有不同的理解,因而必然产生在类似的案件条件下作出前后不一致的陪审团裁决的情况,这对于受害的原告和制造商来说,都是不公平的。⑨ 许多法院意识到消

---

① Jerry J. Phillips, "Consumer Expectations", 53 *S. C. L. Rev.* 1047, Summer, 2002.
② Rebecca Korzec, "Dashing Consumer Hopes: Strict Products Liability and the Demise of the 'Consumer Expectations' Test", 20 *B. C. Int'l & Comp. L. Rev.* 227, 246, Summer, 1997; Lauren Sterrett, "Product Liability: Advancements in European Union Product Liability Law and a Comparison Between the Eu and U. S. Regime", 23 *Mich. St. Int'l L. Rev.* 885, 2015.
③ Marshall S. Shapo, "A Representational Theory of Consumer Protection: Doctrine, Function and Legal Liability for Product Disappointment", 60 *Va. L. Rev.* 1109, 1974.
④ 〔美〕E. 博登海默:《法理学:法律哲学与法律方法》,邓正来译,中国政法大学出版社1999年版,第267页。
⑤ 傅鹤鸣:《亚里士多德矫正正义观的现代诠释》,载《兰州学刊》2003年第6期。
⑥ David G. Owen, "Defectiveness Restated: Exploding the 'Strict' Products Liability Myth", 1996 *U. Ill. L. Rev.* 752, 1996.
⑦ Jerry J. Phillips, "Consumer Expectations", 53 *S. C. L. Rev.* 1047, 1048, Summer, 2002.
⑧ Mary J. Davis, "Design Defect Liability: In Search of a Standard of Liability", 39 *Wayne L. Rev.* 1217, 1993.
⑨ 赵相林、曹俊主编:《国际产品责任法》,中国政法大学出版社2000年版,第114—115页。

费者合理期待的标准并不能作为一个很好的确定责任的方法之后,在绝大多数的制造缺陷案件中已经不再将消费者的合理期待作为判定责任的标准,而仅仅在涉及缺陷食品与饮料的案件中保留该标准的适用[1]。

2. "对于既定设计的背离"标准

（1）"对于既定设计的背离"标准的产生

1973年,詹姆斯·亨德森(James Henderson, Jr.)教授在其发表的一篇文章中[2],首次将产品的制造缺陷定义为"对生产者既定的设计标准的背离"。接下来的20年中,一些法院逐渐采纳并且使用制造缺陷的该种表达方法,尽管伴随有轻微的变化。例如,马里兰州的法院认为,在制造缺陷的案件中,原告只要证明产品和制造商的规格说明不一致,就能达到证明产品缺陷的目的;密歇根州的法院认为,在制造缺陷案件中,可以通过对比制造者的其他产品的方式,拿产品参照制造者自己的生产标准来分析评判;俄亥俄州的法院认为,存在制造缺陷的产品是重大偏离制造者的设计说明、方式或功能标准或者重大偏离按照统一制造说明、方式或功能标准制造的其他相同产品;新罕布什尔州的法院对制造缺陷进行的解释为,制造缺陷是由制造过程的错误导致的意外性的变离,产品未能与按照设计标准制造的绝大多数其他产品保持一致。[3] 1993年,在美国法律研究院公布的《侵权法第三次重述：产品责任》第一部分的第一稿中,制造缺陷就被定义为对产品既定设计的背离,该重述于1998年最后公布时,第2(a)条规定,如果产品背离其设计意图,即使在制造和销售产品的过程中已经尽到所有可能的注意,仍认定该产品存在制造缺陷[4]。

（2）"对于既定设计的背离"标准的应用

McKenzie v. S K Hand Tool Corp. 一案为"对于既定设计的背离"标准在制造缺陷案件中的应用提供了非常清晰的解释。[5] 该案中,当原告正在使用一个与吊环连结在一起的棘轮扳手时,扳手与吊环发生分离,导致他摔倒在地板上而受伤。在对扳手制造人提起的诉讼中,原告的专家证人建立了这样的理论,扳手与吊环之所以发生分离,是因为在以下两个方面存在制造缺陷：其一,吊环的坚固性;其二,用来固定吊环的扳手手柄的凹槽的直径尺寸。生产者的设计图包含了扳手的每一个组件的尺寸的规格,以及每一个尺寸的

---

[1] 美国法律研究院通过并颁布：《侵权法重述第三版：产品责任》,肖永平、龚乐凡、汪雪飞译,肖永平审校,法律出版社2006年版,第231页。
[2] James A. Henderson, Jr., "Judicial Review of Manufacturers' Conscious Design Choices: The Limits of Adjudication", 73 Colum. L. Rev. 1531, 1543, 1973.
[3] 美国法律研究院通过并颁布：《侵权法重述第三版：产品责任》,肖永平、龚乐凡、汪雪飞译,肖永平审校,法律出版社2006年版,第54—55页。
[4] 同上书,第15页。
[5] 650 N.E. 2d 612 (Ill. App. Ct. 1995).

详细而明确的公差;如果扳手特定的尺寸属于公差的范围之内,每一个特定的扳手就被认为是可以接受的,而如果位于公差限度之外,则不能被接受。在本案中,设计规格所要求的扳手凹槽的直径是 2.290 英寸,公差是 0.005 英寸,这样就提供了一个 2.285—2.295 英寸之间的接受范围。然而,发生事故的扳手凹槽的直径为 2.3125—2.3130 英寸之间,已经超出了公差所允许的范围。至于吊环的坚固性,规格所要求的是按照 Rockwell C Scale 衡量标准处于 48—52 之间,而发生事故的吊环的坚固性却是位于 45—51 之间。根据上述专家证人提供的证言,审理该案的法院认为,案件中所涉及的扳手和吊环均存在制造缺陷。①

(3)"对于既定设计的背离"标准的意义及不足

《侵权法第三次重述:产品责任》中所明确采用的"对于既定设计的背离"标准为认定产品中的制造缺陷提供了一个客观而又趋于标准化的判断方法,当然任何一个这样的标准都必须容许公差的存在。因为碍于科学技术的限制,绝对完美的产品是不可能的,而且从生产成本与事故预防的角度来说,也是不必要的,因此在公差的幅度范围内,产品被认为是没有缺陷的。尽管"对于既定设计的背离"标准简单客观并且易于操作,但是在某些特殊情况下,并不能依据该标准对制造缺陷进行认定,因此需要其他的方法进行补充,产品故障原则就是在这样的背景之下产生并彰显其功用的。

3. 产品故障原则

(1)产品故障原则的内涵

在产品责任诉讼中,原告一般必须证明产品在离开被告控制之时就存在缺陷以及该缺陷构成了原告伤害的近因。通常原告能够通过直接证据对上述因素予以证明。但在有些情况下,并不存在关于产品为什么以及如何出现问题的直接证据:产品有时会因为发生爆炸或者燃烧或者其他原因而严重受损或者灭失,导致产品事故的原因难以确定;产品有时虽然并未严重受损或者灭失,但产品的确发生了故障,而且故障的原因非常莫名,导致没有留下任何切实可循的痕迹来帮助解析产品故障的原因。在这样的情况下,产品故障原则应运而生。法院非常适时地不再要求原告来证明究竟是什么特定的缺陷造成产品发生故障,而允许原告通过间接证据来对缺陷进行证明,从而为原告提供获得赔偿救济的唯一公平机会。② 根据产品故障原则,产品的缺陷可以从下列间接证据中进行推定:其一,该产品发生了故障;其二,故障发生于正常使用的过程中;其三,产品并没有因以某种方式被改变或者不当使用

---

① 650 N. E. 2d 612 (Ill. App. Ct. 1995).
② 美国法律研究院通过并颁布:《侵权法重述第三版:产品责任》,肖永平、龚乐凡、汪雪飞译,肖永平审校,法律出版社 2006 年版,第 160 页;Christopher Beglinger, "A Broken Theory: The Malfunction Theory of Strict Products Liability and the Need for a New Doctrine in the Field of Surgical Robotics", 104 *Minn. L. Rev.* 1041, December 2019。

而引起故障的发生。

根据以上产品故障原则的产生背景以及原告根据间接证据进行的证明,对产品故障原则进行如下表述应当具有一定的合理性:产品故障原则是指,在缺乏产品缺陷的直接证据的情况下,如果间接证据允许以某种方式推定该产品很可能是存有缺陷的话,则允许原告不必证明一个特定的缺陷导致了事故的发生。① 在这里有一点需要说明的是,产品故障原则仅仅是一个关于间接证据的原则而不是关于制造缺陷的概念,因此该原则在逻辑上是与制造缺陷的概念——"对于既定设计的背离"协调一致的。

(2) 产品故障原则的适用

产品故障原则经常适用于涉及汽车以及其他机动车辆的案件中。例如,在 Ducko v. Chrysler Motors Corp. 一案中②,原告驾驶着新买的汽车以 55 英里每小时(88.5 千米每小时)的速度在公路上行驶,忽然该车颠向右边,转向盘被锁定,刹车失去反应,随后车毁人伤;在汽车中没有发现任何特定的缺陷。原告的专家证人认为该事故是由于为引擎和制动提供动力的系统出现暂时的故障而导致的;而被告的专家证人主张,该事故是由驾驶员的错误导致的,因为原告并不能证明导致汽车发生事故的特定缺陷。一审法院作出了有利于被告的判决。上级法院依据产品故障原则,推翻了一审法院的判决,认为原告并不需要确立一个特定的缺陷来证明制造缺陷的存在,但是可以通过证明产品发生了故障以及产品缺陷之外的其他可能原因的缺乏来成立一个具有初步证据的案件。③ 在上述涉及汽车的引擎与制动的突然故障的案件之外,法院还将产品故障原则适用于其他类型的汽车案件中,例如,汽车莫名其妙地加速、起火或者翻车;此外,该原则还被广泛地应用于其他产品出现故障的情形,例如,汽水瓶或电视机发生爆炸,电热毯或干衣机突然起火以及其他许多莫名其妙产品出现故障的情形。

尽管法院已经在许多缺乏特定缺陷的直接证据的案件中适用产品故障原则对原告提供帮助,但由于单单具有关于产品事故的证据并不能证明因果关系,因此对于原告来说至关紧要的是还需要对产品缺陷之外的其他故障原因予以排除或否定,因为法律并不会允许原告或陪审团进行猜测或投机。事实上,产品发生故障虽然有时是由于生产者应当负责的缺陷引起的,但有时也会因使用人或者修理人对产品的不当处理或者对待而造成,或者是因为产品已经超过了使用期限。因此,如果原告不能证明他使用该产品的方式是适

---

① 美国法律研究院通过并颁布:《侵权法重述第三版:产品责任》,肖永平、龚乐凡、汪雪飞译,肖永平审校,法律出版社 2006 年版,第 162 页;James M. Beck, Esquire, "Rebooting Pennsylvania Product Liability Law: Tincher v. Omega Flex and The End of Azzarello Super-Strict Liability", 26 *Widener L. J.* 91, 2017。

② 639 A. 2d 1204 (Pa. Super. Ct. 1994).

③ Ibid.

当的,或者不能证明产品没有被接触过该产品的人不当使用或者没有被其他的人进行过改动(例如以前的用户或者修理者),或者不能证明该产品得到了适当的维护,或者不能证明该产品是在可以安全使用的正常使用期限内出现问题,那么即便依据产品故障原则原告也将败诉。因此,原告必须排除导致故障的其他合理原因的可能性,并且通过优势证据证明缺陷是引起事故的最为可能的原因而不仅仅是一种可能①。

(二) 欧洲的选择

在欧洲,由于《欧洲共同体产品责任指令》的内容在很大程度上是对《侵权法第二次重述》第402A条的借鉴,消费者期待标准也成为该指令所确定的判断产品缺陷的标准,并为德国的《产品责任法》以及英国的《消费者保护法》所采纳。但是,在实施《欧洲共同体产品责任指令》之前的德国和英国,均已将"对既定设计或规格的背离"作为判断产品制造缺陷的基本方法,该方法并没有因《欧洲共同体产品责任指令》的实施而失去效力②,相反,消费者期待标准因其自身的不确定性已经遭到德国学者的批评。例如,史蒂夫·兰兹(Stefan Lenze)认为,在制造缺陷的情况下,参考消费者的合理期待是多余的,因为该标准的适用并不会使问题更加清晰。③ 而英国学者认为即便适用过失责任,当伤害是由产品背离既定的规格和设计而造成的缺陷导致的,生产者的责任便会自动产生,因此法院对制造缺陷施加的责任是非常严格的④。

第二节 设计缺陷及其判断

一、设计缺陷概说

设计缺陷是指生产者在制造产品之前预先形成的构思、方案、计划、安排以及图样等存在不合理的危险⑤,一般表现为原材料使用不适当、结构设置

---

① David G. Owen, "Manufacturing Defects", 53 *S. C. L. Rev.* 851, 881, Summer, 2002.
② Duncan Fairgrieve, *Product Liability in Comparative Perspective*, Cambridge University Press, 2005, p.103; Geraint Howells, *Comparative ProductsLiability*, Dartmouth, 1993, p.72. 因为《欧洲共同体产品责任指令》规定,各成员国先前适用于产品责任领域的法律规则不因指令的实施而失去效力。
③ Duncan Fairgrieve, *Product Liability in Comparative Perspective*, Cambridge University Press, 2005, p.108.
④ Geraint Howells, *Comparative Product Liability*, Dartmouth, 1993, p.72.
⑤ 赵相林、曹俊主编:《国际产品责任法》,中国政法大学出版社2000年版,第89页。

不合理、配方选择缺乏安全性，以及操作方式设计不科学等。① 在美国产品责任法中，针对设计缺陷提起诉讼的案件基本上可以分为两种类型即明显的设计缺陷案件与典型的设计缺陷案件。明显的设计缺陷案件，是指存在一个用以判断该产品的设计是否存在缺陷的特定的安全标准的案件；典型的设计缺陷案件是指，案件中并不存在特定的安全标准，因此法院需要诉诸一个一般标准以对该产品的设计是否存在缺陷进行判断，典型的设计缺陷案件构成设计缺陷诉讼的主流。② 因此，本书在下文对明显的设计缺陷仅进行简单介绍，对于典型的设计缺陷的讨论则会相对深入和详细。

二、明显的设计缺陷的判断方法 ③

如前所述，明显的设计缺陷案件中存在一个可以用来判断该产品的设计是否存在缺陷的特定的安全标准。在任何情况下，如果存在一个特定的安全标准可以适用，法院一般会将不符合该标准的设计认定为存在缺陷，而不会再非常辛苦地适用设计缺陷的一般标准对产品的设计进行衡量。特定的安全标准可以区分为内部标准与外部标准。内部标准产生于生产者销售或宣传产品的行为以及生产者对产品进行设计时所具备的意图，生产者销售或宣传产品的行为构成明示的内部标准，生产者对产品进行设计时所具备的意图则形成默示的内部标准。外部标准来自与产品设计有关的安全法案或者规范、行业标准以及行业惯例。外部标准同样存在明示与默示之分，明示的外部标准包括与产品设计有关的安全法案或者规范以及正式颁布的行业标准，而默示的外部标准则是指行业惯例。下面，本书将对该四种标准在设计缺陷案件中的适用分别予以说明。

（一）明示的内部标准

当生产者确认或者承诺某产品的设计包含某些安全性能或者将会安全地发挥某些功能，明示的内部标准就会产生。如果产品的设计实际上并不符合生产者所确认或者承诺的标准，并因此给产品的消费者或者用户造成伤害或损害，那么无论根据缺陷设计的一般标准该设计是否被认为存在缺陷，生产者都要根据"明示担保"或者"不实陈述"的法律规则承担责任。根据《统一

---

① 步凌云：《产品责任若干问题的比较研究》，北京大学 1993 年硕士学位论文，第 4 页；刘静：《产品责任论》，中国政法大学出版社 2000 年版，第 129 页；谷素红：《产品设计缺陷研究》，载《广西社会科学》2005 年第 9 期；张新宝：《中国侵权行为法》，中国社会科学出版社 1998 年版，第 493—494 页。
② James A. Henderson, Jr. & Aaron D. Twerski, "Achieving Consensus on Defective Product Design", 83 *Cornell L. Rev.* 867, 871, 1998.
③ Ibid. 该部分内容在很大程度上参考了 James A. Henderson, Jr. 和 Aaron D. Twerski 的观点。

商法典》的规定,明示担保是指,出卖人就产品之品质与功能作出说明时,其说明已经构成交易之内容,出卖人即已经明示保证产品与其陈述相同。① 如果产品的品质与功能在事实上与出卖人所作的陈述并不相同,产品的买受人可以向产品的出卖人请求损害赔偿。当事人依据明示担保的规则向产品的出卖人请求损害赔偿,一般受到契约关系原则的限制,但美国的法院在某些情况下,已经打破契约关系的障碍②,将明示担保责任适用之对象扩及最终的消费者。③ 此外,消费者还可以根据"不实陈述"直接要求产品制造人承担责任。④ 产品责任领域的不实陈述是指职业销售者通过广告、标签或者其他方式,对其所销售的产品的特性或者品质向公众进行不实陈述,如果消费者对该不实陈述形成合理的信赖而购买了产品,但后来因该产品遭受有形的损害,生产者应负损害赔偿责任,即便生产者对此是无辜的且消费者与卖方之间并不存在契约关系。⑤不实陈述是产品的生产者对消费者的有形损害承担的一种严格责任⑥,大多数法院将其作为一种对消费者作出的非基于合同关系的明示担保⑦,但由于不实陈述的概念属于侵权法的范畴,适用于明示担保的一些限制规则对不实陈述不予适用。具体的判例或许可为理解明示内部标准的规则提供帮助。例如,汽车制造商以书面担保汽车之挡风玻璃是防碎玻璃,消费者信赖制造商在广告中之陈述而购买汽车,但后来汽车使用人因挡风玻璃破碎伤及眼睛,制造商应负损害赔偿责任,即便使用人与制造商之间并不存在契约关系。⑧ 再如,汽车的生产者承诺汽车将会在水中安全地漂浮而汽车却在水中淹没,对汽车的使用人造成伤害,汽车的生产者将会承担责任,即便根据缺陷设计的一般标准,汽车不会仅仅因为不能在水中漂浮而被认为存在设计缺陷。⑨

(二) 默示的内部标准

默示的内部标准是指生产者所意图的产品必须具备的可以安全发挥的基本功能,只要产品的设计没有安全地发挥上述功能,生产者就应承担缺陷设计的责任。在这里应当注意的是,生产者所意图的产品可以安全发挥的基本功能,并不包括用户有权利期待的产品可以安全发挥的功能,而是指产品

---

① 刘文琦:《产品责任法律制度比较研究》,法律出版社 1997 年版,第 46 页。
② 同上书,第 47 页;刘静:《产品责任论》,中国政法大学出版社 2000 年版,第 62—63 页。
③ 李双元、蒋新苗主编:《国际产品责任法——比较分析与实证研究》,湖南科学技术出版社 1999 年版,第 77—78 页。
④ 刘文琦:《产品责任法律制度比较研究》,法律出版社 1997 年版,第 47 页。
⑤ Restatement of the Law, Second, Torts, Sec 402B.
⑥ Restatement of the Law, Second, Torts, Sec 402B, Comment a.
⑦ Restatement of the Law, Second, Torts, Sec 402B, Comment d.
⑧ Baxter v. Ford Motor Co., 12 P. 2d 409, 412 (Wash. 1932).
⑨ Larsen v. General Motors Corp., 391 F. 2d 495, 502 (8th Cir. 1968).

设计在最低的程度上能够安全发挥的功能。举例来说,一辆新车的生产者所意图的该车可以安全发挥的基本功能是该车在正常情况下可以提供安全有效的运输,因此如果汽车在正常情况下行驶时突然起火导致使用人受到伤害,生产者就应当承担责任。在这种情况下,产品不能安全发挥最基本功能的事实已经构成对产品设计的自我拆台,法院由此可以对产品的设计缺陷进行推论从而对产品的生产者课以责任。

法院根据产品没有安全发挥最基本功能的事实对产品的设计缺陷进行推论与普通法上认定过失的事实自证原则的操作方式非常相似。事实自证原则是英美侵权法中一项特殊的证据制度和证据学说,就其本质来讲,该制度是允许陪审团或法官在某些特定的情形下,根据足够的间接证据作出被告存在过失的结论、裁决由被告对原告承担责任。① 由于事实自证制度的设计旨在确立被告的过失而并非产品的缺陷,最初美国大多数的法院认为,该制度在技术上并不适合作为在侵权法中认定产品缺陷的方式。② 但是,随着产品责任法的发展,从产品导致原告伤害的事故中推定产品的缺陷而不需要对缺陷进行具体而又详细的证明的案件不可遏制地产生并显现出来。③ 美国法律研究院在对全美各州法院的相关判决进行总结的基础上,在《侵权法重述第三版:产品责任》第 3 条中亦采纳了推断产品存在缺陷的间接证据规则④,从而更加证明采取类似事实自证原则的方法对缺陷进行推断的规则具有很大的合理性。

在这里需要强调的是,法院根据产品没有安全发挥最基本功能的事实采取类似事实自证原则的操作方式对产品的缺陷进行推论的做法,应当严格限定于"产品没有安全发挥最基本功能"的情形,否则,法院就不能仅仅从事故发生的事实得出有关缺陷的推论,而是需要适用一般的缺陷标准来判断产品的设计究竟是否存在缺陷。例如,两辆汽车猛烈相撞造成使用人的伤害,在这里从事故发生的事实推断汽车的设计存在缺陷可能就是不妥当的,因为汽车生产者所意图的产品的最基本功能可能并不包括汽车在发生猛烈撞击的情况下还可以保证汽车的使用人安然无恙。因此,需要根据设计缺陷的一般标准对汽车的设计进行判断,审查该设计所具备的防撞性是否足够充分从而得出产品设计是否存在缺陷的结论。所以,采取类似于事实自证原则的操作

---

① 许传玺:《侵权法事实自证制度研究》,载《法学研究》2003 年第 4 期。
② Tresham v. Ford Motor Co., 79 Cal. Rptr. 883, 886 (Ct. App. 1969); Myrlak, 723 A. 2d at 53.
③ 美国法律研究院通过并颁布:《侵权法重述第三版:产品责任》,肖永平、龚乐凡、汪雪飞译,肖永平审校,法律出版社 2006 年版,第 161 页。
④ 同上书, Sec 3。Sec 3(第 3 条)是关于推断产品存在缺陷的间接证据规则,内容如下:当伤害原告的事故存在下列情形,没有关于何种具体缺陷的证据,可以推定原告所遭受的伤害是由在产品销售或者分销时就已存在的产品缺陷导致;该种伤害通常由于产品缺陷引起;并且在具体案件中,不是由于产品在销售或者分销时存在的缺陷以外的原因引起的。

方式对产品的缺陷进行推论,仅仅适用于事故的性质属于生产者所意图的产品必须具备的功能没有实现的情况,也只有在这种情况下,默示的内部标准才可以排除设计缺陷的一般标准得以适用于判断产品的设计是否存在缺陷。

(三)明示的外部标准

明示的外部标准包含在特定的安全法案或者规范之中。大多数与产品责任有关的安全法案或规范都是由联邦的行政机构制定的,例如国家道路交通安全管理局、食品与药品管理局、消费者产品安全委员会、环境保护署等机构。①《侵权法重述第三版:产品责任》对安全法案或者规范作为产品设计的一般标准的替代所具有的效力作出了如下表述:如果产品没有遵守有效适用的产品安全法案或者行政规章,将会导致该产品因具有该规范或者规章旨在减少的风险而被认为存在缺陷;判定产品是否因具有有效适用的安全法案或者行政规范旨在减少的风险而存在缺陷时,产品遵守了上述安全法案或者行政规章的事实应当适当地予以考虑,但是这样的遵守并不会排除根据法律作出产品存在缺陷的认定。简言之,有关产品安全的法案或者规范是产品的设计所必须遵守的,如果法院认为一件产品的设计没有遵守这样的外部标准,并且因此造成了产品使用人的伤害或者损害,产品的设计缺陷就是可以确认的;反过来,一件产品的设计遵守了有关的安全法案或者规范,并不能作为产品不存在缺陷的决定性证据。这是因为,法案或者规范中规定的安全标准仅仅是有关产品安全的最低标准。② 行业安全标准,如果明确并且特定,也可以提供一个使生产者对没有遵守这样的外部标准的产品设计导致的伤害承担责任的基础。尽管正式公布的行业标准在规范的意义上缺乏法律的效力,但是法院在解决侵权的诉讼主张时,倾向于将对特定行业标准的违反与对政府规范标准的违反同样对待。也许是因为消费者一般会信赖生产者至少在最低的程度上会遵守得到认可的行业安全标准,而没有遵守这样的标准对于缺陷设计的判断将会具有决定性的意义。

(四)默示的外部标准

默示的外部标准体现为行业惯例。当生产者主张其产品的设计标准符合行业惯例,通常会提出其他所有的生产者生产的相同产品同样缺乏特定的安全性能。③对于行业惯例的效力,普遍接受的规则是,没有遵守非正式的行业惯例会对缺陷的结论提供非常有意义的支持,但是对于遵守行业惯例的设

---

① James A. Henderson, Jr. & Aaron D. Twerski, Products Liability—Problems and Process, CITIC Publishing House, 2003, p. 571.
② 美国法律研究院通过并颁布:《侵权法重述第三版:产品责任》,肖永平、龚乐凡、汪雪飞译,肖永平审校,法律出版社 2006 年版,第 184 页。
③ Steven L. Emanuel: Torts, CITIC Publishing House, 2003, p. 359.

计标准的证据,尽管可以被接受,但对于否定生产者的设计缺陷从来都不具有决定意义,因为整个行业本身或许本可以有更好的安全设计,或许仍然可以作进一步的提高。

三、典型的设计缺陷的判断方法

(一)美国法院的判断标准

典型的设计缺陷案件,是指在某些案件中,没有特定的安全标准可资适用或者产品设计虽然遵守了特定的安全标准,但是原告仍旧有理由主张该产品设计的危险性是不能接受的,因而该产品设计在法律上被认为存在缺陷。在产品责任法的历史上,对设计缺陷进行判断的一般规范性标准最初为"消费者合理期待"标准,但由于该标准作为设计缺陷的独立判断标准所表现出来的不适应性,在很多州逐渐被"风险—效用的权衡"标准所取代。① 另外,加利福尼亚州曾经采用消费者合理期待标准与风险—效用权衡标准相结合的方法对设计缺陷进行判断②,国内学者一般将其称为判断设计缺陷的"贝克两分法"③,但由于目前该州已经放弃了该种做法而采用风险—效用的分析作为判断设计缺陷的基本标准④,本书在这里不再对其进行详细的介绍。事实上,加利福尼亚州曾经采用的贝克两分法从产生之初就受到了绝大多数法院以及学者的尖锐批评,只有为数不多的几个州对该方法予以采纳⑤。

1. 消费者合理期待标准

(1) 对消费者合理期待标准的历史误会

将消费者合理期待作为设计缺陷的判断标准,源于对美国《侵权法第二次重述》第402A条的历史误会。如前所述,在20世纪60年代早期,有关设计缺陷以及警示缺陷的诉讼尚处于萌芽状态,因此第402A条的规则是针对制造缺陷而设计的,对于设计缺陷或警示缺陷的产品责任几乎没有提及。⑥ 但是,由于第402A条的起草人依赖一个单一的、统一的缺陷定义来覆盖产

---

① Mika Sharpe, "Products Liability in the Digital Age: Liability of Commercial Sellers of Cad Files for Injuries Committed with a 3D-Printed Gun", 68 *Am. U. L. Rev.* 2297, August, 2019; Tiffany Colt, "The Resurrection of the 'Consumer Expectations' Test: A Regression in American Products Liability", 26 *U. Miami Int'l & Comp. L. Rev.* 525, Spring, 2019.
② Barker v. Lull Engineering Co., 573 P. 2d 443 (Cal. 1978).
③ 杨麟:《论美国产品责任法中的缺陷认定理论》,载王军主编:《侵权行为法比较研究》,法律出版社2006年版,第416页;刘静:《产品责任论》,中国政法大学出版社2000年版,第126页;宋成展:《论产品责任中产品缺陷的认定》,中国人民大学2005年硕士学位论文,第25页。
④ Soule v. General Motors Corp., 882 P. 2d 298 (Cal. 1994).
⑤ James A. Henderson, Jr. & Aaron D. Twerski, "Achieving Consensus on Defective Product Design", 83 *Cornell L. Rev.* 867, 899, 1998.
⑥ 美国法律研究院通过并颁布:《侵权法重述第三版:产品责任》,肖永平、龚乐凡、汪雪飞译,肖永平审校,法律出版社2006年版,引言第1页。

品缺陷的三种形式(制造缺陷、设计缺陷、警示缺陷),并没有进行产品缺陷的类型划分,因此即便后来随着产品责任诉讼的发展,有关产品设计缺陷以及警示缺陷的案件日益增多,但由于第402A条所确立的规则已经深植于法官的内心,法官们也自然地将第402A条适用于设计缺陷以及警示缺陷,包括对于缺陷的定义、缺陷的判断方法以及相应的归责原则,但法院很快就发现,针对制造缺陷设计的规则并不能妥当地适用于设计缺陷或者警示缺陷。①下面,本书将重点分析为什么第402A条确立的消费者合理期待标准不能妥当地适用于设计缺陷的判断。

(2) 消费者合理期待作为判断设计缺陷的独立标准的不适应性

第一,期待的冲突性。在许多情况下,如果因消费者的合理期待受挫而使产品的设计被认定为存在缺陷,可能会产生如下结果:生产者可能会根据消费者的期待对产品的设计进行改进来增加产品的安全性能,但同时,产品的改进很可能会给产品带来另外一种相当或者更大程度的风险,而遭受该风险伤害的消费者同样也会主张其对产品安全的合理期待受挫,产品设计因此存在缺陷。如果同时支持这两种相互冲突的主张,将会使有关产品的生产者对产品的设计感到无所适从;另外,对同一种产品设计而言,由于不同的消费者会对产品产生不同的期待,那么基于相同或相似的案件事实可能会产生不一致的判决结果②,而因此受到影响的将不仅仅是案件中的生产者而是生产诉争产品的同类产品的整个行业。

第二,"明显的危险"使"消费者合理期待"标准被滥用。在美国产品责任法的历史上,"明显的危险"法则曾经得到广为接受,其含义是:一个带有明显危险的产品在法律上不被认为是具有不合理危险的缺陷产品。③ 其理论基础建立于消费者合理期待标准之上,即如果产品设计所具有的危险非常明显,产品的消费者对此危险应当有所期待,由于产品在安全方面所表现出来的特征已包含在消费者的期待之中,产品不应当因此明显的危险而被认为具有缺陷。由于明显的危险法则可以使生产者逃避产品责任,这不仅阻碍本可以轻易地和经济地降低产品危险的技术改进④,而且还会鼓励生产者蛮横地进行产品设计,消除产品的安全装置,使危险更加明显。⑤ 美国在20世纪

---

① 美国法律研究院通过并颁布:《侵权法重述第三版:产品责任》,肖永平、龚乐凡、汪雪飞译,肖永平审校,法律出版社2006年版,引言第3页。
② Tiffany Colt, "The Resurrection of the 'Consumer Expectations' Test: A Regression in American Products Liability", 26 *U. Miami Int'l & Comp. L. Rev.* 525, Spring, 2019.
③ Jerry J. Phillips, *Products Liability*, Law Press. China, 1999, p. 201.
④ Mary J. Davis, "Design Defect Liability: In Search of a Standard of Liability", 39 *Wayne L. Rev.* 1217, 1236-1237 (1993).
⑤ Auburn Mach. Works Co., Inc. v Jones (Fla. 1979), in Jerry J. Phillips, *Products Liability*, Law Press. China, 1999, pp. 203-204.

末期已经有相当数量的法院在产品责任诉讼中拒绝采用该规则作为原告赔偿的障碍①,这同时也是对消费者合理期待标准作为缺陷设计的判断标准提出的挑战。

第三,客观性的缺失。消费者期待标准旨在实现公平的价值目标,而公平的实现则要求在确立消费者合理期待的过程中将个人的喜好予以排除从而保证期待的客观性。但是,在这里,消费者合理期待标准遭遇了实质性的困难,因为将普通消费者的合理期待与拥有血肉之躯的人类的价值喜好如同外科手术般区分开来是不现实的。因此,不可否认的是,消费者合理期待的确定不可避免地带有一种个人心理上的倾向与选择,并且在很大的程度上依赖于直觉,因此消费者合理期待作为以公平为价值目标的责任依据显得有些力不从心。

第四,概念的模糊性。消费者合理期待作为判断设计缺陷的独立标准的不适应还表现在消费者合理期待概念本身所具有的模糊性。正如美国一位非常著名的侵权法专家所言,消费者合理期待的含义是模糊的,针对具体问题操作起来非常困难。例如,普通购买者究竟期待什么?从一般的意义上来讲,普通购买者的合理期待只不过是设计工程师在运用其知识和技术进行产品设计时尽到合理的谨慎,而这一标准几乎可以用来解释法院或者陪审团试图作出的任何结论,采用这样抽象而又模糊的概念在许多情况下不能给陪审团提供任何有意义的指导。②

2. 风险—效用的权衡标准

由于消费者合理期待作为设计缺陷的判断标准所产生的上述种种不适应性③,法院逐渐开始尝试一种新的办法来尽力避免或者解决消费者合理期待标准所遭遇的困难和问题。这种新的办法即以效率为目标的风险—效用的权衡办法④,同时伴随有合理的替代设计的证明要求。

(1) 风险—效用权衡标准的由来

判断设计缺陷所使用的风险—效用分析来源于普通法上判断过失的成本—效益分析。⑤ 在普通法上判断行为人的行为是否存在过失,通常需要检

---

① Jerry J. Phillips, *Products Liability*, Law Press. China, 1999, p. 203.
② 转引自美国法律研究院通过并颁布:《侵权法重述第三版:产品责任》,肖永平、龚乐凡、汪雪飞译,肖永平审校,法律出版社 2006 年版,第 105—106 页。
③ A. Mayer Kohn, "A World After Tincher v. Omega Flex: Pennsylvania Courts Should Preclude Industry Standards and Practices Evidence in Strict Products Liability Litigation", 89 *Temp. L. Rev.* 643, Spring, 2017.
④ Ibid.
⑤ W. Bradley Wendel, "Technological Solutions to Human Error and How They Can Kill You: Understanding the Boeing 737 Max Products Liability Litigation", 84 *J. Air L. & Com.* 379, 2019.

验一个理性的人在同样或类似的特定情况下将会采取何种行为。① 然而,由于判断一个理性的人在同样或类似的特定情况下将会采取何种行为具有异常的困难,法院开始依赖一种权衡的方法作为一种大致的参考来对被告的行为进行分析②,这就是法官勒尼德·汉德(Learned Hand)在 United States v. Carroll Towing Co.③一案中所阐明的检验过失的标准,学术界称其为汉德公式④,即行为人用以防止事故发生所花费用是否少于损害费用乘以损害可能发生的次数之积⑤。如果将上述标准用一个代数公式来表示的话,则为 B<PL,其中,B 代表预防事故发生的成本(或负担),P 代表事故发生的概率,L 代表事故发生后的损失;如果 B<PL,即预防事故的成本小于事故发生的预期成本,行为人本来可以用较小的成本去避免较大的事故损害,但他未能这么做,他因此要对损失承担赔偿责任;如果 B>PL,即预防事故的成本大于事故发生的预期成本,需要行为人用较大的成本去避免较小的事故损害,这时他可以不采取任何措施(去避免损害)而不承担责任。⑥

(2) 风险—效用权衡标准的内涵

将普通法上判断过失的成本—效益分析借鉴到产品责任领域的结果是判断设计缺陷的风险—效用权衡标准的形成,该标准又称为"风险—利益标准"或者"危险—效用标准",是指当产品中某一引起损害的风险在总体上大于该产品带来的利益或效用时,即应认定该产品存在设计缺陷。⑦ 该方法的

---

① Steven L. Emanuel,*Torts*,CITIC Publishing House,2003,p. 93.
② Ibid.
③ 159 F.2d 169 (2d Cir. 1947). 在该案中,原告的驳船停留在港内,并委托被告公司代为看管。一日,被告公司的雇员在更换固定船舶的缆绳时,因为过失导致原告委托管理的船舶因断缆在港内漂浮,继而沉没,原告遂起诉请求被告负损害赔偿责任。被告则抗辩原告船上的值日人员未依规定值班,存在与有过失。本案的争议焦点为,原告的值班人员未留守驳船上是否构成过失,因为这关系到原告可以获得的赔偿数额。法官勒尼德·汉德在判决意见中表明,为了判断原告值班人员未留守驳船是否构成承担法律责任的基础,应当从以下三个方面考虑来决定原告是否构成过失:第一,驳船损坏的可能性;第二,所发生损害的严重性;第三,充分预防该损害所要承担的负担。本案中,对于原告来说,保证驳船上每时每刻都有值班人员留守,在一定程度上确实是一个沉重的负担,但是当时正值战事吃紧,港内船舶必须频繁地拖进拖出,船舶发生断缆的风险以及断缆后给驳船以及其他船只造成的危险要远远大于原告在工作时间内保证驳船上有值班人员留守所承受的负担。因此,原告存在过失,应当对自己所遭受的损失承担一定的责任。参见潘维大编著:《英美侵权行为法案例解析》,高等教育出版社 2005 年版,第 77—78 页;徐爱国:《英美侵权行为法学》,北京大学出版社 2004 年版,第 91 页。
④ 徐爱国:《英美侵权行为法学》,北京大学出版社 2004 年版,第 91 页。
⑤ 〔美〕迈克尔·D. 贝勒斯:《法律的原则——一个规范的分析》,张文显等译,中国大百科全书出版社 1996 年版,第 252—253 页。
⑥ 159 F.2d 169 (2d Cir. 1947).
⑦ 王军:《美国侵权法上严格责任的原理和适用》,载王军主编:《侵权行为法比较研究》,法律出版社 2006 年版,第 75 页;Mika Sharpe,"Products Liability in the Digital Age: Liability of Commercial Sellers of Cad Files for Injuries Committed with a 3D-Printed Gun",68 *Am. U. L. Rev.* 2297,August,2019。

理论基础在于,所有的产品都同时具有风险与收益,或者说危险与效用,而每项产品的设计安全或风险程度要和成本、效用以及美观等因素平衡考虑,选择何种设计在逻辑上相应地就应该建立在效用和经济效率的概念所固有的最优化原则之上。也就是说,设计工程师和法律的共同目标应该是在产品中力图达到产品的性能、成本与安全的最佳平衡①,而如果不对产品的风险与效用进行权衡,是没有办法对产品的设计进行明智的评价的。在运用风险—效用的分析时,法院尝试以各种方式阐明分析中的各种相关要素。为了使对产品设计所进行的风险—效用分析呈现一定的规律性以及系统性,美国著名的侵权法学者约翰·韦德(John Wade)建议法院在进行风险—效用的权衡时应当考虑 7 个重要的因素②,韦德的建议得到了一些法院的采纳。③ 这 7 个重要的因素包括:① 该产品的有用性和适宜性,即对该使用者和作为整体的公众的效用;② 该产品的安全性,即该产品引起损害的可能性与很可能发生的损害的严重性;③ 符合同样需要并且安全的替代品的现有可得性;④ 生产者在不降低产品使用性能、不提高其价格而且保护其同样用途的条件下,减少产品不安全性的能力;⑤ 使用者在使用产品的过程中谨慎行事而避免危险的能力;⑥ 由于公众对该产品的显而易见的状况的一般了解或者由于适当的警告或指导的存在,该使用者对于该产品的固有的危险预先拥有的意识;⑦ 生产者通过调整产品的价格或者购买责任保险分散损失的可行性。④

(3) 风险—效用权衡标准的应用

全美各州逐渐有越来越多的法院在设计缺陷的案件中使用某种形式的风险—效用分析来对设计缺陷进行判断。⑤ 美国法律研究院通过对《侵权法第二次重述》颁布之后的全美各州的法院判决进行细致严谨的考察和研究,

---

① David G. Owen,"Defectiveness Restated: Exploding the 'Strict' Products Liability Myth", 1996 *U. Ill. L. Rev.* 743,754-755,1996.
② John W. Wade,"On the Nature of Strict Liability for Products", 44 *Miss. L. J.* 825,837-838,1973.
③ Michael J. Toke, "Restatement (Third) of Torts and Design Defectiveness in American Products Liability Law", 5 *Cornell J. L. & Pub. Pol'y* 239, 258, Winter, 1996; Tiffany Colt, "The Resurrection of the 'Consumer Expectations' Test: A Regression in American Products Liability", 26 *U. Miami Int'l & Comp. L. Rev.* 525, Spring, 2019.
④ 王军:《美国侵权法上严格责任的原理和适用》,载王军主编:《侵权行为法比较研究》,法律出版社 2006 年版,第 75—76 页;赵相林、曹俊主编:《国际产品责任法》,中国政法大学出版社 2000 年版,第 112 页;刘静:《产品责任论》,中国政法大学出版社 2000 年版,第 125 页; A. Mayer Kohn, "A World After Tincher v. Omega Flex: Pennsylvania Courts Should Preclude Industry Standards and Practices Evidence in Strict Products Liability Litigation", 89 *Temp. L. Rev.* 643,Spring,2017。
⑤ Michael J. Toke, "Restatement (Third) of Torts and Design Defectiveness in American Products Liability Law",5 *Cornell J. L. & Pub. Pol'y* 239,258,Winter,1996.

本着将各州法院判决中所流露的趋势予以呈现的态度①,在《侵权法第三次重述:产品责任》中亦采纳风险—效用的权衡作为判断设计缺陷的方法。在《侵权法第三次重述:产品责任》第 2(b)条中,设计缺陷的定义为:产品带来的可预见的伤害的风险可以通过一个更为合理的替代设计予以减少或者避免,而没有采用这样的设计使得产品不具有合理的安全,该产品则存在设计缺陷。② 在这里需要说明的是,存在一项替代设计并不意味着该项设计就是制造商所使用的实际设计的合理替代,替代设计的经济成本可能超过能从该设计中获得的安全效益,而且一项替代设计可能对产品的使用者和消费者课加重大的非经济性成本,它可能使一项产品失去吸引许多使用者和消费者的特点,这些因素对于判定一项设计是否可以构成合理的替代性设计非常关键。因此,存在一个更安全的设计本身并不等于实际的设计构成缺陷,因为制造商没有义务提供可以获得的最为安全的设计或以安全为终极目的。因此,原告所提供的设计是否构成合理的替代性设计,只有在运用风险—效用平衡原理中的各种因素对相关设计的优劣进行分析之后才能得出结论。③

(二) 欧洲共同体代表国家以及日本的判断标准

1. 德国

《欧洲共同体产品责任指令》将消费者的期待确定为判断产品缺陷的统一方法,德国为了实施指令而制定的《产品责任法》中亦采用了上述方法,但是德国的法官已经直觉地意识到,消费者期待对于设计缺陷的判断在法庭上并不具有太多的指导意义,因为有时消费者可能没有任何期待,或者消费者的期待非常不现实地高于或者低于最新的技术水平所可以成就的安全程度。事实上,法官对于设计缺陷的判断采用如下方法:如果产品的整体安全可通过改变设计而得到增加,并且改变产品设计所带来的安全利益的增加超过改变设计所需要的成本的增加,产品的设计就是存在缺陷。这与美国产品责任

---

① Cami Perkins, "The Increasing Acceptance of the Restatement (Third) Risk Utility Analysis in Design Defect Claims", 4 *Nev. L. J.* 609, 2004.
② 美国法律研究院通过并颁布:《侵权法重述第三版:产品责任》,肖永平、龚乐凡、汪雪飞译,肖永平审校,法律出版社 2006 年版,第 19—20 页;A. Mayer Kohn, "A World After Tincher v. Omega Flex: Pennsylvania Courts Should Preclude Industry Standards and Practices Evidence in Strict Products Liability Litigation", 89 *Temp. L. Rev.* 643, Spring, 2017; Mika Sharpe, "Products Liability in the Digital Age: Liability of Commercial Sellers of Cad Files for Injuries Committed with a 3D-Printed Gun", 68 *Am. U. L. Rev.* 2297, August, 2019; Bryant Walker Smith, "Automated Driving and Product Liability", 2017 *Mich. St. L. Rev.* 1, 2017.
③ 美国法律研究院通过并颁布:《侵权法重述第三版:产品责任》,肖永平、龚乐凡、汪雪飞译,肖永平审校,法律出版社 2006 年版,第 127 页。

重述中对于设计缺陷的表达方法是一致的。①

2. 英国

英国为了实施《欧洲共同体产品责任指令》而制定的《消费者保护法》对于缺陷的认定同样采用了消费者期待的标准②，但是法院对于设计缺陷进行判断时，通常要对案件所涉争议产品的利弊以及生产一个克服了前述弊端的产品之成本及实用性进行权衡③。英国著名的产品责任法专家珍·斯特普尔顿（Jane Stapleton）也认为，尽管有关产品缺陷的概念在表面上建立了一种统一适用于制造缺陷以及设计缺陷的方法，但对于制造缺陷以及设计缺陷的判定并不相同，对于制造缺陷的判断并不需要进行成本—收益的权衡，但是在对设计缺陷进行判断的场合则需要进行这样的考虑。④

3. 日本

产品缺陷的三分法在日本的产品责任诉讼中具有十分重要的意义，但日本的《制造物责任法》有关缺陷的规定并没有体现产品缺陷的三种类型⑤，而是将缺陷统一定义为，"考虑该制造物的特征、其通常预见的使用形态，其制造业者等交付该制造物时其他与该制造物有关的事项，该制造物欠缺通常应有的安全性"⑥。日本通产省于 1994 年 6 月发布的题为《关于产品责任》的文件，将判断缺陷所需要考虑的因素列举如下：① 关于产品的特征，需要考虑产品的效用、有用性、产品标识、产品的性价比、产品的通常使用、耐用期间以及发生危害的偶然性的概率等问题；② 关于通常可合理期待的使用形态，需要考虑产品的合理期待使用以及使用者防止发生损害的可能性的问题；③ 关于产品投入流通时的情况，需要考虑产品投入流通时的技术水平以及技术的实现可能等问题。⑦从以上判断产品缺陷所需要考虑的因素来看，日本对于设计缺陷进行的判断，与美国采用风险—效用权衡方法所考虑的某些因素相同，但与《欧洲共同体产品责任指令》规定的单一的消费者期待标准相去甚远。⑧

---

① Duncan Fairgrieve, *Product Liability in Comparative Perspective*, Cambridge University Press, 2005, p. 109.
② 参见英国 1987 年《消费者保护法》第 3 条；董红磊等：《汽车产品缺陷认定方法及分级选择流程研究》，载《标准科学》2019 年第 4 期。
③ C. J. Miller & R. S. Goldberg, *Product Liability*, Oxford University Press, 2004, p. 407.
④ Ibid., p. 400.
⑤ Sumiko Takaoka, "Product Defects and the Value of the Firm in Japan: The Impact of the Product Liability Law", 35 *J. Legal Stud.* 61, 67, January, 2006.
⑥ 《日本制造物责任法》，梁慧星译，载《外国法译评》1994 年第 4 期。
⑦ 参见《日本产品责任法》，王全国译，载《现代商检科技》1995 年第 6 期。
⑧ Phil Rothenberg, "Japan's New Product Liability Law: Achieving Modest Success", 31 *Law & Pol'y Int'l Bus.* 453, 474, 2000.

第三节　警示缺陷及其确定

一、警示缺陷的内涵

生产者或者卖方对其所生产或销售的产品没有提供适当的产品标签、警告或者说明①（下文统称为产品警示）导致产品用户或消费者在使用产品时遭受伤害或损害，产品应被认定存在警示缺陷②，生产者因该缺陷肇致的伤害或损害对用户或消费者承担赔偿责任。从上述定义可以看出，警示缺陷的认定与产品警示的适当性息息相关。那么，什么是适当的产品警示呢？这需要从必备要素和排除要素两个方面来进行双向的解释。

（一）适当产品警示的必备要素

一般说来，适当的产品警示应当具备以下要素：

1. 警示的内容

产品警示不仅应当对产品在正常使用时可能发生的重大危险进行警告，也应当对合理预见的误用可能导致的重大危险进行警告，此外，还应当对产品的安全使用方法进行说明。③ 如果产品可以合理地用于若干用途，应当针对每一种用途分别提供警示。④

2. 警示的语言

警示所使用的语言必须为普通人所理解⑤，应当清楚而不含糊地直接指向产品可能带来的重大危险⑥，不能以任何方式淡化产品用户需要担心的特定伤害的风险。

3. 警示的设计

警示的大小、色彩方面的设计必须醒目显著以保证足以吸引用户注意到警示所传达的信息，使产品中存在的危险的性质与程度给具有合理谨慎态度

---

① Richard A. Epstein, *Torts*, CITIC Publishing House, 2003, p. 406.
② Bryant Walker Smith, "The Transformation of Transportation: Autonomous Vehicles, Google Cars, and Vehicles Talking to Each Other: Automated Driving and Product Liability", 2017 *Mich. St. L. Rev.* 1, 2017.
③ M. Stuart Madden, "The Products Liability Restatement Warning Obligations: History, Corrective Justice and Efficiency", 8 *Kan. J.L. & Pub. Pol'y* 50, Fall, 1998.
④ Hildy Bowbeer et al., "Warning! Failure to Read This Article May Be Hazardous to Your Failure to Warn Defense", 27 *Wm. Mitchell L. Rev.* 439, 453-454, 2000.
⑤ Mark Geistfeld, "Inadequate Product Warnings and Causation", 30 *U. Mich. J.L. Reform* 309, 325, Winter/Spring, 1997.
⑥ Brown v. Glade & Grove Supply, Inc., 647 So. 2d 1033, 1036 (Fla. Dist. Ct. App. 1994).

的产品用户留下印象①；必要的时候应当使用符号或图形，例如，在产品可能导致死亡的情况下，警示之外再附上一个骷髅和交叉腿骨的图形或标志②；警示应当条理分明，根据风险的危险程度给予相应的强调，使比较严重的风险得以突显而不应将最不重要的风险列在警示的头条。③

4. 警示的位置

警示必须设置在用户可能会看到的地方：在某些案件中，将警示列明在用户手册或者包装说明书中可能就足够了；而在有些情况下，可能需要将警示设置在产品本身，在此情况下，警示应当位于可以吸引用户眼球的位置。④

(二) 适当产品警示的排除因素

1. 明显的或者众所周知的危险

一般说来，产品的生产者或者卖方对于显而易见和广为人知的风险，以及避免风险的措施并不承担向潜在消费者或用户提供警告或说明的义务。⑤例如，法院不会要求生产者对诸如小刀会割伤、锤子会砸伤、炉子会烧伤之类的明显危险提供警示。⑥ 对于明显危险法则的一个延伸是，生产者一般没有义务警告产品用户已经实际知道的危险。⑦ 该规则为美国大多数州的法院所采纳，支持该规则的基本理由为：当产品中的风险显而易见或者众所周知，可预期的阅读警示之人已经知道或者应当知道该风险的存在，因此针对该风险提供的警示在绝大多数情形下并不会提供额外的有效的安全防护措施；而且，由于产品的用户或者消费者可能对针对该类风险提出的警示置之不理，这将会影响他们对那些针对并不明显的、并不广为人知的风险的警示的认识，使产品警示的总体功效受到减损。⑧ 对于明显的或者众所周知的风险没有警告的义务之规则，还可以基于效率的理由得到支持——避免产品销售中

---

① M. Stuart Madden, "The Products Liability Restatement Warning Obligations: History, Corrective Justice and Efficiency", 8 *Kan. J. L. & Pub. Pol'y* 50, 50, 1998-1999.
② Hildy Bowbeer, Wendy F. Lumish & Jeffrey A. Cohen, "Warning! Failure to Read This Article May Be Hazardous to Your Failure to Warn Defense", 27 *Wm. Mitchell L. Rev.* 439, 453-454, 2000.
③ Mark Geistfeld, "Inadequate Product Warnings and Causation", 30 *U. Mich. J. L. Reform* 309, 326, Winter/Spring, 1997.
④ Hildy Bowbeer, Wendy F. Lumish & Jeffrey A. Cohen, "Warning! Failure to Read This Article May Be Hazardous to Your Failure to Warn Defense", 27 *Wm. Mitchell L. Rev.* 439, 453-454, 2000.
⑤ M. Stuart Madden, "The Products Liability Restatement Warning Obligations: History, Corrective Justice and Efficiency", 8 *Kan. J. L. & Pub. Pol'y* 50, 50, 1998-1999.
⑥ Fisher v. Johnson Milk Co., 174 N. W. 2d 752, 753 (Mich. 1970).
⑦ Carey v. Lynn Ladder and Scaffolding Company, Inc., 691 N. E. 2d 223 (Mass. 1998).
⑧ 美国法律研究院通过并颁布：《侵权法重述第三版：产品责任》，肖永平、龚乐凡、汪雪飞译，肖永平审校，法律出版社 2006 年版，第 37 页。

不必要的交易成本①,不仅仅是生产者从事有效率的生产应当遵循的原则,而且也是法院对生产者课以责任时应当参酌的标准——在产品风险显而易见或者众所周知的情况下,产品的用户或者消费者已经知道或者应当知道该风险,提供用户已经知道或者应当知道的警示则是不经济的浪费资源的行为②,与避免不必要的交易成本的原则相违背。

2. 不能预见的使用或误用带来的危险(过度的产品警示)

由于法律并不要求生产者生产的产品具有绝对的安全,或者说与事故无缘,因此生产者并没有义务预见到每一种稀奇古怪的产品使用或者误用并相应地对每一位顾客提出警示。③ Thibault v. Sears, Roebuck & Co. 一案为此规则提供了很好的解释。在该案中,原告操作着一台被告生产的骑跨式剪草机在其山坡的草地上来回上下地剪草而不是沿着更为安全的与地面平行的路线来进行;原告摔下来时试图抓住剪草机但最终还是失去平衡导致受伤。新罕布什尔州最高法院认为,生产者并没有义务预见对于产品的任何荒唐以及危险的使用并对其中的危险提出警示,因此对下级法院作出的有利于被告的判决应当予以维持。④

虽然生产者并没有义务预见到每一种稀奇古怪的产品使用或误用并提供相应的警示,但由于在20世纪80年代中期之后的20年间针对警示缺陷的产品责任诉讼成倍增长,再加上有些案件的原告提出非常荒唐的警示要求⑤,有的生产者为了保护自己免于潜在的诉讼,不得不创作包罗万象的有时甚至是非常古怪的警告和说明来应对那些无知或者愚蠢的消费者的权利主张。⑥ 例如,一个折叠式婴孩手推车上的警示为"将手推车折叠之前先把孩子抱出来";一个家用电熨斗的警示为"衣服穿在身上时不要进行熨烫";一个木匠使用的电钻上提供的警示为"该产品不能用来为牙齿钻孔"。⑦ 上述各种类型的煞费苦心的警示或许可以成为生产者可以依赖的诉讼庇护措施,但由于上述类型的警示经常会连篇累牍,而其中所提到的风险几乎很少实际发生,如果该类警示充斥于各种产品的用户手册或者包装说明书之中,消费者在受到过度的大量的无意义警示的轰炸之后,很可能会放弃阅读产品的全

---

① M. Stuart Madden, "The Products Liability Restatement Warning Obligations: History, Corrective Justice and Efficiency", 8 *Kan. J.L. & Pub. Pol'y* 50, 52, 1998-1999.
② Marshall S. Shapo, "Products Liability: The Next Act", 26 *Hofstra L. Rev.* 761, 768, 1998.
③ Stief v. J. A. Sexauer Mfg. Co., 380 F. 2d 453, 459-60 (2d Cir. 1967).
④ 395 A. 2d 843, 845 (N. H. 1978).
⑤ J. Scott Dutcher, "Caution: This Superman Suit Will Not Enable You to Fly-Are Consumer Product Warning Labels Out of Control?", 38 *Ariz. St. L.J.* 633, 640, Summer, 2006.
⑥ Ibid., p. 655.
⑦ Ibid., p. 657.

部警示而将其置于不顾①,以致重要风险的警示被淹没其中而难以被发现,那么生产者可能会因没有使更为重要的警示易于为用户或消费者所获悉而被要求承担责任。②

二、警示缺陷的确定

(一)美国法院的确定方法

如前所述,适当的产品警示在内容、语言、设计及位置等方面均需满足一定的要求,此外还需排除不必要警示的干扰,但这些要求仅仅体现为一般意义上的原则。当面对警示缺陷诉讼时,判断产品是否存在警示缺陷,还需要遵循一定的方法对上述有关要素进行评判,在这里,有相当数量的法院采取风险—效用(或者称成本—收益、成本—效用)的权衡分析对产品的警示是否适当或者说产品是否存在警示缺陷进行判断。一般说来,原告在警示缺陷诉讼中通常会主张将其所遭遇的风险事故在现存的警示中予以添加或者强调,那么法院和陪审团首先需要考虑的是,原告所遭遇的风险事故是否属于显而易见的或者众所周知的风险,是否属于原告已经实际了解或者不太可能发生的风险。如果情况确实如此,那么,采用原告所建议的警示,虽然或许可以避免或者减少原告所遭受的伤害或者损害,但将会使众多的产品用户面临大量的缺少实际意义的警示的轰炸,以至忽略产品警示中关于重大风险的警示,导致真正有用的产品警示的功效受到减损。因此,提供额外警示所带来的风险要远远大于提供额外警示所带来的事故减少与避免的利益,故原告所建议的警示不能通过风险—效用的权衡分析,被告的产品不能被认定存在警示缺陷。反过来,如果原告建议添加或强调的风险事故并非显而易见或者众所周知,并非已为原告所了解或者发生的可能性极小,那么在这里提供额外警示的成本,在许多法官和陪审团看来,便仅仅是为使产品警示符合内容、语言、设计以及位置上的适当要求所需付出的印刷一个标签并将其贴在产品上,或者在用户手册中附加额外的一页的货币成本,而该成本与提供额外警示所带来的事故减少和避免的利益相比是微不足道的。③ 另外,由于法官和陪审团出于一种相信任何可能造成严重伤害的产品都可以通过提供额外的或者更

---

① James A. Henderson, Jr. & Aaron D. Twerski, "Doctrinal Collapse in Products Liability: The Empty Shell of Failure to Warn", 65 *N.Y.U. L. Rev.* 265, 296, 1990.
② J. Scott Dutcher, "Caution: This Superman Suit Will Not Enable You to Fly Are Consumer Product Warning Labels Out of Control", 38 *Ariz. St. L. J.* 633, 656, Summer, 2006.
③ Hildy Bowbeer, Wendy F. Lumish & Jeffrey A. Cohen, "Warning! Failure to Read This Article May Be Hazardous to Your Failure to Warn Defense", 27 *Wm. Mitchell L. Rev.* 439, 450, 2000.

好的警示来使其危险性降低的直觉①,他们在这种情况下往往作出有利于原告的判断。

但是,也有学者和法院对在警示缺陷的案件中进行风险—效用的分析提出批评。他们认为,在警示缺陷诉讼中,提供额外警示的成本往往被看作仅仅是"纸张与墨水"的增加投入,这将会使生产者或者卖方处于一种非常不利的境地,因为一旦额外警告的成本被看作很低或者可以忽略不计,生产者或者卖方将总会面临提供额外警告的负担,所以他们拒绝在警示缺陷案件中采用风险—效用的分析方法对警示的适当与否进行判断。② 另外,也有学者认为,法院和陪审团在这种情况下所进行的风险—效用分析并非建立在坚实可靠的基础之上,因为法院无法确切地衡量警示的效用。事实上,人类由于受到认知的限制,经常会忽略警示,忘记警示,而法院和陪审团并不能确定额外的警示提供之后阅读警示、记住警示并且听从警示的消费者或者用户的比例,也即额外的警示所带来的效用的范围或者程度,因此法院在警示缺陷的案件中在很大程度上是在依赖一种对于警示效用的猜测进行风险—效用的权衡,在这种情况下作出的责任判断必然存在可预见性、一致性以及效率的缺失,与运用消费者合理期待的标准对警示是否适当进行判断的方法相比并不具有明显的优势。③

(二) 欧洲的确定方法

1. 德国

德国的法官认为,在产品的设计不可能不存在风险的情况下,生产者有义务提供充分适当的产品说明和警示来减少不能避免的产品风险(风险减少警示),并且使消费者在知情的情况下对于他们是否打算承受产品中的风险作出选择(知情—选择警示)。因此,生产者不仅仅需要警告产品在通常使用中存在的危险,而且还应当警告任何可以预见的误用导致的风险。警告的程度一般取决于风险的程度与性质,以及风险发生的可能性。然而,生产者的信息义务是受到一般的消费者知识的限制的。这意味着,并不需要警告可能的用户一般都知道的风险。因此,法院拒绝承认生产者有义务警告烟草、酒精及巧克力棒的危险。在警示缺陷诉讼中,原告仅仅需要证明,依据审判时对于风险的了解,警告是不合理的;之后就应当由被告来证明,在产品销售

---

① Douglas R. Richmond, "Renewed Look at the Duty to Warn and Affirmative Defenses", 61 *Def. Couns. J.* 205, 205, 1994.
② Paul D. Rheingold & Susan B. Feinglass, "Risk-Utility Analysis in The Failure to Warn Context", 30 *U. Mich. J.L. Reform* 353, 356-357, Winter/Spring, 1997.
③ Howard Latin, "'Good' Warnings, Bad Products, and Cognitive Limitations", 41 *UCLA L. Rev.* 1193, 1283, June, 1994.

时,其不可能已经知道产品的不安全状况。①

2. 英国

英国的《消费者保护法》虽然没有列明判断警示缺陷时所需要考虑的因素,但是法院在对警示缺陷进行判断时一般会对如下因素进行考虑:发生损害的可能性以及可能发生的损害的严重程度,因为损害发生的可能性越大,损害的程度越严重,警告的内容就应当更加全面;另外,危险的明显性、警示的措辞、强度与位置以及警示对象的具体情况都是对产品是否存在警示缺陷进行判断时所需要考虑的方面。②

小 结

随着产品责任诉讼的发展,产品缺陷的类型已经由制造缺陷的单一类型发展为制造缺陷、设计缺陷、警示缺陷三种不同类型的缺陷并存。最初适用于产品缺陷的判断方法——消费者的合理期待标准,因其本身所具有的模糊性与不确定性,已经分别为判断制造缺陷的"对于既定设计的背离"标准以及判断设计缺陷的"风险—效用"的权衡方法所代替。在警示缺陷领域虽然并没有形成一个明确的获得一致认可的判断标准,但依据损害发生的可能性以及损害的严重程度等因素来判断产品警示的合理性是美、德、英等国法官的一致做法。产品缺陷类型的区分所产生的影响,并不仅仅停留在产品缺陷判断方法的更迭,更为重要的是本书在下文将要论及的产品缺陷类型化对严格责任原则在产品责任法中的地位产生了冲击,导致了产品责任领域归责原则的重新安排。但冲击首先是通过开发风险抗辩的确立来展开的,开发风险抗辩突破了严格产品责任原则之"严格性"的堡垒,并最终导致了过错责任原则在产品责任领域的回归。

---

① Duncan Fairgrieve, *Product Liability in Comparative Perspective*, Cambridge University Press, 2005, p. 105.

② C. J. Miller & R. S. Goldberg, *Product Liability*, Oxford University Press, 2004, pp. 462-463.

第六章　严格产品责任原则地位之反思

美国两次保险危机与产品责任危机的爆发,使得产品责任法改革乃至侵权法改革的呼声甚嚣尘上①,而严格产品责任原则更成为法官与学者们审视与批判的众矢之的②。

第一节　严格产品责任原则传统定义之反思

一、严格产品责任原则传统定义之回顾

如前所述,严格产品责任原则诞生于美国,其后为《欧洲共同体产品责任指令》以及日本《制造物责任法》所借鉴。因此,对传统严格产品责任原则概念的分析,以标志着严格产品责任原则确立的美国《侵权法第二次重述》第402A条中的表述为范本,应当是一种可靠而又客观的选择。第402A条就产品销售者③对其用户或消费者造成的伤害或损害的特殊责任进行了规定:

(1) 在下列情形下,销售任何对用户或消费者或其财产含有不合理危险的缺陷状况的产品的人对因此给最终用户或消费者,或其财产,造成的身体伤害/实际损害应承担责任:

(a) 该销售者从事销售此类产品的生意;并且

(b) 该产品被期待并且确实,在其被售出时的状况未有任何实质改变的情况下,到达用户或消费者手中。

(2) 上述(1)所述规则即使在以下情形下仍然适用:

(a) 该销售者在其产品的生产和销售中已经行使所有可能的注意;

(b) 该用户或消费者并非从该销售者手中购得该产品或并未与该销售者订立任何合同关系。④

---

① W. Kip Viscusi, *Reforming Products Liability*, Harvard University Press, 1991, preface, xi.
② Frank J. Vandall, *Strict Liability: Legal and Economic Analysis*, Quorum Books, 1989, p.151; Richard C. Ausness, "Sailing Under False Colors: The Continuing Presence of Negligence Principles in 'Strict' Products Liability Law", 43 *Dayton L. Rev.* 265, 2018.
③ 这里的销售者是一种广义的表述,包括产品生产者、产品销售者等。但本书关注的重点在于生产者产品责任,因此下文的讨论中只涉及生产者责任。
④ 美国法律研究院通过并颁布:《侵权法重述——纲要》,〔美〕肯尼斯·S.亚伯拉罕、阿尔伯特·C.泰特选编,许传玺等译,许传玺审校,法律出版社2006年版,第110—111页。

概而言之,产品的销售者即使在准备和销售该产品的过程中已经行使所有可能的注意,也应对因该产品而遭受实际损害的使用者或消费者承担严格责任。①

二、严格产品责任原则传统定义的局限性:缺陷类型区分之阙如

美国《侵权法第二次重述》第 402A 条对于严格产品责任原则的表述清楚地表明,严格产品责任原则统一适用于产品责任领域。这样宽泛的规定导致美国法官在第 402A 条之后面对产品责任案件一律适用严格产品责任原则进行评判,以此来彻底摆脱先前合同法规则与侵权法规则中的障碍与束缚,为受害的消费者或用户提供保护。但依后见之明,严格产品责任原则产生初期,产品责任纠纷中所涉及的产品缺陷类型绝大多数属于制造缺陷②,而针对设计缺陷以及警示缺陷的诉讼尚处于萌芽时期。因此,第 402A 条是针对制造缺陷引起的责任而制定的规则,规则的设立者并未考虑设计缺陷或者警示缺陷的责任情形。③

随着产品责任诉讼的增多和积累,产品缺陷已经由第 402A 条确立前后单一的制造缺陷类型发展为制造缺陷、设计缺陷、警示缺陷三种不同的缺陷类型并存。由于消费者保护的观念已经深植于法官的内心,因此他们面对产品责任案件时很自然地会适用作为保护消费者利益法律工具的严格产品责任原则,但他们很快发现,针对制造缺陷引起的责任制定的第 402A 条无法妥当地适用于设计缺陷或者警示缺陷之上。④ 本书将在后面的章节对严格产品责任原则与设计缺陷和警示缺陷发生龃龉的原因进行分析,在这里本书欲强调的是,由于产品责任诉讼理论和实践发展的局限,第 402A 条的起草人并未预见到产品缺陷类型的发展给严格产品责任原则带来的挑战。事后看来,其将严格产品责任原则笼统地适用于所有产品责任案件的安排略显草率。

三、严格产品责任原则传统定义的盲目性:风险范围之无限扩大

严格产品责任原则产生之前,适用于产品责任领域的侵权法规则为过失侵权的有关规定。过失侵权适用于产品责任领域最明显的缺陷在于,原告对

---

① 许传玺:《美国产品责任制度研究》,法律出版社 2013 年版,第 92 页。
② W. Bradley Wendel, "Technological Solutions to Human Error and How They Can Kill You: Understanding the Boeing 737 Max Products Liability Litigation", 84 J. Air L. & Com. 379, 2019.
③ 美国法律研究院通过并颁布:《侵权法重述第三版:产品责任》,肖永平、龚乐凡、汪雪飞译,肖永平审校,法律出版社 2006 年版,引言第 3 页。
④ 同上书,第 3 页;Richard C. Ausness, "Sailing Under False Colors: The Continuing Presence of Negligence Principles in 'Strict' Products Liability Law", 43 Dayton L. Rev. 265, 2018.

生产者提起过失侵权之诉，需要对被告的过错进行证明，否则，将承受损害不能获得赔偿的后果；而在现代化的大生产条件下，原告对被告在生产过程中的过错进行证明十分困难甚至不可能，即便原告勉强为之或者利用法院创设的规则对被告的过错进行推定，被告也经常可以通过证明其在产品生产的过程中尽到了充分的注意而反驳对于过错的指控或推定。法官正是在案件审理过程中感到原告举证的困难以及被告逃避责任的可能，才创设了严格产品责任原则，不仅免去了原告在被告过错方面的证明负担，而且拒绝承认被告以没有过错为理由提出的抗辩。美国《侵权法第二次重述》第402A条中有关"生产者对产品的缺陷状况造成最终用户或消费者的伤害或损害承担责任"以及"生产者在其产品的生产和销售中已经行使所有可能的注意仍然要对产品缺陷状况造成的损害负责"的表述正是对上述目的和良苦用心的反映。但是，问题恰恰在这里产生。第402A条的表述意味着生产者在其产品的生产和销售过程中没有过失仍然要对产品缺陷状况造成的损害负责。

在美国侵权法中，过失概念之核心为"注意义务之欠缺或违反"[1]，而对是否欠缺或违反注意义务进行判断则依据"正常人"[2]的标准，即以是否已尽正常人之注意作为判断过失是否成立的标准。那么，究竟应当如何理解"正常人之注意"的内涵呢？根据美国《侵权法第二次重述》第289条的内容，正常人之注意即通过行使正常人会具有的注意力，对当时情形的观察力、记忆力，对其他有关事态的了解和判断力而意识到其行为包含造成对他人权益侵犯的风险。[3] 由此可以说，行为人因没有行使正常人所具有的注意力，对当时情形的观察力、记忆力，对其他有关事态的了解和判断力而没有意识到其行为包含侵犯他人权益的风险即为注意义务之违反，可以认定行为人的过失。[4] 简言之，如果行为人本来能够预见损害的风险而没有预见，则意味着行为人对损害的发生存在过失。从以上内容可以知道，行为人承担过失责任时，其对于损害的风险是可以预见的；换言之，在过失责任之下，行为人承担责任的风险之范围限定于"可以预见的风险"[5]。

明确了过失的内涵以及在过失责任之下行为人承担责任的风险之范围，再回过头来对美国《侵权法第二次重述》第402A条的上述规则进行考量。根据第402A条，"生产者在其产品的生产和销售过程中没有过失仍然要对

---

① 邱聪智：《从侵权行为归责原理之变动论危险责任之构成》，中国人民大学出版社2006年版，第22页。
② 正常人，即reasonable person，亦作"合理人"，但本书认为"合理人"的译法不符合中文的表达习惯，故译为"正常人"。
③ 美国法律研究院通过并颁布：《侵权法重述——纲要》，〔美〕肯尼斯·S.亚伯拉罕、阿尔伯特·C.泰特选编，许传玺等译，许传玺审校，法律出版社2006年版，第57页。
④ 〔奥〕海尔姆特·库齐奥主编：《侵权责任法的基本问题（第二卷）比较法的视角》，张家勇、窦强龙、周奥杰译，北京大学出版社2020年版，第438页。
⑤ 刘静波：《侵权法一般条款研究》，光明日报出版社2021年版，第161页。

产品缺陷状况造成的损害负责",如果对上文确定的过失概念予以运用——行为人存在过失,意味着行为人对可以预见的损害没有预见,如果损害不能预见,则行为人没有过失——那么第402A条的上述规则可以进一步表述为:生产者在其产品的生产和销售中即使不能预见损害的发生,仍然要对产品缺陷状况造成的损害负责。这就意味着,在生产者承担严格责任的情况下,生产者承担责任的风险之范围扩大至不能预见的风险;而在生产者承担过失责任的情况下,生产者承担责任的风险之范围限定于"可以预见的风险"。

在本书看来,美国《侵权法第二次重述》第402A条中有关严格责任的表述在更多的程度上表达了对过失责任原则的不满。由于作为原告的受害消费者或用户一般没有能力对生产者否认自己过失的证据进行反驳,因此阐明上述规则,拒绝被告生产者以自己没有过错为由进行抗辩。但是,上述规则的表述方法导致生产者承担责任的风险范围被无限扩大以至包含了不能预见的风险,恐怕不是第402A条起草人的初衷。这样看来,第402A条中对于严格产品责任原则的概念表述恐怕有些考虑不周。严格产品责任原则的适用正是20世纪80年代的美国逐渐走向绝对的根源,而日后确立的开发风险抗辩则旨在对上述绝对的后果予以消除。

第二节 开发风险抗辩与严格产品责任原则兼容吗?

在产品生产时的科学技术不能发现产品具有造成损害的风险或者说不能预见产品存在缺陷的情况下,生产者仍然要对产品造成的损害承担责任。一方面,这是严格产品责任原则的传统定义存在内在隐患的必然结果;另一方面,严格产品责任原则本身所具有的消费者利益保护的工具性质也对上述结果的发生推波助澜。美国保险危机与产品责任危机的爆发,促使美国的法官和学者们开始对严格产品责任原则的严格程度进行审视和反思。欧洲也注意到了美国产品责任领域所经历的危机,并在产品责任立法的过程中引以为鉴。大西洋两岸对同一个问题进行分别的思考产生共同的结果,即通过确立开发风险抗辩控制严格产品责任原则的严格程度,或者说消除严格产品责任原则的绝对化倾向。

开发风险抗辩是指,如果依靠产品投入流通时的科学技术不能发现缺陷的存在,即使其后由于科学技术进步而认识到产品存在的缺陷,生产者也不对该已投入流通的产品承担产品责任法上的赔偿责任。[①]开发风险抗辩在美国产品责任法中被称为"state of art",因此有学者将其非常直观地翻译为

---

① 张新宝:《侵权责任法原理》,中国人民大学出版社2005年版,第406页。

"技术发展水平"①,但美国各州对"技术发展水平"的定义并不相同,例如有的州将其定义为行业习惯,也有的州将其定义为业已开发并投入商业使用的最安全、最先进的技术,还有的州将其定义为科学知识中最尖端的技术成果②;在欧洲学者有关产品责任的法律文献中开发风险抗辩被称为"development risk"③,我国产品责任法中的开发风险抗辩便是沿袭了欧洲的传统。

一、开发风险抗辩的确立

鉴于每年有大量的新药品、化妆品、杀虫剂、建筑材料以及其他的化学物质进入市场,这些产品中的一些物质会对接触它的人产生难以预料的有害后果。如果在该危害后果被发现以前,这些产品的销售与使用已经非常广泛,那么潜在的灾难性后果引发的产品责任诉讼将会难以遏制地涌现出来,在这些诉讼中,开发风险抗辩将处于诉辩的焦点。目前,在美国、英国、德国、法国、日本等国家均有将开发风险作为生产者可以主张的抗辩事由的立法或司法实践。因此,从表面上看来,开发风险似乎是一种在世界范围内得到公认的生产者的免责条件④,其实情况并不尽然。事实上,开发风险成为产品责任中的抗辩事由或者说免责条件几乎在上述每个国家都经历了长期而又激烈的争论,即便开发风险最终被接受为生产者的抗辩事由,但有关严格产品责任原则与开发风险抗辩的兼容性问题始终是一个挥之不去的难题。

(一)开发风险抗辩在美国的确立

1. 关于是否确立"开发风险抗辩"的争论

虽然严格产品责任原则在美国产品责任法中的适用表现出绝对化的倾向,并对美国第二次保险危机与产品责任危机的爆发具有不可低估的影响,但对于是否确立开发风险抗辩来遏制严格责任绝对化的倾向从而对严格产品责任原则的严格程度进行调节,美国各州之间存在很大分歧。

反对接受开发风险抗辩的观点认为,将严格责任原则适用于产品责任所

---

① 美国法律研究院通过并颁布:《侵权法重述第三版:产品责任》,肖永平、龚乐凡、汪雪飞译,肖永平审校,法律出版社 2006 年版,第 22 页。
② 同上书,第 22—23 页。
③ Duncan Fairgrieve, *Product Liability in Comparative Perspective*, Cambridge University Press, 2005, pp.163-167.
④ 澳大利亚《联邦贸易实践法》也明确规定开发风险可以作为产品责任的抗辩事由,该法第 5A 条明确规定侵权人可以以在产品开始供应时产品开发的技术水平还无法确定或获知产品可能的缺陷为理由提出抗辩。参见王灏:《澳大利亚侵权法原理》,法律出版社 2019 年版,第 121 页。鉴于本书的比较法考查范围限于美国、英国、德国、法国、日本五国,本书不在正文中对澳大利亚的相关情况作详细介绍;盛舒弘、刘树桥主编:《民法原理与实务:侵权责任编》,中国政法大学出版社 2021 年版,第 120 页。

追求的效果，一方面在于分散损失和避免事故——与消费者相比，生产者处于承担缺陷产品导致的损害费用的最佳位置，因为他们可以通过产品责任保险与提高产品价格分摊损害费用。① 另一方面在于促使生产者投入更多的资金从事增进产品安全的研究从而减少或避免产品事故的发生以及减少相应的产品损害赔偿责任。② 接受开发风险抗辩严格责任原则适用于产品责任所追求的上述效果难以实现。③ 另外，接受开发风险的抗辩，将会导致当事人各方均不得不提出有关科学技术史方面的专家证据以推测在特定的年代可以达到的科技水平，因而有关"已知"的证明会不可避免地复杂棘手、费用昂贵、令人迷惑不解并且耗费时间，这不利于减少诉讼成本。④

与上述反对观点针锋相对的支持观点认为，制造人只能对已知的或者可以发现的风险的成本进行预测然后进行分散⑤，对于不知道的风险，制造人不能通过对产品的价格作出调整以反映损害之费用，因此制造人对于这种风险的分配并不具有任何优势。而且，使生产者对不能发现的风险承担严格责任并不一定会促使其对增强产品安全性能的研究增加投入。因为无论风险是否已经被发现，都会使制造人因此风险而承担责任，那么追求效益最大化的制造人可能会选择花费更少的解决方式。⑥至于诉讼经济方面的理由，因为生产者不是其产品的保险人，所以不应面临一种绝对的责任⑦，因此避免进行知识方面的探询在诉讼程序上所获得的好处并不能使制造人对于他们没有可能预见到的危险承担责任得到正当性的证明。⑧

2. 确立"开发风险抗辩"的代表判例

虽然美国各州之间对于开发风险抗辩的确立与否存在分歧，但美国大多数州已经倾向于接受开发风险抗辩，其中包括推行绝对严格的产品责任的新泽西州以及最早适用严格产品责任原则的加利福尼亚州。

(1) Feldman v. Lederle Laboratories

新泽西州的最高法院曾经是推行绝对严格的产品责任的先锋。在本书第三章提到的 Beshada v. Johns-Manville Products Corp. 一案中，新泽西州的

---

① Jack Berman, "Beshada v. Johns-Manville Products Corp.: The Function of State of the Art Evidence in Strict Products Liability", 10 *Am. J. L. and Med.* 93, 108, 1984.
② Brody v. Overlook Hosp., 121 N. J. Super. 299, 296 A. 2d 668 (1972).
③ Cunningham v. MacNeal Memorial Hospital, 47 Ill. 2d at 453, 266 N. E. 2d at 902. (1972).
④ Beshada v. Johns-Manville Prods. Corp., 90 NJ. 191, 197, 447 A. 2d 539, 548 (1982).
⑤ John W. Wade, "Strict Tort Liability for Manufacturers", 19 *Sw. L. J.* 5, 55, 1965.
⑥ Contra Henderson, "Product Liability and the Passage of Time: The Imprisonment of Corporate Rationality", 58 *N.Y.U. L. Rev.* 765, 768, 1983.
⑦ Anderson v. Owens-Corning Fiberglas Corp., 53 Cal. 3d at 993, 810 P. 2d at 552, 281 Cal. Rptr. at 531；冉克平：《产品责任理论与判例研究》，北京大学出版社 2014 年版，第 291 页。
⑧ Caterpillar Tractor Co. v. Beck, 593 P. 2d 871, 879 (Alaska 1979).

最高法院判决生产者对没有警告一个不能知道的危险承担责任①,但是仅仅两年之后,在 Feldman v. Lederle Laboratories 一案中,新泽西州的最高法院便放弃了它对严格产品责任的忠诚,判决生产者对没有警告在生产时无法合理知悉的危险免于承担责任。在该案中,原告主张被告没有对服用被告生产的一种药品会导致牙齿脱色进行警告,因此被告应当承担严格责任;而被告抗辩,根据产品生产时的科学技术水平该药品导致牙齿脱色的副作用是不可能被知道的。审理该案的法官认为,让生产者对他们不可能知道的危险承担责任是不适当的,当案件中发生事故的产品包含不能知道的危险时,严格责任不予适用。换句话说,只有在产品中的风险可以预见而生产者没有采取充分适当的方式进行警告的情况下,生产者才会被课以责任②。

(2) Brown v. Superior Court

加利福尼亚州是严格产品责任原则的诞生地。③ 该州对于严格产品责任原则的动摇首先发生在 Brown v. Superior Court④ 一案中。在该案中,被告制造的防止孕妇怀孕期间流产的药品(DES)导致了原告的损害结果,被告抗辩此种副作用乃属不可避免之危险,原告仍以被告产品未经检验合格安全就贸然上市为由,请求被告承担严格产品责任之损害赔偿。加利福尼亚州最高法院认为,药品和其他促进人类生活便利的商业产品不同,其功能主要在于医疗救人,同时其副作用危险基于生化科技发展有限仍无法避免。所以从公共利益之角度而言,实无法全面禁止具有危险副作用之药品的上市。如果对含有不可避免的危险的药品课以严格责任,会使厂商因害怕高额保险费以及长期诉讼,而不敢使其新药流入市场,与拯救人类生命之公共政策宗旨相违背。所以,法律上仅要求药商对已知或依科技水准应知范围内之药品危险性提出警告标示,而不要求其对无预见可能之副作用的损害结果承担损害赔偿责任。⑤

(3) Anderson v. Owens-Corning Fiberglas Corp.

Brown 案件判决三年后,加利福尼亚州最高法院将该案件的判决意见延伸适用于所有的产品。在 Anderson v. Owens-Corning Fiberglas Corp. 一案中⑥,原告长期搬运被告工厂的产品,而该工厂的产品中含有石棉,原告主张其长期暴露于充满石棉的工作环境中造成了身体上的损害,要求被告工厂对其损害负责。被告抗辩,在当时的环境下,其根本无从得知可能会对原告造成损害,故其无从为任何警告。因此,本案的争议焦点为,根据当时的科学、

---

① 447 A. 2d 539 (N. J. 1982).
② 479 A. 2d 374 (N. J. 1984).
③ Greenman v. Yuba Power Prods., Inc., 377 P. 2d 897 (Cal. 1963).
④ 751 P. 2d 470 (Cal. 1988).
⑤ 潘维大编著:《英美侵权行为法案例解析》,高等教育出版社 2005 年版,第 363—367 页。
⑥ 810 P. 2d 549, 556-57 (Cal. 1991).

知识以及技术,被告根本不可能知道其所制造的产品可能会发生危险,其可否免除责任?加利福尼亚州最高法院认为,对于被告而言,若不论是否知道产品中的危险都要对该危险所致损害负责,则如同将被告当作产品的保险人而要求其负绝对责任。怠于警告中的警告属于一种通知,不可能要求制造人通知消费者或者用户其自己不知道的事情。因此,在认定被告是否具有怠于警告的行为时,必须以被告对于警告的内容知道或者应当知道为前提,如果被告对其中的危险并不知悉,则被告对该危险引起的损害不应承担责任。否则,生产者可能会因为技术水平或者科学知识上的重要进步对他们责任的增加而没有开发新产品或者改进产品的动力①。

3. 开发风险抗辩在美国得到普遍确立的标志

根据上文提到的开发风险抗辩的定义,如果产品投入流通时的科学技术水平不能发现缺陷的存在,即使其后由于科学技术的进一步发展而认识到产品存在缺陷,生产者也不对该已投入流通的产品的损害承担产品责任法上的赔偿责任。这就意味着,在接受开发风险抗辩的情况下,生产者仅仅对产品投入流通时知道或者应当知道的产品缺陷承担责任,而对于"是否知道"或者"是否应当知道"的判断,则以产品投入流通时的科学技术水平为准。这样,伴随着开发风险抗辩的确立,生产者承担责任的风险之范围被限定于"可以预见的风险"。美国《侵权法第三次重述:产品责任》非常明确地表现出对于开发风险抗辩的接受,这体现在其中对于设计缺陷和警示缺陷的界定——"当产品之可预见的损害风险,能够通过更为合理的产品设计加以减少或者避免,而没有进行这样的合理设计使得产品不具有合理的安全性能,该产品存在设计缺陷;当产品之可预见的损害风险能够通过提供合理的使用说明或者警示而加以减少或者避免,而没有提供这样的使用说明或者警示使得产品不具有合理的安全性能,该产品存在警示缺陷。"②由于美国《侵权法第三次重述:产品责任》是在对《侵权法第二次重述》第402A条之后的30余年来数以千计的产品责任判例进行全面、深入考察的基础上对产品责任法领域的主流见解所进行的归纳和原理分析③,因此该重述中对于设计缺陷和警示缺陷的界定可以表明开发风险抗辩在美国的产品责任法中已经具有普遍的意义。

(二) 开发风险抗辩在欧洲及日本的确立

1.《欧洲共同体产品责任指令》中的开发风险抗辩

美国法律研究院院长杰弗瑞·哈扎德(Geoffrey C. Hazard)认为美国产

---

① 潘维大编著:《英美侵权行为法案例解析》,高等教育出版社2005年版,第363—367页。
② 美国法律研究院通过并颁布:《侵权法重述第三版:产品责任》,肖永平、龚乐凡、汪雪飞译,肖永平审校,法律出版社2006年版,第15—16页。
③ 同上书,引言第1页,丛书主编序第3页。

品责任法规则在美国《侵权法第二次重述》第402A条之后的发展轨迹类似一头脱缰小牛的迂回曲折、有时错失方向的奔跑路线。① 为了避免重蹈美国的覆辙,欧洲在采纳严格产品责任原则的同时,接受生产者提出的开发风险抗辩,这体现于《欧洲共同体产品责任指令》第7(e)条的规定:如果生产者证明,根据产品投入流通时的科学技术水平,并不能发现产品中存在的缺陷,生产者对于该缺陷产品造成的损害免于责任的承担。② 由于开发风险抗辩的确立意味着遭受"反应停"之类灾难的受害人将无从获得损害赔偿,而拒绝生产者的开发风险抗辩又可能会阻碍和打击生产者的技术革新,因此有关开发风险抗辩的问题深受欧洲共同体各国的广泛关注。鉴于此,《欧洲共同体产品责任指令》虽然确立了开发风险抗辩,但允许各成员国对接受与否进行选择。该指令第15(1)(b)条规定,各成员国在其国内法中对于本指令第7(e)条之规定可以坚持,也可以作出相反的规定,即即使生产者证明依其将该产品投入流通时的科学技术水准,不能发现缺陷之存在,仍需承担产品的缺陷致损责任。③

2. 英国立法例

英国对《欧洲共同体产品责任指令》中有关开发风险抗辩的规定采取了接受的态度④——1987年《消费者保护法》第4(1)(e)条中以下列方式规定了开发风险的抗辩:对于诉争的产品,如果当时生产同类产品的其他生产者根据当时的科学和技术知识也不能发现处于其控制之下的产品中的缺陷,则诉争产品的生产商可以免责。⑤ 事实上,在《欧洲共同体产品责任指令》颁布之前的最后磋商阶段,撒切尔首相领导下的保守党政府强烈呼吁接受开发风险抗辩从而使生产者的利益得到适当的考虑,并且表示,只有当指令中包含了开发风险抗辩,才会对指令的内容进行签署。因此,英国1987年的《消费者保护法》包含开发风险抗辩已在意料之中。⑥

虽然英国政府的大力支持使开发风险抗辩最终在《消费者保护法》中得到确立,但是围绕该抗辩的接受与否在英国也同样存在对立的观点,一方面是来自生产者团体的大力支持,另一方面是来自消费者团体的强烈反对。⑦

---

① 美国法律研究院通过并颁布:《侵权法重述第三版:产品责任》,肖永平、龚乐凡、汪雪飞译,肖永平审校,法律出版社2006年版,前言第2—3页。
② 《欧洲共同体产品责任指令》第7(e)条,参见 London Economics, Jörg Finsinger & Jürgen Simon, *The Harmonization of Product Liability Laws in Britain and Germany*, Anglo-German Foundation for the Study of Industrial Society, 1992, p. 71。
③ EEC Council Directive of 25 July 1985, Article 7(e), Article 15-1(b).
④ Alastair Mullis & Ken Oliphant, *Torts*, Law Press. China, 2003, p. 178.
⑤ Stanley Crossick, "The UK Digs in Over Product Liability", 138 *New Law Journal* 223, 1988.
⑥ C. J. Miller & R. S. Goldberg, *Product Lialibity*, Oxford University Press, 2004, p. 490.
⑦ Ibid., p. 492.

值得一提的是,在规定了开发风险抗辩的《消费者保护法》颁布之后,有关开发风险抗辩的争论仍未停止,而这时的争论主要是围绕《消费者保护法》中关于开发风险抗辩的措辞是否与指令的规定相一致展开的。如前所述,英国《消费者保护法》中对于开发风险抗辩的规定采用了如下措辞:对于诉争的产品,如果当时生产同类产品的其他生产者根据当时的科学和技术知识也不能发现处于其控制之下的产品中的缺陷,则诉争产品的生产者可以免责。《欧洲共同体产品责任指令》中的规定为:如果生产者可以证明,依生产者将该产品投入流通时的科学技术水准,不能发现缺陷之存在,生产者将不承担产品的缺陷致损责任。两相比较可以发现:英国《消费者保护法》中的规定所追问的是,对一个具体的生产者的合理期待是什么,而《欧洲共同体产品责任指令》中的规定所追问的是特定时期的科学技术水准;前者采用的是主观的措辞,后者采用的是客观的表达。这就使得英国的规定比指令中的规定对生产者更加宽松和慷慨。① 因为,对于生产者来说,证明没有同类产品的生产者能够发现该缺陷非常容易,而证明根据科学与技术的水平不能够发现该缺陷相对要困难很多。② 因此,英国的消费者协会向欧洲共同体提出意见,认为英国《消费者保护法》中关于开发风险抗辩的措辞没有适当而又准确地实施指令的规定,对生产者提供了更多的保护,这样可能使指令中所规定的缺陷产品的严格责任原则受到严重侵蚀。③ 为此,欧洲共同体委员会因英国没有履行正确实施指令的义务向欧洲法院④申请仲裁。欧洲法院的首席检察官认为,英国《消费者保护法》中对于开发风险抗辩的规定与《欧洲共同体产品责任指令》中的规定并不存在不可调和的冲突,欧洲法院对于成员国的国内法进行评价时应当根据成员国的法院对于相关法律作出的解释,但是欧洲共同体委员会在对英国提起仲裁之前,英国法院尚未对上述规则予以适用,因此,欧洲共同体委员会并不能证明英国没有履行正确实施指令的义务。最终,欧洲法院采纳了首席检察官的意见,驳回了欧洲共同体委员会的仲裁申请,并命令其承担全部的仲裁费用。⑤ 这样,英国《消费者保护法》中开发风险抗辩之规定的效力得以维持。

---

① Alastair Mullis & Ken Oliphant, *Torts*, Law Press. China, 2003, p. 178.
② Stanley Crossick, "The UK Digs in Over Product Liability", 138 *New Law Journal* 223, 1988.
③ Ibid.
④ 欧洲法院(European Court of Justice)是欧洲一体化的司法保障机构,其管辖的案件为:(1) 欧盟成员国之间、欧盟各机构之间、成员国与欧盟各机构之间基于基础条约和派生立法发生的争议;(2) 对初审法院的判决进行司法审查。如果欧洲法院认为初审法院的判决严重威胁欧共体法的统一,可以重新审查初审法院的判决。参见王传丽:《欧洲法院的司法独立性对欧洲一体化进程的贡献》,载《当代法学》2008 年第 2 期。
⑤ C. J. Miller & R. S. Goldberg, *Product Lialibity*, Oxford University Press, 2004, pp. 499-505.

3. 德国立法例

同属于欧洲共同体成员国的德国,在对《欧洲共同体产品责任指令》给予成员国对开发风险抗辩的坚持或取消进行选择时,选择了坚持。① 根据1990年德国《产品责任法》第2条第5项之规定,考虑到生产者将产品投入流通领域时的科学技术发展水平尚不能使产品中的缺陷被发现,生产者的损害赔偿责任可以免除。② 德国认可开发风险抗辩的目的在于鼓励产品制造商努力开发新产品,鼓励科技创新,以满足社会和公众的需要。支持开发风险抗辩的人认为,产品是根据当时的技术水平而生产的,只是后来获得的信息表明该产品具有潜在的伤害性后果,如果以后来发展了的科学技术来衡量和确定以前所生产的产品中的瑕疵,并且让生产者对瑕疵引起的伤害性后果承担责任,则违反了产品应当依据制造时的科技水平来衡量的普遍规则,背离了人们认识事物的普遍规律③,而且也可能会阻碍技术的进步。另外,让生产者对开发风险严格地承担责任也将会与严格产品责任的基本原理背道而驰,因为对生产者课以严格责任的一个基本理由是,生产者具有发现和避免缺陷的能力,而在出现开发风险的情况下,生产者是不可能具有发现缺陷和避免缺陷的能力的。④

确立开发风险抗辩将会导致的必然结果是不可预见的产品风险由受害人来承担,德国为了缓解这种抗辩的后果,对生产者施加售后的跟踪观察义务⑤,即生产者将新产品投放市场后,对新产品应当尽到详尽的跟踪观察义务,对于用户的反映和提出的问题要进行研究,并且提出改进的方法;如果存在损害的可能性,应当向用户作出安全使用的说明或者发出警告,并且在必要时对瑕疵产品予以召回。生产商如果没有履行上述义务,致使新产品的隐蔽缺陷造成了损害,就应当承担违反跟踪观察缺陷义务的责任。跟踪观察缺陷的主张可以使受害人对抗生产者提出的开发风险抗辩,从而使消费者得到更为周到的保护。另外,由于"反应停"药物丑闻⑥给德国带来的深重灾难,德国于1976年制定的《药品法》中规定了药品生产者在开发风险案件中的责任⑦,旨在为"反应停"之类灾难的受害人提供救济。因此,在德国药品生产者不得主张开发风险抗辩,或者说,开发风险抗辩的适用范围不包含药品。

---

① B. S. Markesinis, *A Comparative Introduction to the German Law of Torts*, Clarendon Press, 1987, p. 553.
② Ibid., p. 542.
③ 谭玲主编:《质量侵权责任研究》,中国检察出版社2003年版,第78页。
④ B. S. Markesinis, *A Comparative Introduction to the German Law of Torts*, Clarendon Press, 1987, p. 553.
⑤ Geraint Howells, *Comparative Product Liability*, Dartmouth, 1993, p. 134.
⑥ 参见本书第一章第一节。
⑦ Duncan Fairgrieve, *Product Liability in Comparative Perspective*, Cambridge University Press, 2005, p. 165.

4. 法国立法例

有关开发风险的问题在法国曾经引起非常热烈的讨论①,使得法国一直迟迟未将《欧洲共同体产品责任指令》转化为国内法。支持开发风险抗辩的人的理由主要集中在该抗辩对法国企业所产生的影响,他们担心:拒绝开发风险抗辩可能会阻碍技术进步,提高保险的成本,并且使法国企业与那些可以享有开发风险抗辩利益的外国企业相比处于劣势。反对开发风险抗辩的人认为:接受开发风险抗辩将会导致消费者利益保护程度的降低,而先前对民法典所进行的司法解释已经为消费者利益提供了尽可能周全的保护;这还会导致提供污染血液的人对接受输血的人免于责任的承担。②

即便对开发风险抗辩的接纳存有不同意见,作为欧洲共同体的成员国,法国仍然必须在将《欧洲共同体产品责任指令》转化为国内法的过程中对上述问题作出抉择。最终法国根据国内所进行的争论选择了折中或者说妥协的解决办法③:根据《法国民法典》第四编(二)"有缺陷的产品引起的责任"第1386-11条第4项之规定,原则上,产品生产者如果能够证明其产品投入流通之时依据的科学与技术知识并不能够发现缺陷的存在,产品的生产者对于产品缺陷造成的损害免于承担责任④;但依据该法第1386-12条第1项的规定,如果损害是由人体产品特别是血液和血液产品所造成,生产者不得主张第1386-11条第4项的免除责任之规定。这反映出法国的"血液污染事件"⑤对法国曾经造成的严重创伤。

5. 日本立法例

日本产品责任中的开发风险抗辩⑥规定于1995年7月1日公布的《制造物责任法》⑦。该法第4条第1项规定,如果生产者等证明,根据在产品投入流通领域时的科学知识和技术知识水准尚无法认识产品存在缺陷,可以免除产品缺陷致损的赔偿责任。在该法颁布之前,日本对于开发风险抗辩的采纳与否同样存在着两种截然对立的观点。支持确立这一责任免除规定的政策上的理由为:如果生产者需要承担无法发现的缺陷所导致的未预料到的成本,则研究、发展与技术进步都将受到阻碍,并且消费者也可能会失去享受这

---

① 张民安:《现代法国侵权责任制度研究》,法律出版社2003年版,第212页。
② Simon Whittaker, *Liability for Products: English Law, French Law, and European Harmonization*, Oxford University Press, 2005, p. 458.
③ Ibid.
④ 《法国民法典》(下册),罗结珍译,法律出版社2005年版,第1117页。
⑤ 参见本书第一章第一节。
⑥ Mark A. Behrens & Daniel H. Raddock, "Japan's New Product Liability Law: The Citadel of Strict Liability Falls, But Access to Recovery Is Limited by Formidable Barriers", 16 U. Pa. J. Int'l Bus. L. 669, 670, 1995.
⑦ 《日本制造物责任法》,梁慧星译,载《外国法译评》1994年第4期。

些进步所带来的益处的机会。① 反对开发风险抗辩的观点认为,开发风险抗辩为生产者提供了一种保护膜,使其不受严格责任的影响,同时该抗辩可以有效地将产品责任法中的任何严格意义去掉,而回归一种过失标准,使产品责任法披着严格责任的外衣而转型为过失责任②;而且,承认开发风险的抗辩将会减缓受害人获得救济的过程,远不如放弃该抗辩使生产者在购买责任保险的基础上对消费者承担严格责任,可以更为迅速地对受害人提供援助③。上述争论的结果是企业界关于不要妨害新产品的开发和技术的革新的主张最终占了上风,开发风险抗辩得以规定在《制造物责任法》中④,这在很大程度上反映了日本对国家经济的关注⑤。

二、确立开发风险抗辩的合理性分析

通过以上比较法上的考察可以发现,各国围绕开发风险抗辩的采纳与否进行的争论主要集中于开发风险抗辩的接受或拒绝对生产者和消费者可能产生的影响与后果。毕竟,产品责任作为现代经济社会中的一种抑制性机制,既可能消除由于过度追逐财富和利润出现的某些消极因素,也可能伤害和打击生产者的投资热情与技术开发的创造性,而这些都是经济生活中极为宝贵的积极因素。因此,任何一个国家在制定有关产品责任的法律规则时,都不能不在重视保护消费者的同时,充分考虑产品责任对企业生存、技术进步,乃至对一国的经济发展可能产生的影响。⑥ 但本书认为,除了以上的考虑之外,开发风险抗辩的确立具有客观意义上的合理性。

(一)符合认知规律

拒绝生产者主张的开发风险抗辩,意味着生产者即便根据产品投入流通时的科学技术水平不能发现产品中存在的缺陷,也不能免于承担缺陷产品造成的责任。那么,在涉及警示缺陷的情况下拒绝生产者提出的开发风险抗辩,则意味着生产者要对没有警告产品中无法预知的风险承担责任。这样的一种制度安排从消费者的角度来看是一种奢望,从生产者的角度来看则是一种苛求。很显然,在产品存在警示缺陷的情况下,如果生产者在提供警示之

---

① Glenn Theodore Melchinger, "Recent Developments: For the Collective Benefit: Why Japan's New Strict Product Liability Law Is 'Strictly Business'", 19 *Hawaii L. Rev.* 879, 923, 1997.
② Ibid.
③ Ibid., p. 924.
④ 于敏:《日本侵权行为法》(第 2 版),法律出版社 2006 年版,第 346 页。
⑤ Glenn Theodore Melchinger, "Recent Developments: For the Collective Benefit: Why Japan's New Strict Product Liability Law Is 'Strictly Business'", 19 *Hawaii L. Rev.* 879, 924, 1997.
⑥ 李蔚:《论产品的发展风险责任及其抗辩》,载《法学评论》1998 年第 6 期。

时没有设想出该产品会造成损害的根据,那就不应该要求他进行告知。对于尚未被发觉的危险,又如何能告知他人呢?① 事实上,要求生产者对尚未被发觉的风险承担责任就相当于要求生产者对未知的事物进行告知,这是与人类对事物的认知规律是相违背的。

认知规律表明,人的思想总是对应着客观物质世界中的某种存在;反过来说,客观环境中的某种存在是人的思想的产生根源。客观世界中不具有的存在,不可能在人的大脑中形成对应的思想,因此说人的思想具有客观性。人的思想又会支配人的行为,一个人在某种环境中形成某种思想后,就会表现出相应的语言和行为。这种表现就是形成他的思想的那个环境的反映。具体到生产者提供产品警示来说,其只能对自己所知道的事物或所了解的事物进行介绍、评论或者说明,而不可能对没有存在于其头脑中的事物给出任何有意义的说法。生产者即便为了避免日后引起诉讼争端勉强为之,也只能提供一些无谓的评论或者虚幻的说明,例如他们只能告知该产品可能会有未知的危险②,但这样的告知并没有为产品的消费者或用户提供任何有意义的增强安全的信息,相反,可能会导致产品本身成为令人畏惧的神秘之物而无法在市场上销售。同样的道理也适用于设计缺陷,既然对生产者因没有警示不能知道的危险施加严格责任而拒绝开发风险抗辩,意味着要求生产者对未知的危险提供警示,与人类的认知规律相违背,那么对生产者因产品设计中包含未知的风险施加严格责任而拒绝生产者提出的开发风险抗辩,则意味着要求生产者针对不能知道的危险进行产品设计③,这同样违背人类对事物的认知规律,对于生产者来说有失公平。因此,确立开发风险抗辩与人类的认知规律相符合。

(二)利益平等保护

理想的产品设计,不仅应当使产品安全地发挥既定的性能,而且应当使产品呈现合理的价格,这样才能使产品不仅可以满足消费者的需要,而且可以为生产者的投资人带来利润。因此,生产者在进行设计决策时,需要考虑三方主体的不同利益,一是潜在的产品事故受害人的人身财产的安全;二是产品的大众消费群体所需要的产品性能以及能够承受的产品价格;三是生产者的投资人所期待的投资回报。在这里,根据平等原则,三种不同利益中的任何一种利益都不具有要求优先保护的权利,因此生产者应当对潜在的事故受害人、大众消费群体以及投资人各自的利益给予平等的尊重和保护。

---

① 〔美〕迈克尔·D. 贝勒斯:《法律的原则———一个规范的分析》,张文显等译,中国大百科全书出版社 1996 年版,第 288 页。

② 同上。

③ Aaron D. Twerski, "Chasing the Illusory Pot of Gold at the End of the Rainbow: Negligence and Strict Liability in Design Defect Litigation", 90 *Marq. L. Rev.* 7, 17, Fall, 2006.

在产品存在设计缺陷的场合,产品的设计缺陷造成了产品消费者或者用户的人身伤害或者财产损害可以构成生产者对其承担赔偿责任的充分理由,而对于生产者根据产品投入流通时的科学技术水平是否知道或者是否应当知道产品设计中存在伤害的风险在所不问,这就意味着追求产品的绝对安全,将产品事故受害人的安全利益凌驾于产品设计过程中并存的其他利益之上,以致其他利益受到贬损。但事实上,在设计上增加产品的安全系数,往往会伴随着产品价格的增加或者产品效用的减少,而无论是价格的增加还是效用的减少,都会使大众消费群体对于产品价格与效用的期待受到影响。同时,增加了的价格或者减少了的效用会在一定程度上带来产品销量的减少,使投资人的利润回报受到侵害。因此,追求产品的绝对安全,对产品存在设计缺陷的生产者施加严格责任而拒绝开发风险抗辩违背了利益平等保护的要求。相反,在设计缺陷的案件中,如果生产者在进行产品设计时已经运用了当时可以获得的最为先进的科学技术知识,则说明生产者对潜在受害人的安全利益给予了适当合理的照顾和保护,产品中即便仍然存在不能发现和不能预见的伤害风险,该风险也是科学技术发展程度的结果,产品仍然有理由被认为具有合理的安全,产品在拥有合理安全的基础上所具有的性能与价格对于消费大众对产品所持有的期待以及投资人盼望的利润回报均提供了可靠有力的基础和支撑,从而可以满足利益平等保护的要求。

(三)追求社会效用

上文已经谈到,在产品存在设计缺陷的场合对生产者适用严格责任而拒绝开发风险抗辩意味着追求产品的绝对安全,从社会效用的角度来说,社会并不一定可以从绝对安全的产品中受益。例如,汽车可以设计速度为20英里每小时(32.19千米每小时),这固然可以大大降低发生交通事故的可能性和频率,但是社会也不得不承担低速行驶带来的生产效率的降低。再如,汽车还可以设计得像坦克一样来增加其安全性能,但是过于庞大的体积不仅会使汽车的用户为找到合适的停车场而不得不花费额外的时间、里程和费用,市政部门也会因此进行道路的重新修建和调整;而且,增加了安全性能的汽车会以较高的价格出售,这会剥夺社会中一定比例的人对于汽车的拥有和使用。还比如,电动爆米机安装的自动恒温装置会在温度过高时切断电源,这便会增加爆米机的安全性。然而,如果此恒温装置有缺陷,则爆米机会在正常运转情况下被切断电源而不能使用。同样,电动剪草机后面的用以防止损伤腿脚的橡胶保护垫会使机器在灌木丛中剪草时不易回拉。人们未必会希望或期待彻底安全的产品设计,他们会明智地用安全去换取效益或产品的耐用性。一种完全的严格责任标准会阻止这种合理的利益权衡。①所以,过于强调产品的安全,对产品的设计缺陷施加绝对严格的责任,从社会效用的角度来看,并不具有令人信服的理由。

三、开发风险抗辩对严格产品责任原则的排斥

(一)开发风险抗辩在责任标准上对严格产品责任原则的排斥

由于在设计缺陷和警示缺陷案件中适用绝对的严格产品责任原则不仅与人类的认知规律相违背,而且是不当地追求产品绝对安全的表现,这不仅影响产品设计过程中所涉多方利益主体的平等保护,也会影响产品的社会效用,因此在客观上具有确立开发风险抗辩的合理性。由于接受开发风险抗辩意味着在设计缺陷和警示缺陷案件中,生产者证明根据产品流通时的科学技术水平不能发现产品中具有造成伤害或损害的风险之后,可以免于责任的承担,因此如果被告提出开发风险抗辩,则必然要对生产者对于风险的预见是否可能进行判断,而这样的操作方法与判断被告是否存在过失别无二致。

对于过失的理解,曾世雄先生认为,"着眼其实质内涵时,过失可以解释为,能预见损害之发生、能避免损害之发生、未避免损害之发生",唯认定能否预见发生及能否避免发生之标准,系采客观标准,即在同一事件下以正常人的情况为基础抽象推断能否预见发生以及能否避免发生。② 邱聪智先生也认为,过失的明确内容包括对损害发生之预见可能性及回避可能性。③ 王利明先生在谈到对于过错的判断时,也是从是否违反结果预见和结果避免的注意义务两方面进行考虑的。④ 以上三位学者对于过失内涵的总结基本相同,即过失就是对应当预见、可以预见、可以避免的损害没有预见、没有避免。

明确了过失的内涵,再回到被告提出开发风险抗辩的案件中来。如果证据表明,生产者根据产品投入流通时的科学技术水平不能预见产品中存在造成伤害或损害的风险,根据开发风险抗辩的定义,生产者免于责任的承担自不待言;如果证据表明,生产者根据产品投入流通时的科学技术水平本来可以预见产品中存在造成伤害或损害的风险却没有预见,那么生产者将面临赔偿责任的承担。在这里,生产者责任的承担与否取决于生产者对于损害结果的能否预见或者说生产者是否存在过失,因此可以说,在设计缺陷与警

---

① 〔美〕迈克尔·D. 贝勒斯:《法律的原则——一个规范的分析》,张文显等译,中国大百科全书出版社 1996 年版,第 288 页。
② 曾世雄:《损害赔偿法原理》,中国政法大学出版社 2001 年版,第 81 页。
③ 邱聪智:《从侵权行为归责原理之变动论危险责任之构成》,中国人民大学出版社 2006 年版,第 49 页。
④ 王利明:《侵权行为法研究》(上卷),中国人民大学出版社 2004 年版,第 231 页;王利明:《侵权责任法》(第 2 版),中国人民大学出版社 2021 年版,第 70—72 页。

示缺陷案件中，在被告生产者提出开发风险抗辩的情况下，生产者承担过失责任。

开发风险抗辩对严格责任原则在设计、警示缺陷案件中适用范围的影响，不仅仅体现在生产者提出该抗辩时对生产者责任的判断适用过失责任原则。事实上，由于开发风险抗辩的确立，在设计、警示缺陷案件中，即便在生产者不提出开发风险抗辩的情况下，生产者在该两类缺陷案件中的责任标准也早已被涂上过失的色彩。根据开发风险抗辩的定义，如果生产者证明根据产品投入流通时的科学技术水平不能发现产品中存在的缺陷，则生产者对于缺陷产品肇致的损害免于责任的承担，这意味着，在设计缺陷、警示缺陷案件中，生产者承担责任的风险之范围限定于"可以预见的风险"；然而，严格产品责任原则在产品责任领域的适用、被告对于风险的预见性的问题是无须考虑的因素，因此如果一方面将严格责任原则适用于设计、警示缺陷案件，而另一方面又将生产者的责任限定于"可以预见的风险"，则难免会造成法律适用上的困惑与混乱。

（二）开发风险抗辩在诉讼程序上对严格产品责任原则的排斥

开发风险抗辩的确立，意味着当生产者证明其在生产时对产品中存在的危险既无预见可能亦无回避可能时，生产者就不必对产品造成的损害承担赔偿责任。换言之，如果生产者证明自己在产品的生产中没有过失，则不必对产品造成的损害承担赔偿责任。这样一来，如果一方面适用严格产品责任原则，另一方面又确立开发风险抗辩，那么在被告主张开发风险抗辩的产品责任诉讼中，将会发生以下情形：一方面，原告依据严格产品责任原则请求损害赔偿并不需要对被告的过失进行证明；另一方面，被告依据开发风险抗辩如果能够证明自己没有过失，则可以免于损害赔偿责任的承担。这样的一种诉讼机制，与过错推定原则的运行机制呈现令人难以置信的相似。因此，严格产品责任原则与开发风险抗辩的同时运用会导致严格产品责任原则转化为过错推定原则适用的结果。也正是在这个意义上说，开发风险抗辩与严格产品责任原则是不兼容的，开发风险抗辩打破了严格产品责任原则"严格性"的堡垒。

第三节 关于严格产品责任原则普适性的探讨

随着产品责任诉讼的积累和发展带来的产品缺陷类型的划分，越来越多的法官在案件审理过程中逐渐发现针对制造缺陷引起的责任而制定的美国《侵权法第二次重述》第402A条无法妥当地适用于设计缺陷或者警示缺陷之上①，对设计缺陷与警示缺陷的判断关注更多的是生产者行为的合理性而非产品，将严格责任原则适用于设计缺陷与警示缺陷案件，会导致归责原则的错位。

一、制造缺陷案件中严格责任原则继续适用之解释

（一）开发风险抗辩与制造缺陷无关

严格责任原则在产品责任领域的地位发生震荡，最初是源于开发风险抗辩的确立。那么，在产品存在制造缺陷的情况下，生产者能否主张开发风险抗辩呢？

将制造缺陷定义为"对于既定设计的背离"至少已经得到美国、德国以及英国法官的认同。因此，判断一件产品是否存在制造缺陷，只需将该产品与生产者既定的产品设计与规格进行对照即可发现，或者将该产品与生产者生产的同一批次的未发生故障的其他产品相比较也可进行判明，因为同一批次的未发生故障的其他产品可以作为生产者既定的产品设计与规格的象征。那么，由于生产者所提供的产品的既定设计与规格本身是对生产者进行生产时所运用的科学技术的反映，因此在发生产品背离既定设计与规格或者说产品存在制造缺陷的情况下，必然意味着产品尚未达到生产者进行生产时所运用的科学技术水准，而不会存在生产者主张根据产品生产时的科学技术水平尚不能发现或预见该缺陷的可能。从这个意义上说，在产品存在制造缺陷的情况下，生产者无从主张开发风险抗辩。换言之，在制造缺陷案件中，开发风险不在生产者主张免责的抗辩事由之列。这样一来，我们或许可以安全地得出这样一个结论，即开发风险抗辩与制造缺陷无关。

（二）规则产生初衷之实现

严格产品责任原则的产生，很重要的一个初衷在于帮助原告免除在过失侵权之诉中对于被告生产者过错的证明负担。这一点，本书在讨论严格产品责任原则产生的制度基础时已有充分说明，在这里仅做简要回顾。在过失责任之下，受到缺陷产品伤害或损害的消费者或用户向缺陷产品的生产者请求赔偿，需要证明生产者在产品生产过程中存在过失；但在现代大工业生产条件下，产品的生产过程始终控制在生产者手中②，这常使那些受制于经济实

---

① 美国法律研究院通过并颁布：《侵权法重述第三版：产品责任》，肖永平、龚乐凡、汪雪飞译，肖永平审校，法律出版社2006年版，第3页；Richard C. Ausness, "Sailing Under False Colors: The Continuing Presence of Negligence Principles in 'Strict' Products Liability Law", 43 *Dayton L. Rev.* 265, 2018。

② 潘维大编著：《英美侵权行为法案例解析》，高等教育出版社2005年版，第354页。

力、知识水平、信息获取能力等条件的原告无法或者很难调查和取证①。而原告如果不能对生产者的过失进行证明,即便已经因缺陷产品的使用受到伤害或者损害,也将无法请求损害赔偿。这正如民事诉讼经验带来的启示,"举证责任所在,败诉之因潜存"。② 在产品责任领域适用过失责任原则使因缺陷产品受到伤害或损害的消费者或用户在请求赔偿时面临举证困难与障碍有违公平正义的要求。③ 为了实现对受害人的充分补救,实现对处于弱势的消费者的保护④,对该原则进行修正或者另辟蹊径显得十分必要⑤。严格责任原则正是在这种情况下获得在产品责任法中立足并发展的契机。严格责任原则适用于产品责任领域与过失责任原则的显著不同在于,严格责任原则将产品生产者的过失从责任要件中排除出去,克服原告提起过失责任之诉所面临的举证障碍,减轻了原告的举证负担⑥。严格产品责任原则的规则设置使其可以实现规则产生的初衷,因此,在发生制造缺陷的场合,严格产品责任原则可以自然而又顺畅地得以适用。

(三) 效率追求之满足

同任何其他工具一样,法律程序被看作一种实现某一目的过程中产生的费用,经济分析方法中的效率原则要求实现法律程序的经济成本最小化。⑦ 在过失责任原则之下,原告虽然面临举证困难,但是为了成立具有初步证据的案件,不得已也要勉为其难来证明生产者于产品的设计、制造或检验过程中未尽相当注意义务,对此他们往往依赖于专家证人或专业人士来参考当时社会的科技水准等因素进行作证说明⑧,该过程不仅十分昂贵而且异常耗时,徒增交易成本。如果适用严格责任原则,则受害人请求获得赔偿时无须证明被告在生产或销售过程中存在过失,摆脱了沉重的经济、精力以及时间上的损耗与负担,也降低了审判成本。这样,严格责任原则通过简化确立责任所需要的证明要求促进了法律程序的经济成本最小化或者减少交易成本的目标。⑨ 所以说,在制造缺陷案件中适用严格责任符合效率原则的要求。

---

① 王利明:《侵权行为法研究》(上卷),中国人民大学出版社2004年版,第252页。
② 曾世雄:《损害赔偿法原理》,中国政法大学出版社2001年版,第83页。
③ 曾隆兴:《详解损害赔偿法》,中国政法大学出版社2004年版,第5页。
④ 王利明:《侵权行为法研究》(上卷),中国人民大学出版社2004年版,第252页。
⑤ 曾隆兴:《详解损害赔偿法》,中国政法大学出版社2004年版,第5页。
⑥ 李双元、蒋新苗主编:《国际产品责任法——比较分析与实证研究》,湖南科学技术出版社1999年版,第16页。
⑦ 〔美〕迈克尔·D. 贝勒斯:《法律的原则——一个规范的分析》,张文显等译,中国大百科全书出版社1996年版,第23—26页。
⑧ 刘文琦:《产品责任法律制度比较研究》,法律出版社1997年版,第26页。
⑨ James A. Henderson, Jr. & Aaron D. Twerski, *Products Liability—Problems and Process*, CITIC Publishing House, 2003, p 92.

（四）道义责任的支持

在制造缺陷的产品责任案件中适用严格责任原则也来自道义责任的支持。道义责任论主张,责任是同过错连在一起的,而过错应当受到非难或责难。① 在制造缺陷案件中,适用严格责任原则意味着原告请求损害赔偿无须证明生产者的过失,但这绝非表明生产者没有过失;相反,在发生制造缺陷的场合,生产者在以下两种意义上存在过错:(1) 制造缺陷的产生是由于制造产品的过程出现错误。该错误或者是由于制造方人员的疏忽或者是由于机械的故障,而机械故障往往系生产者没有对设备进行适当的保养或者及时的更新所致,因此认定生产者存在过失当无异议。(2) 生产者在生产过程中将产品质量监控措施限制在一定的水平或程度内,意味着生产者允许和接受一定的产品残次率或故障率,这对于生产者来说或许具有经济上的合理性,但产品的用户或消费者可能会面对存在隐蔽的制造缺陷的产品。由于生产者事先确定了产品的残次率或故障率,生产者由此可以预测产品事故的数量以及相应的事故受害人的数量。因此,在一定意义上说,产品的用户或消费者最终因使用产品受到伤害或损害是生产者故意选择的结果。有学者将生产者的上述行为与朝人群开枪射击的枪手的行为相类比。朝向人群射击的枪手,虽然并不知道谁将会受到伤害,但确切地知道人群中有人将会被击中;而且,由于枪手事先知道枪内子弹的数量,他可以估计出受害人的数量,这与生产者根据产品的故障率预测产品事故的数量以及相应的事故受害人的数量如出一辙。② 既然制造缺陷的存在是生产者出于经济合理性的考虑而将产品质量监控措施限定在一定程度或范围内,接受一定的产品残次率的必然结果,那么,可以这样说,在产品存在制造缺陷的场合,生产者对于产品用户或消费者身体健康或者财产完好的剥夺是生产者蓄意的决定或选择。因此,生产者非常明显地具有间接故意的过错。③ 生产者在以上两种意义上存在的过错构成生产者对制造缺陷承担法律责任的基础和根源。所以,准确地说,严格产品责任原则的出发点并非在于使被告在没有过错的情况下也要面临责任的承担,而是在于原告对于被告的过错无须证明。

（五）平等权利之维护

对生产者因产品的制造缺陷承担严格责任进行解释的另一个维度是对平等权利的维护。我们知道,正义是法律应该致力的最终目标,法律如果背

---

① 张文显:《二十世纪西方法哲学思潮研究》,法律出版社 2006 年版,第 394 页。
② James A. Henderson, Jr. & Aaron D. Twerski, *Products Liability—Problems and Process*, CITIC Publishing House, 2003, p. 92.
③ 〔美〕文森特·R. 约翰逊:《美国侵权法》,赵秀文等译,中国人民大学出版社 2004 年版,第 5 页。

离了正义,不是一项矛盾就是一种讽刺。① 而正义观念的核心要素是平等,平等经常被格式化地表达为"同样情况同样对待"②。平等所指的对象可以是政治参与的权利、收入分配的制度,也可以是弱势群体的社会地位和法律地位;它的范围涉及法律待遇的平等、机会的平等和人类基本需要的平等。人的平等感的心理根源之一乃是人希望得到尊重的欲望。当那些认为自己同他人平等的人在法律上得到了不平等的待遇时,他们就会产生一种挫折感,亦即产生一种他们的人格和共同的人性遭到了侵损的感觉。因此,只要这些人和这些情形按照普遍的正义标准在事实上是相同的或者相似的,就必须得到相同的或至少是相似的待遇。③ 在产品存在制造缺陷的场合,缺陷产品的消费者对产品所支付的价格与一般消费大众所支付的价格相同,但是由于该消费者所购买的产品具有隐蔽的制造缺陷,消费者在使用产品时所遭遇的风险与结果与一般消费大众相比存在很大的差异。而平等的原则在这里要求,在消费者为相同产品支付了相同价格的基础上,各个消费者应当得到相同的待遇,即各个消费者均应当从产品正常发挥效用中获益,实现购买产品时所希冀的目标。因此,生产者应当对被缺陷产品所伤的消费者进行赔偿,以使其与一般的消费大众获得相同的尊重。④

二、设计、警示缺陷案件中严格责任排除适用之分析

开发风险抗辩在设计缺陷和警示缺陷案件中的适用,使生产者承担责任的风险之范围限定于"可以预见的风险",这为本已采纳严格责任的生产者的责任标准重新注入了过失因素,而设计缺陷与警示缺陷本身所具有的特殊性也决定了在该两类缺陷案件中生产者的责任标准从严格责任向过失责任的回归。⑤

(一) 严格责任适用必要性之缺失

严格责任原则替代过失责任原则适用于制造缺陷案件中,是法院为了对受到伤害的赔偿权利人提供援助而改变了举证责任的内容,将过失要件从证

---

① 〔英〕丹尼斯·罗伊德:《法律的理念》,张茂柏译,新星出版社2005年版,第91页。
② 〔英〕哈特:《法律的概念》,张文显等译,中国大百科全书出版社1996年版,第157页。
③ 〔美〕E. 博登海默:《法理学:法律哲学与法律方法》,邓正来译,中国政法大学出版社1999年版,第486页。
④ David G. Owen, "The Moral Foundations of Products Liability Law: Toward First Principles", 68 *Notre Dame L. Rev.* 427,474, 1993.
⑤ Richard C. Ausness, "Sailing Under False Colors: The Continuing Presence of Negligence Principles in 'Strict' Products Liability Law", 43 *Dayton L. Rev.* 265, 2018;〔美〕迈克尔·D. 格林:《产品责任:北美视角的比较法评论》,王竹、邵省译,载《北方法学》2014年第4期。

明要求中排除,使原告克服了证明过失的困难。① 然而,在设计缺陷与警示缺陷案件中,并不存在改变举证责任规则的机理,因而也没有适用严格产品责任原则的必要。

通常情况下,原告主张产品存在设计缺陷或者警示缺陷,往往会提出一个合理的替代设计或者合理的替代警示与生产者所采用的设计或者警示进行对照,从而主张其所提出的设计或警示可以更有效地减少或消除产品造成伤害的风险,而被告没有采用这样的设计或警示使产品具有不合理的危险,因此被告的产品存在设计缺陷或者警示缺陷。在这种情况下,由于被告产品所采用的设计以及警示都已经公开地展现在原告面前,并不存在原告对被告不透明的生产过程予以了解的必要,因此原告并不面临制造缺陷情形下的举证障碍与困难,故没有对原告承担的举证责任内容进行重新设计的必要。

当然,也许会有人提出,民法学说以及证据规则均旨在减少赔偿权利人的举证负担②,在设计缺陷和警示缺陷的情形下,免去原告对于过失的证明要求也未尝不可。对此,本书认为,尽管民法学说以及证据规则均旨在减少赔偿权利人的举证负担,但是举证负担的减少不可流于随意,权利人证明其主张的规则仍然是必须坚守的标尺;否则,原告在产品责任案件中依据上述原则应当证明的缺陷、损害,以及缺陷与损害之间的因果关系将统统显得多余,原告仅需向法院陈述其在使用产品中受到伤害的事实,即可获得赔偿,这必将使产品责任沦为结果责任。

另外,在设计缺陷与警示缺陷案件中,要求原告对生产者的过失进行证明,并没有为原告施加额外的证明负担。事实上,原告对于设计缺陷或警示缺陷的证明与原告对于生产者在设计或警示方面存在过失的证明是合一的,原告如果能够证明被告本可以采用更为合理的替代设计或警示以减少或避免产品造成伤害的风险而没有采用,那么,原告不仅证明了产品本身存在设计缺陷或警示缺陷,同时也证明了生产者在设计或警示方面存在过失。而原告对于产品缺陷的证明,无论归责原则确定为严格责任还是过失责任,均为原告提起产品责任之诉所必需的。所以说,在设计缺陷与警示缺陷案件中,缺乏对举证规则进行重新设计、免去原告对于被告过失的证明负担、适用严格产品责任原则的机理和必要。

(二)设计、警示缺陷与过失之判断标准的同一性

1. 设计缺陷与过失判断标准的同一性

设计缺陷是产品符合了既定设计,但对该设计本身是否存在不合理的风

---

① 林煜:《环境公益诉讼举证责任的多元化进程——基于法律规定与司法实践的梳理与反思》,载《西部法学评论》2019 年第 5 期。
② 曾世雄:《损害赔偿法原理》,中国政法大学出版社 2001 年版,第 83 页。

险提出疑问。这种情况要求在该既定设计之外寻求标准作出判断,而不能似在制造缺陷的情况下,根据该既定设计本身进行辨别,因为该设计正是原告提起诉讼的原因和目标。原告提起设计缺陷之诉,通常会主张存在一个替代设计可以使产品更加安全,被告没有采用这样的设计而使产品具有不合理的危险,因此该产品应当被认定存在设计缺陷。但存在一项替代设计并不意味着该项设计就是制造商所使用的实际设计的合理替代,替代设计的经济成本可能超过能从该设计中获得的安全效益,而且一项替代设计可能对产品的使用者和消费者课加重大的非经济性成本,它可能使一项产品失去吸引许多使用者和消费者的特点,这些因素对于判定一项设计是否构成合理的替代性设计非常关键。正是因为这样,制造商没有义务提供最为安全的设计或以安全为终极目的。① 法院在判断设计缺陷时对上述诸因素进行的考虑和衡量被称为"风险—效用权衡"的判断方法。

风险—效用权衡的方法来源于普通法上判断过失的成本—效益分析。在普通法上判断行为人的行为是否存在过失,通常需要检验一个合理的人在同样或类似的特定情况下将会采取何种行为。② 然而上述判断并非易事,法院开始依赖法官勒尼德·汉德在 United States v. Carroll Towing Co.③一案中所阐明的规则,即如果行为人本来可以用较小的成本去避免较大的事故损害,但他未能这么做,可以认定行为人存在过失;反过来,如果行为人需要用较大的成本去避免较小的事故损害,那么即使他不采取任何措施去避免损害,也不会招致责任的承担。④ 将普通法上判断过失的成本—效益分析运用于产品责任领域的结果是判断设计缺陷的风险—效用权衡方法的形成。该方法的理论基础在于,有关产品设计的安全是在一定程度上的相对安全,而非绝对安全;产品的效用与成本经常与产品的安全发生冲突,提高产品安全性能的同时通常会降低产品的效用并且增加产品的成本,每一件产品设计都是根据成本、效用以及安全来进行权衡的结果。因此,设计工程师和法律的目标应当是促进产品的效用、成本与安全的理想平衡,即实现产品安全的最优化而非绝对化。⑤

根据以上介绍的设计缺陷的判断方法可以知道,按照风险—效用的权衡方法对产品设计是否存在缺陷进行判断,与根据成本—收益的分析方法判断生产者在产品设计中是否存在过失的操作方法别无二致,其本质都是对生

---

① 美国法律研究院通过并颁布:《侵权法重述第三版:产品责任》,肖永平、龚乐凡、汪雪飞译,肖永平审校,法律出版社 2006 年版,第 127 页。
② Steven L. Emanuel, *Torts*, CITIC Publishing House, 2003, p. 93.
③ 159 F. 2d 169 (2d Cir. 1947).
④ Ibid.
⑤ David G. Owen, "Defectiveness Restated: Exploding the 'Strict' Products Liability Myth", 1996 *U. Ill. L. Rev.* 743, 754-755, 1996.

产者在产品设计中的行为是否具有合理性进行探询。正因为如此,在设计缺陷案件中,对生产者适用的责任标准为过失责任而非严格责任,但与一般的过失诉讼的不同之处在于,生产者在设计上的过失与产品的设计缺陷完全重叠,原告针对产品的设计缺陷提起诉讼,并不需要对生产者的过失和产品缺陷分别进行证明。

2. 警示缺陷的判断方法与过失认定方法的同一性

虽然法院曾经一度将美国《侵权法第二次重述》第402A条不分缺陷类型地统一适用,但在警示缺陷诉讼中对生产者应当适用哪一种归责原则,是美国各州法院持续争论的一个话题。有一些法院认为,生产者根据严格责任原则所承担的警告义务与生产者根据过失责任原则所承担的警告义务是相互独立并且可以区分的。例如,加利福尼亚州最高法院认为,在根据过失责任原则提起的警示缺陷诉讼中,由于一个具有合理谨慎的生产者或经销商将会知道该特定的危险并进行警告,法院会要求原告证明生产者或卖方没有警告一个特定的危险,而被告没有进行警告的行为低于社会认可的谨慎标准;严格责任并不关心适当谨慎的标准或者生产者行为的合理性,仅仅要求原告证明被告没有适当地警告一个特定的危险,且该危险根据生产和销售时主流的最好的科学技术知识是已知的或者可以知道的。这样,在严格责任之下,如果没有适当的警告,即使生产者完全没有过失,也将面临责任的承担。① 但大多数的法院坚持,无论是根据严格责任理论还是根据过失责任理论,对于生产者警告义务的分析在本质上是相同的,均是依据合理性的过失标准进行分析,因此在警示缺陷的案件中,执意地对所适用的归责原则进行区分并不具有多少实际意义,加利福尼亚州最高法院的上述说法仅仅是一种非常虚幻的想法和表达。②

本书同意大多数法院的观点,理由在于:一方面,严格责任的规则要求原告证明被告没有适当地警告一个特定的危险,被告是否进行了适当的警告是一个关于合理性的判断的问题,而合理性的概念植根于过失责任的法律规则之中;另一方面,被告因警示缺陷承担责任是因为没有警告的危险是根据生产和销售时业内主流的最好的科学技术知识可以预见的危险,危险的可预见性是判断被告行为合理性的前提之一,该前提同样与过失责任的法律规则不可分离。③ 因此,在警示缺陷的案件中,法院适用严格责任所进行的分析实质上是在运用合理性的过失标准进行判断,只不过是贴上了严格责任的标签而已。事实上,在警示缺陷的案件中,争议的焦点并非产品本身,而是被告的

---

① Moorman v. Am. Safety Equip., 594 So. 2d 795, 800 (Fla. Dist. Ct. App. 1992).
② William E. Westerbeke, "The Sources of Controversy in the New Restatement of Products Liability: Strict Liability Versus Products Liability", 8 *Kan. J. L. & Pub. Pol'y* 1, 8, 1998.
③ Anderson v. Owens-Corning Fiberglas Corp., 810 P. 2d 549, 558-59 (Cal. 1991).

行为,即被告提供的警示内容是否充分适当或者生产者没有提供警示的行为是否合理。严格产品责任所关注的是产品本身是否存有缺陷,而非被告的行为,所以在以警示缺陷为诉因的产品责任案件中,适用严格责任的归责原则是采用了错位的责任标准,只有适用关注被告行为是否适当或者合理的过失责任原则才能将警示缺陷的产品责任诉讼置入正确的轨道。

小　　结

一方面,了解严格产品责任原则系受制于产品责任诉讼理论与实践的发展阶段而针对制造缺陷所设定的规则,可以使该原则的历史面目得以还原。另一方面,在设计缺陷以及警示缺陷案件中,如果该缺陷为生产者根据产品投入流通时的科学技术水平尚不能预见的缺陷而生产者仍不能免于责任的承担,即无限扩张严格责任,将生产者承担责任的范围扩大至不能预见的风险则意味着要求生产者对不能知道的危险进行设计或提出警示。这从根本上违背了认知规律,也是在追求产品的绝对安全。因此,在设计缺陷与警示缺陷案件中,应当确立开发风险抗辩,即生产者对不能预见的风险免于责任的承担,而仅对可以预见的风险承担责任。对生产者风险预见可能性的考虑,使过错责任原则渗透至设计缺陷与警示缺陷案件之中,不仅在诉讼程序上导致过错推定原则的适用,而且在责任标准上带来过错责任原则的回归。

第七章　严格产品责任原则地位之重置

　　如果说开发风险抗辩在设计缺陷和警示缺陷案件中的适用为采纳严格责任原则之后的生产者的责任标准重新注入了过失因素的话,那么设计缺陷和警示缺陷两类案件自身所具有的特殊性,则进一步导致了在该两类缺陷案件中生产者的责任标准往过失责任的回归。① 在1998年的美国《侵权法第三次重述:产品责任》中,严格产品责任原则失去了昔日曾经得到的追捧和尊崇,由曾经一统天下地适用于所有的产品责任案件沦落为偏安一隅地仅与制造缺陷诉讼相伴,针对设计缺陷和警示缺陷的诉讼则回归过失责任原则掌控的阵营。② 欧洲共同体虽然注意到了美国产品责任法中发生的变化,但由于担心和顾虑该调整会对产品责任案件的诉讼带来不利的影响,仍固守将生产者的严格责任统一适用于产品责任领域的做法,同时辅以开发风险抗辩限定严格产品责任原则适用的范围。

　　可以肯定的是,在20世纪八九十年代,世界范围内对待严格产品责任原则的态度以及运用严格产品责任原则的方法在事实上已经分流:一种潮流是美国对严格产品责任原则的批评和限制,另一种做法则是欧洲共同体和日本在产品责任立法上所表现出来的对于严格责任原则的欢迎和坚持。然而中国目前仍将生产者承担严格责任的规定视为国际上一致的产品责任立法的最新潮流。③ 鉴于产品责任归责原则对于产品责任法的重要意义,对严格责任原则在中国产品责任法中的妥当安排进行思考是一项值得付出的努力。

---

① 〔奥〕海尔姆特·库齐奥主编:《侵权责任法的基本问题(第二卷)比较法的视角》,张家勇、昝强龙、周奥杰译,北京大学出版社2020年版,第453页。
② Tiffany Colt, "The Resurrection of the 'Consumer Expectations' Test: A Regression in American Products Liability", 26 *U. Miami Int'l & Comp. L. Rev.* 525, Spring, 2019;吴晓露:《产品责任制度的法经济学分析》,浙江大学出版社2014年版,第77页。
③ 梁慧星主编:《中国民法典草案建议稿附理由·侵权行为编》,法律出版社2004年版,第106页;王利明:《侵权行为法研究》(上卷),中国人民大学出版社2004年版,第243页;王利明:《侵权责任法》(第2版),中国人民大学出版社2021年版,第227—228页;张新宝:《侵权责任法原理》,中国人民大学出版社2005年版,第402—404页;杨立新:《侵权法论》(第3版),人民法院出版社2005年版,第481页;杨立新:《侵权责任法》(第4版),法律出版社2021年版,第365页。

第一节 重置严格产品责任原则地位之比较法考察

一、美国现代产品责任法中严格责任适用范围的调整

如果将创设严格产品责任原则的《侵权法第二次重述》第402A条称为传统的美国产品责任法规则的话,那么《侵权法第三次重述:产品责任》则可以称为现代的美国产品责任法。根据本书前面章节的内容可以知道,严格责任原则自从通过第402A条确立了其在产品责任法中的地位之后,美国的产品责任诉讼经历了许多变化同时也收获了很多经验,该变化和经验的结果是1998年《侵权法第三次重述:产品责任》的颁布。该部作品是美国法律研究院在审查了过去30年间的产品责任判例之后对该领域的发展历程所做的历史见证。[①]其中最为勇敢[②],尤其显著的发展就是确立产品缺陷包括制造缺陷、设计缺陷、警示缺陷三种独立的缺陷类型,并且分别适用不同的归责原则[③]。这体现在《侵权法第三次重述:产品责任》第2条之中,此举是将以往判例所认同的以及学术界所支持的缺陷以及归责标准的区分正式确立为可资参照的法律规则:

  Sec2 产品缺陷的分类
  一份产品在销售或者分销的时候,包含制造缺陷、设计缺陷,或者因为缺乏使用说明或警示而存在缺陷,该产品构成缺陷产品。
  (a) 如果产品背离其设计意图,即便在制造和销售该产品的过程中已经尽到所有可能的谨慎,该产品存在制造缺陷;
  (b) 当产品之可预见的损害风险,能够通过销售者或其他分销者,或者他们在商业批发销售链中的前手的更为合理的产品设计加以减少或者避免,而没有进行这样的合理设计使得产品不具有合理的安全性能,该产品则存在设计缺陷;
  (c) 当产品之可预见的损害风险,能够通过销售者或其他分销者,或者他们在商业批发销售链中的前手提供更为合理的使用说明或者警示而加以减少或者避免,而没有提供这样的使用说明或者警示使得产品不具有合理的安全性能,该产品则存在缺乏使用说明或警示的缺陷。[④]

[①] Green v. Smith & Nephew, 629 N.W. 2d at 751(Sykes, J., dissenting).
[②] Terry Carter, "Subtle Tort Reform: New Restatement Injects Fault Issue in Design Defect Cases", 83 *A.B.A.J.* 18, 1997.
[③] Green v. Smith & Nephew, 629 N.W. 2d at 751(Sykes, J., dissenting).
[④] 美国法律研究院通过并颁布:《侵权法重述第三版:产品责任》,肖永平、龚乐凡、汪雪飞译,肖永平审校,法律出版社2006年版,第15—16页。

从以上规则可以发现,严格产品责任原则失去了昔日曾经得到的追捧和尊崇,由曾经一统天下地适用于所有的产品责任案件沦落为偏安一隅地仅与制造缺陷诉讼相伴,而针对设计缺陷和警示缺陷的诉讼则回归过失责任原则的阵营。

二、欧洲现代产品责任法中严格责任适用范围的安排

(一)欧洲的立法安排及其理由

美国产品责任法中归责原则的变化虽然是在1998年的《侵权法第三次重述:产品责任》中得到明确,但由于该重述是对此前三十年中产品责任判例的归纳和总结,许多法院早已流露出上述变化的端倪或倾向,并且引起了欧洲同行的注意。因此,在《欧洲共同体产品责任指令》起草过程中,就是否应当根据产品的缺陷类型来区分不同的归责原则的问题在欧洲引发了激烈的讨论。欧洲理事会中压倒性的意见持否定态度。因此,在《欧洲共同体产品责任指令》中,生产者的严格责任统一适用于产品责任领域,指令既没有对产品缺陷的类型进行划分,也没有根据产品缺陷的不同类型适用不同的归责原则,相应地,虽然确立了开发风险抗辩,但将其与其他抗辩事由并列,并没有标明该抗辩在设计缺陷、警示缺陷案件中所具有的特别意义。英国、德国为了实施指令而分别制定的《消费者保护法》《产品责任法》,以及《法国民法典》的修订均采取了相同的安排。值得一提的是,日本的《制造物责任法》也同样跟随了指令的做法。

欧洲理事会坚持的理由为,在产品责任案件中,产品只要存在缺陷就会导致生产者责任的产生,在这里根本不需考虑对于危险的预见性的问题;另外,对产品的缺陷类型进行区分并非十分容易的事情,因此如果对制造缺陷适用严格责任,对设计缺陷适用过失责任,那么被告的律师将会把每一个案件都作为设计缺陷案件来争取胜诉的可能。所以,应当适用统一的规则以保障法律的确定性。[①]

(二)对欧洲立法安排的评析

欧洲理事会坚持产品只要存在缺陷就会导致生产者责任的产生,在这里根本不需要考虑对于危险的预见性的问题,这固然是效忠严格产品责任原则的表现,但是《欧洲共同体产品责任指令》第7(e)条却接受了开发风险的抗辩,规定"生产者如果可以证明依其将产品投入流通时的科学技术水准不能发现缺陷之存在,可以免除责任的承担",说明欧洲理事会也并没有将严格责

---

① Duncan Fairgrieve, *Product Liability in Comparative Perspective*, Cambridge University Press, 2005, p. 161.

任原则视为其所宣称的那样不可攻破。事实上,对于开发风险抗辩的承认,便意味着判断产品缺陷时,需要考虑当时的科学技术发展水平以及生产者对于产品中造成伤害的风险是否知道或者应当知道,因此对于危险的预见性的问题无可回避。

另外,以各类型产品缺陷之间并不存在清晰的界限为由,作为在产品责任案件中适用统一规则的依据,从而实现法律确定性的目标,在本书看来是一种以偏概全的做法。诚然,在制造缺陷、设计缺陷、警示缺陷三种产品缺陷中,制造缺陷以及设计缺陷有时会发生重叠,特别是当产品在事故中灭失,无从判定产品中究竟存在制造缺陷还是设计缺陷还是两者兼具,更会使法官面临抉择的困难。但在大多数的案件中,三种缺陷类型之间是泾渭分明的,它们不仅分别具有不同的特征,不同的表现形式,而且具有不同的认定标准,正是这些区别在实践中引发了对严格责任原则适用于所有缺陷类型的产品责任案件的审视和思考。因此,以并不具有普遍意义的"缺陷类型难以区分"的特殊情形为由完全否定对缺陷类型进行区分的必要性,如同倒洗澡水时连同小孩一起倒掉。

再者,认为缺陷的类型难以区分而拒绝区分,不仅是对法官识别和判断缺陷的能力之怀疑或否定,而且也是对成员国法律现实的漠视和不尊重。事实上,在德国和英国,产品缺陷的三分类型虽然没有在各自的《产品责任法》《消费者保护法》中得到反映,但产品缺陷的三分类型不仅是为学术界所普遍接受的理论,在司法实务中也具有十分重要的意义。不仅如此,德国、英国对于制造缺陷、设计缺陷、警示缺陷的定义以及判断方法均与美国《侵权法第三次重述:产品责任》中的规则十分接近。因此,欧洲理事会的决定和理由不免多了一些主观和武断的色彩。

最后,欧洲理事会对于不同缺陷类型适用不同归责原则可能会导致诉讼投机的担心,表明其对于设计缺陷诉讼的原理和规则缺乏深入的了解。事实上,在设计缺陷案件中适用过失责任原则,是由设计缺陷的判断方法决定的;而即便将设计缺陷的责任标准规定为严格责任,对于设计缺陷的判断仍然与对生产者的设计行为是否存在过失进行的判断相同,因此与其将设计缺陷的责任标准称为严格责任,倒不如还原其客观面目,明确生产者对设计缺陷承担过失责任,否则只能是冒严格责任之名、行过失责任之实的扭曲状态。

第二节 重塑中国产品责任法的立法宗旨

一、明确立法宗旨的意义

立法宗旨,又称立法目的,指制定某部法律或建立某项法律制度所追求的目标和效果,集中体现该项法律的本质和基本价值取向。立法宗旨是统领某部法律或某项法律制度的纲领,是该法基本精神的最凝练的表达,任何具体的法律条款都围绕立法宗旨而设计,以有利于立法宗旨的实现为目标。在司法实践中,立法宗旨不仅可以在出现法律漏洞的情况下作为裁判的依据,而且还可以为法官指明法律解释的基本方向。立法宗旨所具有的无可替代的重要意义使其成为任何法律规则的设计必须经历的起点。

二、《产品质量法》立法宗旨之审视

1993年《产品质量法》第1条对立法宗旨规定如下:"为了加强对产品质量的监督管理,明确产品质量责任,保护用户、消费者的合法权益,维护社会经济秩序,制定本法。"2000年修正的《产品质量法》对上述立法宗旨进行了微调:"为了加强对产品质量的监督管理,提高产品质量水平,明确产品质量责任,保护消费者的合法权益,维护社会经济秩序,制定本法。"①2000年《产品质量法》的修正,是在全国假冒伪劣产品泛滥的背景下进行的,该法在第1条中增加了"提高产品质量水平"的表述,表明了我们国家用法律手段治理产品质量、严肃地对待产品质量的决心。2009年、2018年修正的《产品质量法》均沿袭了2000年《产品质量法》的立法宗旨。②

在这里需要指明的是,《产品质量法》历经1993年的制定与2000年、2009年、2018年的修正,均把"保护消费者的合法权益"作为立法的重要目的,并且将该法与《消费者权益保护法》一并定位为保护消费者权益的重要法律。在2000年修正《产品质量法》之前,一些生产者、销售者生产、销售伪劣产品,欺骗消费者,损害了消费者的合法权益。该法通过加强对产品质量的监督管理,明确生产者、销售者保证产品质量的义务,确立产品生产者对产品缺陷造成的人身、财产损害承担无关乎过错的严格产品责任制度和销售者对其售出的不合格产品承担包修、包退、包换的"三包"责任制度,依法惩治生产、销售伪劣产品的行为。此次修正所要达到的重要目的,就是以立法保护消费者的合法权益。③

三、中国产品责任法的立法宗旨之澄清

(一)保护消费者利益不能忽略消费者的责任份额

与严格产品责任原则相伴而生的现代意义上的产品责任法是消费者保

---

① 参见2000年《产品质量法》第1条。
② 参见2009年《产品质量法》第1条;2018年《产品质量法》第1条。
③ 参见全国人大常委会法工委编:《中华人民共和国产品质量法释义》(第1条),载中国人大网,http://www.npc.gov.cn/zgrdw/npc/flsyywd/jingji/2001-08/01/content_140345.htm,最后访问时间:2024年7月29日。

护运动推动的结果,在这样的背景之下,无论是严格产品责任原则还是产品责任法均以保护消费者利益为宗旨,以实现受害消费者的损害赔偿为目标,可以说是一种顺其自然的选择。但是,当美国的产品责任法高举消费者保护的旗帜阔步向前时遭遇保险危机与产品责任危机,美国乃至欧洲的法官、学者以及其他关注产品责任法发展的各界人士不得不静下心来开始审视和反思产品责任法的宗旨和目标定位于实现对消费者的赔偿是否适当。

产品责任在本质上是对于不安全产品造成的有害结果的责任①,而制定产品责任法则是为了确定这样的责任由谁承担。一个应该不存在争议的事实是,当产品脱离生产者或销售者的控制到达产品消费者或产品用户的手中,虽然生产者可以通过详尽的产品使用说明或者醒目的危险警示来对消费者或用户使用产品的方法或消费产品的模式进行引导,但生产者终究不能对消费者或用户使用或消费产品的方法和模式进行控制;另外,同样的产品,在谨慎程度不同的消费者或用户手中,发生产品事故的概率会有很大的不同,这也应该能够获得大家的共识。基于以上两点,我们或许可以排除疑虑地说,消费者或用户使用或消费产品的方法或模式会在一定程度上对损害结果的增加或减少产生影响。② 但是,如果将产品责任法的宗旨和目标定位于实现受害消费者的损害赔偿,则往往会忽略消费者或用户对损害结果的发生所应承担的责任份额,而可能会使生产者对消费者或用户漫不经心甚或蓄意致损的行为买单,这不仅会给生产者带来无端的诉讼支出,而且对于产品责任保险市场的正常运营也是一个非常严峻的挑战。

(二) 追究生产者责任不能阻碍经济的发展

推动严格产品责任原则诞生的消费者保护运动起源于消费者与经营者之间利益的严重失衡。当消费者保护成为国家的一项基本社会政策,其在本质上已经成为政府对经济活动进行干预的一种形式。③但政府通过消费者保护的形式对经济活动进行的干预旨在实现消费者与经营者之间的利益平衡,而并非使消费者凌驾于经营者之上从而出现新的不平衡,这是社会生产健康发展的需要,因此用来解决社会生产过程中发生的产品致损事故责任的产品责任法同样应当以实现消费者与经营者之间的利益平衡为目标,从而维持社

---

① Harry Duintjer Tebbens, *International Product Liability*, Sijthoff & Noordhoff International Publishers, 1980, p. 2.
② James A. Henderson, Jr., "Echoes of Enterprise Liability in Product Design and Marketing Litigation", 87 *Cornell L. Rev.* 958, 983, May, 2002.
③ Mark V. Nadel, *The Politics of Consumer Protection*, The Bobbs-Merrill Company, Inc., 1971, p. 3.

会生产的健康发展。① 消费者与经营者之间的利益平衡意味着产品责任法的规则适用应当具有如下效果:既能充分保护消费者、使用者的利益,使产品致损事件中的受害者能够得到及时、公正的补偿;又能照顾到生产者和销售者的利益,使它们不致因过度承担责任而阻碍经济的发展。② 实现这一社会效果,依赖于产品责任法的规则设计可以恰当、适当、准确地确定责任主体以及责任主体应当承担的责任份额。

第三节　确立产品缺陷的类型与判断标准

一、《产品质量法》中产品缺陷的定义与判断标准之检讨

(一)有关产品缺陷定义与判断标准的现行规定

2018年修正的《产品质量法》第46条对缺陷的定义以及判断标准作出了规定:"本法所称缺陷,是指产品存在危及人身、他人财产安全的不合理的危险;产品有保障人体健康和人身、财产安全的国家标准、行业标准的,是指不符合该标准。"③根据上述规定可以知道,在我国,判断某一产品是否存在缺陷的标准分为一般标准和法定标准。一般标准是人们有权期待的安全性,即一个诚信、善良之人在正常情况下对一件产品所应具备的安全性的期待;法定标准是国家和行业部门对某些产品制定了保障人体健康、人身和财产安全的专门标准,如果产品达不到或不符合该标准,即可认为该产品存在不合理的危险,属于缺陷产品。④

(二)评价

1. 对产品缺陷定义的评价

(1) 产品缺陷的定义未能反映产品责任领域的理论成果

《产品质量法》将产品缺陷统一定义为"不合理的危险"或"不符合国家标准、行业标准"⑤,并没有对产品缺陷的类型进行区分之后而分别予以定义⑥。这样的缺陷定义方法与我国产品责任法的理论发展不相符合。在我国产品

---

① 周新军:《产品责任立法中的利益衡平——产品责任法比较研究》,中山大学出版社2007年版,第341—348页。
② 刘静:《产品责任论》,中国政法大学出版社2000年版,导言第1—2页。
③ 2009年《侵权责任法》以及2020年《民法典》对产品缺陷未定义。许传玺、付文飙:《关于修订〈产品质量法〉中产品责任规则的若干思考》,载《北京社会科学》2019年第10期;董红磊等:《汽车产品缺陷认定方法及分级选择流程研究》,载《标准科学》2019年第4期。
④ 张新宝:《侵权责任法原理》,中国人民大学出版社2005年版,第395—396页。
⑤ 2018年《产品质量法》第46条。
⑥ 冉克平:《论产品设计缺陷及其判定》,载《东方法学》2016年第2期。

责任法的主流学说中,对于产品缺陷类型的划分已经达成基本的共识。例如,张新宝教授将产品缺陷分为四类:第一,设计缺陷,即在制造者设计产品时,产品的结构、配方等方面就存在不合理的危险性;第二,制造缺陷,即产品原材料或配件存在缺陷,或者在装配成最终产品的过程中出现某种错误,而导致产品具有不合理的危险性;第三,营销缺陷,即生产者没有提供警示与说明,或者没有提供适当的警示与说明,致使其产品在使用、储运等情形下具有不合理的危险;第四,跟踪缺陷,即产品的生产者对于自己投入流通的产品负有质量跟踪义务,即使该产品投入流通时不能发现缺陷的存在,但通过跟踪能够发现缺陷的,应当及时采取警示、召回等补救措施,未及时采取补救措施或者补救措施不力造成损害的,应当承担侵权责任。① 杨立新教授在其《侵权法论》中也将产品缺陷分为四类:制造缺陷,设计缺陷,警示说明缺陷,跟踪观察缺陷。② 从表面上看来,两人对于产品缺陷的命名并不完全一致,但就存在分歧的第三类缺陷而言,营销缺陷与警示缺陷实为异名同物,均指产品的警示或说明不充分或不适当之情形。尽管我国在产品责任法的理论上对于产品缺陷类型的划分意见大致趋同,但如此重要的理论成果不仅在20世纪、21世纪数次修正的《产品质量法》中没有体现,在21世纪先后颁布的《侵权责任法》《民法典》中也难觅其踪。理论是对实践的反映和总结,立法忽略理论的发展,不仅会使现实中争议的解决缺乏依据,也可能会导致立法被空置的结局。

(2) 产品缺陷的定义滞后于司法实践的发展

从世界范围来看,产品缺陷类型的区分并非仅仅停留在产品责任法学理论上的学说,其在美国、德国、英国、日本的产品责任诉讼实务中已经具有非常重要的实践意义,不仅涉及不同判断标准的运用,也决定着生产者承担责任的归责原则。在中国,也已经存在相当数量的案例在判决书中明确提出不同类型的产品缺陷的概念。例如,2014年广东省深圳市中级人民法院在其审理的广州仁盛建筑劳务分包有限公司、温州合力建设机械有限公司诉饶国军、广东省长大公路工程有限公司、湖北中交公路桥梁监理咨询有限公司、李志连产品责任纠纷一案中明确使用了产品"设计缺陷"的概念。③ 2006年上海市浦东新区人民法院审理的吴梦璇诉贝亲株式会社、上海丽婴房婴童用品有限公司、上海第一八佰伴有限公司产品责任纠纷案④,2008年云南省高级人民法院审理的李华林诉楚雄昇源农机制造有限公司产品责任纠纷案(以下

---

① 张新宝:《侵权责任法》(第5版),中国人民大学出版社2020年版,第208—209页。
② 杨立新:《侵权法论》(第3版),人民法院出版社2005年版,第479页;杨立新:《侵权责任法》(第4版),法律出版社2021年版,第359—360页。
③ 广东省深圳市中级人民法院民事判决书(2014)深中法民终字第841号。
④ 上海市浦东新区人民法院民事判决书(2005)浦民一(民)初字第16681号。

简称李华林案)①,2010年上海市第二中级人民法院审理的俞惠勤、金坚诉金琴芳、吕国保、中路股份有限公司、无锡吉祥狮科技有限公司机动车交通事故责任纠纷案(以下简称俞惠勤案)②,2012年河南省洛阳市中级人民法院审理的时改娃、王占召诉蜡笔小新(福建)食品工业有限公司生命权纠纷案(以下简称蜡笔小新案)③,2015年浙江省湖州市吴兴区人民法院审理的汪福福诉江西东方龙花炮制造有限公司产品责任纠纷案中均使用了"警示缺陷"的概念(以下简称东方龙花炮案)④,只是称呼或内涵并不完全相同。例如,在李华林案中,受案法院将警示缺陷称为"指示上的缺陷","是指对产品的性能、使用方法未作正确的批示说明,对产品使用不当而容易造成产品本身损坏或可能危及人身、财产安全的,没有警示标志或中文警示说明";在东方龙花炮案中,将"警示缺陷"称为"外形设计上的缺陷",即本案被告生产的"五彩缤纷"扇形烟花存在外形设计缺陷且短时内燃放,被告虽在外包装上对注意事项进行了告知,但外包装为统一的长方形纸盒,并未对扇形烟花的特殊形状及危险加重程度进行告知,在燃放时存在危及人身安全的不合理危险,即存在产品缺陷。因此,参考产品责任司法实践的发展和积累,在中国产品责任法中明确规定产品缺陷的不同类型并分别予以定义,不仅可以为司法实践提供指导,也可以消除司法实践中的模糊与分歧。

2. 对产品缺陷判断标准的评价

2018年《产品质量法》中对产品缺陷的类型没有进行区分,相应地,产品缺陷的判断标准也是对各种缺陷适用统一的标准,包括一般标准和法定标准。2018年《产品质量法》中规定的一般标准,即"人们有权期待的安全",系借鉴《欧洲共同体产品责任指令》的结果,该标准与美国20世纪60年代判断产品缺陷的"消费者安全期待标准"如出一辙。由于其本身所具有的模糊性以及不确定性,该标准除了在涉及缺陷食品的案件中仍发挥作用以外,在美国法官的心目中早已经成为明日黄花。另外,虽然《欧洲共同体产品责任指令》规定了"人们有权期待的安全"的判断标准,但在德国和英国的产品责任诉讼中,法官并不认为该标准能够对制造缺陷和设计缺陷的判断提供任何具有意义的指导,而是分别适用"对于既定设计的背离"以及"风险—效用的权衡"对制造缺陷和设计缺陷进行分析。"人们有权期待的安全"之一般标准所固有的模糊性和不确定性使其在美国、德国、英国的适用均遭冷遇,那么,在中国的产品责任法中,对于该标准的运用,应当充分考虑该标准在欧美国家适用时所发生的问题,辅之以一定的限定条件,使其发挥恰当的功能。

---

① 云南省高级人民法院民事判决书(2008)云高民一终字第51号。
② 上海市第二中级人民法院民事判决书(2010)沪二中民一(民)终字第917号。
③ 河南省商丘市中级人民法院民事判决书(2012)洛民终字第1198号。
④ 浙江省湖州市吴兴区人民法院民事判决书(2015)湖吴环民初字第62号。

2018年《产品质量法》规定的法定标准也同样不无疑问。该法只规定产品不符合国家标准、行业标准的,产品应当被认定存在缺陷,但没有说明产品在符合有关国家标准、行业标准的情况下仍旧造成了消费者或用户的人身伤害、财产损害时,该产品是否应当被认定存在缺陷①,以致造成理论上的争议。在实践中,生产者亦往往以产品符合上述标准为理由来否定自己的产品存在缺陷。在这里,进一步的问题是,在产品遵守了国家标准或行业标准但仍旧造成人身伤害或财产损害的情况下,如果不能因产品遵守了国家标准或行业标准而否认产品存在缺陷,那么就需要对产品究竟是否存在缺陷进行认定,这时,从2018年《产品质量法》中寻求可资依赖的判断标准将是无功而返。

二、中国产品责任法中产品缺陷的类型与判断标准之塑造

在产品造成人身伤害和财产损害的场合,有时对产品是否存在缺陷非常易于判断,双方当事人仅仅是对赔偿数额的多少或赔偿范围的大小存在争议,并未对产品是否存在缺陷各执一词;但有的情况下,对于产品是否存在缺陷,不仅双方当事人各持己见,专业鉴定机构有时亦难以认定;特别是在涉案产品灭失的情况下,缺陷的判定以及责任的确定更加困难。鉴于此,本书建议根据产品本身的状况以及产品发生致损事故的具体情形,在产品责任法中确立判断产品缺陷的一般标准与特殊标准:一般标准具有普适性;而特殊标准则是根据产品致损事故发生时产品是否毁损灭失,毁损的程度、灭失的原因,以及缺陷类型等按步骤分别适用不同的标准。现分述如下:

(一) 一般标准

判断产品缺陷的一般标准,也即判断产品缺陷的第一步,是检查涉案产品是否具有质量检验合格证明或生产许可证。在发生产品致人伤害或财产损害的情况下,如产品缺乏质量检验合格证明或相应的生产许可证,产品即可被认为存在缺陷。产品质量检验合格证明是生产企业为表示出厂的产品质量符合规定的技术要求,经其质检机构及检验人员检验合格而附于产品或者其包装上的合格证、合格印章等合格标识。因此,产品质量检验合格证明不是由主管部门或上级单位批准发放的,而是生产企业自行制作的。产品质量检验合格证明的形式主要有三种:合格证书、检验合格印章和检验工序编号印章。产品质量检验合格证明是生产企业对其生产、销售的产品的质量作出的明示担保,保证其生产、销售的产品的质量符合规定的技术要求。因此

---

① 张云:《我国产品后续观察义务研究》,法律出版社2020年版,第90页;谭启平:《符合强制性标准与侵权责任承担的关系》,载《中国法学》2017年第4期;董春华:《论产品责任法中的符合强制性标准抗辩》,载《重庆大学学报(社会科学版)》2015年第4期。

只能在检验合格的产品上使用,对未检验的产品或经检验不合格的产品不能使用。如果涉案产品没有合格证明,一方面说明生产者自己在产品检验的环节没有履行自己的法定职责,另一方面也表明生产者对将未经检验合格的产品投放市场的风险的懈怠和放任,在这里生产者责任自动产生。原告无须证明产品的缺陷具体为何,只需证明其因使用被告产品招致损害即可。

生产许可证全称为工业产品生产许可证,是国家对于具备某种产品的生产条件并能保证产品质量的企业,依法授予的许可生产该项产品的凭证。2005年国务院发布了《中华人民共和国工业产品生产许可证管理条例》,规定国家对重要工业产品的企业实行生产许可证制度,凡实施工业产品生产许可证管理的产品,企业必须取得生产许可证才具有生产该产品的资格。企业未依照该条例规定申请取得生产许可证而擅自生产列入目录产品的,由工业产品生产许可证主管部门责令停止生产,没收违法生产的产品,处违法生产产品货值金额等值以上3倍以下的罚款;有违法所得的,没收违法所得;构成犯罪的,依法追究刑事责任。① 根据上述规定,如果涉案产品属于生产许可证制度的工业产品目录之中的产品而生产者没有生产许可证,一方面,表明生产者实施了破坏国家经济秩序的违法或犯罪行为。另一方面,也足以说明生产者保证产品质量的生产能力的欠缺,如果发生了产品致损的情况,该产品存在缺陷是不言而喻的。

以下案例可以对该缺陷判断标准的适用予以说明。

案例1:朱世超诉吴志明、砀山县黄氏润农农资有限公司、江西农大锐特化工科技有限公司产品责任纠纷案②

江西农大锐特化工科技有限公司系具有生产农药"多效唑"资质的企业,其农药登记证号为PD20086939,农药生产批准文件号为XK13-003-00053,产品批准号为GB22171—2008。砀山县黄氏润农农资有限公司经营范围为农药、化肥、种子等。吴志明系销售农药的个体经营户。原告系砀山县葛集镇东范集果农。2014年1月底,原告在被告吴志明处购买农药用于大棚油桃的药物防治,被告吴志明告知原告此次用药为"15％多效唑"100倍液、苦参碱1200倍液、吡虫啉50克兑500斤水。吴志明向原告及其他果农推荐了涉案"15％多效唑"(吴志明声称该"多效唑"是江苏箭牌农化股份有限公司生产),原告在吴志明处购买了用白色塑料袋包装、没有产品合格证、使用说明等任何产品标识的"15％多效唑",按照被告吴志明安排的方法及配比施药七八天后,大棚油桃出现药害,树叶干枯,花瓣干边,继而桃树落花。药害发生后,原告及其他受害果农及时向砀山县农业委员会报案,砀山县农业综合执法大队经过调查核实,被告吴志明出售给原告及其他果农的"多效唑",系吴

---

① 《中华人民共和国工业产品生产许可证管理条例》第2、3、5、46条。
② 安徽省砀山县人民法院民事判决书(2015)砀民一初字第00402号。

志明和贾强芝合伙假冒江苏箭牌"15％多效唑"自己包装封口,共 250 千克,并以 22 元/千克销售。该"15％多效唑"为江西农大锐特化工科技有限公司生产。据比,安徽省砀山县农业委员会对吴志明作出了没收违法所得 9000 元及罚款 90 000 元,建议工商行政管理部门吊销其营业执照的砀农(农药)罚(2014)4 号行政处罚决定。砀山县农业委员会将该批"15％多效唑"抽取样品送济南市产品质量检验院进行检测分析,结论为:所送样品有效成分含量均合格、谱图正常,没有发现异常情况。2014 年 4 月 15 日,砀山县价格认证中心对原告大棚油桃损失作出价格认证结论,此次药害给原告造成 33 240 元的经济损失。砀山县 2014 年 1 月底到 2 月初比 2012 年、2013 年同期气温低、有降雪。

另查明,该涉案"15％多效唑"是江西农大锐特化工科技有限公司生产,该公司"15％多效唑"销售给砀山县黄氏润农农资有限公司(黄超刚)共 2 吨,供货时,只发给白皮包装,无标签,发货时包装袋内无使用说明书及产品质量检验合格证。砀山县黄氏润农农资有限公司又将该批"多效唑"分装出售给安徽省砀山县永丰农化有限公司白腊园分公司、吴志明、葛令房、贾强芝、王景顺等五户农药经销商。原告购买吴志明出售的涉案农药"15％多效唑"5 千克,喷施农药大棚油桃面积为 1.5 亩,其明知该农药无使用说明书及产品质量检验合格证。

案例 2:赵兴柱诉西安常隆正华作物保护有限公司、和田地区农业科技开发中心植物保健医院产品生产者责任纠纷案①

赵兴柱承包种植农十四师四十七团二连枣园后,曾先后三次在和田地区农业科技开发中心植物保健医院(以下简称植保医院)购买"阿维三唑磷"杀虫剂共 37 瓶(商标注明"本品不能与碱性农药混用"。农业部登记为节瓜、蓟马,推广应用防治红蜘蛛时,用 2000～3000 喷雾),该产品系由西安常隆正华作物保护有限公司(以下简称常隆公司)生产。赵兴柱按说明书的配兑比例兑水及中性稀土肥料后,便在枣树上喷施。一周后,赵兴柱发现部分枣果出现红斑及裂口现象。在此情况下,赵兴柱通知植保医院负责人杨炼、常隆公司驻疆销售员黄金学到枣园查看。为了证实该损害确系该药物所致,植保医院负责人又另选了一处未施药的地块进行实验,结果仍一样。后赵兴柱将剩余的 13 瓶"阿维三唑磷"退回植保医院。后经鉴定,结论为:赵兴柱 178.7 亩枣树枣果有药害发生;发生原因为施用"阿维三唑磷";经济损失 1 021 245 元。赵兴柱以其枣园经济受到损失为由,提起诉讼,请求判令植保医院、常隆公司赔偿其经济损失。受案法院认为,赵兴柱将其在植保医院购买的"阿维三唑磷"杀虫剂喷洒枣园后,发现部分枣果出现红斑及裂口现象;为了证实这一事实的存在,赵兴柱又在同样条件下、用同等药剂进行实验,证实确实发生

---

① 新疆维吾尔自治区高级人民法院生产建设兵团分院民事判决书(2011)新兵民终字第 5 号。

了红斑及裂口的药害现象,故该损害事实可以确定因"阿维三唑磷"杀虫剂产生。该"阿维三唑磷"系由常隆公司生产,而赵兴柱购买农药的生产日期却是在常隆公司取得国家颁发的农药生产批准证书前,商标证书编号与获批证书编号不一致。故可认定常隆公司的生产行为和植保医院的销售行为违反了相关法律规定,依法应连带承担共同侵权民事赔偿责任。

由上述两个案例的事实和判决理由可以看出,受案法院均将被告生产者的产品或者缺乏产品质量检验合格证书或者缺乏生产许可证作为认定被告产品存在缺陷并因此应当承担赔偿责任的理由,这样的做法虽然与《产品质量法》中规定的缺陷认定标准并不一致,但是由于产品具有生产许可证以及质量检验合格证明是产品投放市场进入流通领域的前提或基本条件,因此在被告产品缺乏上述基本条件而造成了人身伤害或财产损害的情况下,认定被告产品存在缺陷,是符合相关法律和行政法规的立法本意的。

(二) 特殊标准

如果致损产品具备生产许可证以及产品质量检验合格证明,接下来的第二步则是将涉案产品区分为两大类型:第一类,涉案产品毁损严重或灭失而无从查清事故原因和具体缺陷;第二类,涉案产品未毁损灭失可以查清事故原因和具体缺陷。

1. 涉案产品毁损严重或灭失

在发生涉案产品毁损严重或灭失而无法用来判明事故原因和具体缺陷的情况下,根据毁损灭失的原因,区分为以下两种情形:

(1) 产品待售过程中或正常使用中发生的毁损或灭失

在产品待售过程中,或者消费者或用户按照产品既定的用途和方法,正常使用产品过程中,发生产品的严重毁损或灭失,导致无从查清事故原因和具体缺陷的,可运用产品故障原则推定产品存在缺陷。一般说来,产品故障原则的适用需要同时满足以下条件:

① 产品在待售过程中或按照既定用途的正常使用过程中发生了包括但不限于爆炸、断裂或燃烧等异常危险情形;

② 产品发生爆炸、断裂或燃烧等异常危险情形并非受害人的原因或消费者或用户的误用或改装而致;

③ 没有证据表明存在其他原因导致产品发生爆炸、断裂或燃烧等异常危险情形;

④ 该爆炸、断裂或燃烧等异常危险情形的发生导致事故原因和具体缺陷无法查明;

⑤ 该爆炸、断裂或燃烧等异常危险情形的发生导致原告遭受人身伤害或财产损害;

⑥ 被告无证据证明产品本身没有缺陷。

产品故障原则的适用可以通过以下案例说明:

案例1:徐素珍诉余姚市三星厨房用具有限公司、沈阳市铝制品厂产品责任纠纷案 ①

沈阳市铝制品厂授权余姚市三星厨房用具有限公司(以下简称余姚三星公司)使用"三星"牌商标。徐素珍在家使用"三星"牌高压锅煮鸡时,高压锅发生爆炸,致徐素珍受伤,诊断为左眼球破裂。住院后进行了左眼球摘除和义眼座植入术,后又进行左眼眶重建等手术。徐素珍之伤现已构成七级伤残。徐素珍以产品缺陷致其损害为由,提起诉讼,请求判令沈阳市铝制品厂、余姚三星公司赔偿医疗费、护理费、交通费、住院伙食补助费等损失。一审法院审理期间,法院依法委托浙江省出入境检验检疫鉴定所对高压锅质量问题进行鉴定,鉴定机构在检验中发现,涉案高压锅已经严重变形,不能盖合,锅盖上亦缺少限压阀体和防堵安全装置。根据国家标准 GB13623—1992《铝压力锅安全及性能要求》规定,高压锅在设计上必须具有限压装置、防堵安全装置、安全压力保护装置及开合盖压力保护装置等确保消费者使用安全的装置。而本案中涉案高压锅爆炸后已是残体,无法证明具有安全防堵装置及安全防堵装置在设计上能有效发挥作用,而余姚三星公司也未提供同型号的高压锅以供检验。因此,应当推定涉案高压锅存在缺陷。余姚三星公司未对涉案高压锅现存的表面缺陷具有免责事由进行举证,故其应当承担未尽举证责任的法律后果。

案例2:张帆诉陈廷玉、宋金贞、盛生龙、山东东营胜德制罐有限公司产品生产者责任纠纷案 ②

原告张帆在莒县东关市场状元路上由北向南行走,行至莒州综合批发市场上海商城5022号店铺(该店铺的经营者为宋金贞,陈廷玉与宋金贞系夫妻)附近时,被一爆炸的杀虫剂罐[该罐上标有生产者为山东东营胜德制罐有限公司(以下简称胜德公司)]炸伤右小腿。原告张帆受伤后被送往莒县人民医院住院治疗5天,经诊断为右胫腓骨双骨折,在该医院行硬膜外麻醉下右胫腓骨骨折切开复位内固定术,支付医疗费19 638元;后转往山东文登整骨医院继续治疗,此后又发生数次复查与治疗。法院委托日照光明法医司法鉴定所对原告的伤情进行了鉴定,鉴定结论为原告的伤残程度为九级。山东省莒县人民法院经审理认为:因杀虫剂在作为待售商品时发生爆炸,该事实足以证明该产品存在危及人身、财产安全的不合理危险,即涉案杀虫剂系缺陷产品,被告陈廷玉、宋金贞、盛生龙和被告胜德公司分别作为缺陷产品的销售者和生产者,均应当对作为受害者的原告承担赔偿责任,其中任何一被告赔

---

① 浙江省余姚市人民法院民事判决书(2007)余民一再字第5号。
② 山东省莒县人民法院民事判决书(2011)莒民一初字第2014号。

偿义务的承担,均导致其他各方与原告方之间债务的消灭。

案例 3:马水法与王岗、陕西重型汽车有限公司、萧县鸿安汽车运输有限公司生命权、健康权、身体权纠纷案 ①

2013 年 7 月 15 日,王岗将其驾驶的涉案车辆送至位于南京市江宁区麒麟街道的"许昌传动轴厂东南维修站"进行水箱维修。因该车水箱位于驾驶室下部,该修理站维修工马水法在将驾驶室举升起来后,进入驾驶室下面修理水箱过程中涉案车辆的驾驶室举升缸轴座托架总成突然断裂,导致驾驶室落下将其砸伤。马水法在中国人民解放军 81 医院住院治疗 17 天,经该院治疗诊断为:创伤性截瘫,腰 1 椎体爆裂性骨折。截至 2013 年 8 月 1 日,共花去医疗费 89989.6 元。另查明,涉案车辆生产厂商为陕西重型汽车有限公司(以下简称陕西重汽),该车系萧县鸿安汽车运输有限公司(以下简称鸿安公司)于 2010 年 9 月 18 日购买。事故发生之时,该车已进行了正常的年检,并办理了道路运输证。涉案车辆驾驶员王岗持有 B2 驾驶证,并拥有道路货物运输驾驶员资格。涉案车辆自购买后未进行过改装。本案的争议焦点在于,涉案车辆的举升缸轴座托架总成零部件断裂是什么导致的。在案件审理过程中,陕西重汽认为,导致事故发生的涉案车辆的举升缸轴座托架总成断裂的部件确系其原厂部件,但涉案车辆整车及其零部件在出厂前均通过了质量检测,并符合国家标准,导致驾驶室向后落下砸伤马水法的原因是其未将驾驶室举升至正确位置,故陕西重汽不应承担任何责任。马水法则认为其已经按照正确的操作规范将驾驶室举升到位,陕西重汽生产的涉案车辆零部件存在质量问题致使举升缸轴座托架总成突然断裂才是其受伤的原因。法院认为,公民的生命健康权受法律保护。本案中,马水法所受之伤害系涉案车辆的举升缸轴座托架总成零部件断裂后驾驶室向后倾倒所致,各方当事人对该事实并无异议,法院予以确认。受害人在维修汽车时,因零件断裂落下而被砸伤,因汽车生产商未能对零件断裂致人损伤系其他原因而非汽车本身固有缺陷导致进行证明,亦不能证明受害者本人的操作失误导致零件断裂与致伤间存在因果关系,因而不存在因受害者本人过错而减轻或免除生产者责任的事由,据此可推知汽车生产商生产销售的车辆存在产品缺陷,应对其生产销售的车辆承担无过错的损害赔偿责任。

在上述三个案件中,烹饪中的高压锅、待售的杀虫剂罐、维修中的汽车等涉案产品均处于产品待售或者按照产品的既定用途正常使用过程中,却发生了爆炸或断裂等异常危险情形,导致事故发生的原因和具体缺陷无法查明,由于被告未能提供证据证明危险的发生系其他原因所致,亦未能证明原告存在误用或改装等过错,故推定涉案产品存在缺陷。此为非常典型的产品故障

---

① 江苏省南京市中级人民法院民事判决书(2014)宁民终字第 613 号。

原则的运用。

(2) 由于生产者或销售者原因而发生的毁损或灭失

在发生产品致损事故后,产品由于被告生产者或销售者的原因而发生毁损或灭失的情况下,如果可以排除原告的误用或改造以及来自第三人或自然界的原因,那么法院可以直接推定该产品存在缺陷。以下两个案例可以说明该缺陷判定方法的运用。

案例 1:黄小玲诉中山华帝燃具股份有限公司产品生产者责任纠纷案①

2004 年 3 月 7 日凌晨 1 时 15 分左右,黄小玲在广州市其弟黄强家洗澡期间,当打开热水器准备搓洗毛巾时[黄小玲洗澡使用的热水器是其弟黄强于 1997 年 11 月 9 日购买的由中山华帝燃具股份有限公司(以下简称华帝公司)生产的华帝牌 5.5 升燃气快速热水器],突然发生煤气爆炸,黄小玲被烧伤,随后其被送往广州市红十字会医院住院治疗。当日 11 时 30 分,黄小玲的亲属即以使用的"华帝"牌热水器发生爆炸为由向公安机关报警。同月 9 日下午,华帝公司向黄小玲家属支付了 2000 元,并拆走了该热水器。2004 年 4 月 2 日,黄小玲出院,共住院 26 天,支付医疗费 35 460.92 元。事后,华帝公司两次向黄小玲支付了医疗费合计 15 000 元。2004 年 6 月 21 日,中山大学法医鉴定中心根据黄小玲的委托作出司法鉴定:黄小玲属伤残七级。此后因双方对黄小玲烧伤事故的原因及赔偿数额不能达成一致,黄小玲提起诉讼。受案法院认为:黄小玲主张其受伤的原因是华帝公司生产的热水器使用时发生爆炸,对此华帝公司予以否认,但华帝公司作为热水器的生产厂家在知悉事故发生后,并未对事故中的热水器进行相关的技术鉴定,反而将热水器拆除带走并给予黄小玲一定金额的赔偿。华帝公司此做法明显违背行业常识,致使现无法确定事故的原因,故可推定黄小玲受伤是华帝公司所生产的热水器造成的,华帝公司应对黄小玲的损失承担赔偿责任。

案例 2:铜陵有色股份线材有限公司诉山东泰开箱变有限公司产品责任纠纷案 ②

2011 年 5 月,铜陵有色股份线材有限公司(以下简称线材公司)与山东泰开箱变有限公司(以下简称泰开公司)签订《工矿产品买卖合同》,约定:泰开公司以每台 17.8 万元的价格向线材公司出售两台干式变压器。2011 年 7 月,线材公司的变压器投入运转。2012 年 8 月 18 日凌晨 4 时 45 分左右,干式变压器发生高压侧短路故障,造成线材公司正在生产的平炉系统损坏。2014 年 3 月 14 日,线材公司申请对平炉系统因停电造成的损失进行鉴定。2014 年 7 月 10 日,安徽质量技术协会经鉴定确定了停电对线材公司平炉系统造成的损失的范围。2014 年 10 月 21 日,经安徽蓝天工程造价咨询有限公

---

① 广东省广州市中级人民法院民事判决书(2005)穗中法民一终字第 2247 号。
② 安徽省铜陵市中级人民法院民事判决书(2015)铜中民一终字第 00150 号。

司鉴定,停电对线材公司平炉系统造成的损失为164 654.27元。另查明,造成线材公司平炉系统损坏的干式变压器事故发生后已由泰开公司从线材公司运回并进行了分解、报废处理。

受案法院认为,涉案变压器发生故障后,泰开公司将变压器运回,在双方未对变压器是否存在质量缺陷达成共识及泰开公司于2012年11月20日作出的《关于铜陵有色股份线材公司干变产品烧毁情况的分析》未取得线材公司认可的情况下,泰开公司擅自将涉案变压器报废处理,导致无法对该变压器是否存在质量缺陷进行鉴定,泰开公司应承担由此产生的不利后果,法院据此推定涉案变压器存在质量缺陷。

上述两个案件均为被告的原因导致涉案产品毁损或灭失,致使事故原因无法查明,具体缺陷无法判定,法院运用直接推定的方法判定涉案产品存在缺陷,由被告承担对于原告的赔偿责任,该方法的实质在于证据法则的运用与举证责任的分配,并与2008年《最高人民法院关于民事诉讼证据的若干规定》的精神相一致。第75条规定:"有证据证明一方当事人持有证据无正当理由拒不提供,如果对方当事人主张该证据的内容不利于证据持有人,可以推定该主张成立。"① 上述两个案件中,华帝公司将热水器拆除,泰开公司将变压器分解、报废,导致产品缺陷无从判定,其行为的实质与"持有证据无正当理由拒不提供"无异,因此法院支持原告的主张、免去原告对产品缺陷的证明、推定产品存在缺陷是与最高人民法院有关民事证据规则的司法解释相符合的。

2. 涉案产品未灭失

(1) 产品不符合国家标准或行业标准

如果涉案产品未灭失,接下来的步骤就是检验产品是否符合国家标准或者行业标准。如果产品不符合相关国家标准或行业标准,即可认定产品存在缺陷。该步骤的缺陷判断方法与《产品质量法》中规定的缺陷判断标准之法定标准相同。② 该方法是从便于对缺陷产品进行认定的角度出发的。③ 按照2017年《中华人民共和国标准化法》(以下简称《标准化法》)的规定,对需要在全国范围内统一的技术要求,应当制定国家标准。国家标准由国务院标准化行政主管部门制定。对没有国家标准而又需要在全国某个行业范围内

---

① 该条规定在2019年10月14日修正的《最高人民法院关于民事诉讼证据的若干规定》中为第95条:"一方当事人控制证据无正当理由拒不提交,对待证事实负有举证责任的当事人主张该证据的内容不利于控制人的,人民法院可以认定该主张成立。"
② 2018年《产品质量法》第46条后半段:"本法所称缺陷……产品有保障人体健康和人身、财产安全的国家标准、行业标准的,是指不符合该标准。"
③ 参见全国人大常委会法工委编:《中华人民共和国产品质量法释义》(第1条),载中国人大网,http://www.npc.gov.cn/zgrdw/npc/flsyywd/jingji/2001-08/01/content_140345.htm,最后访问时间:2024年7月29日。

统一的技术要求,可以制定行业标准。行业标准由国务院有关行政主管部门制定,并报国务院标准化行政主管部门备案。① 保障人身健康和生命财产安全的标准是强制性标准;强制性标准,必须执行。不符合强制性标准的产品,禁止生产、销售和进口。产品不符合"保障人体健康,人身、财产安全的国家标准、行业标准的"属于产品不符合强制性标准,即为违法产品。这种违法产品一旦进入市场就有可能给消费者造成人身、财产上的损害。因此,将不符合"保障人体健康,人身、财产安全的国家标准、行业标准的"产品规定为缺陷产品。②

案例 1:赵营利诉葛强、夏邑县吉祥烟花爆竹有限公司产品责任纠纷案③

2014 年 2 月 4 日,案外人赵某甲为庆祝儿子结婚在葛强处购买一些烟花燃放,燃放过程中其中一箱"富贵红"烟花在地面爆炸,将赵营利炸伤。涉案烟花是庆丰花炮厂生产,由夏邑县吉祥烟花爆竹有限公司(以下简称吉祥公司)批售给葛强,再由葛强销售给赵某甲的。赵营利以产品存在缺陷造成损害为由,向吉祥公司及葛强提起诉讼请求赔偿。受案法院认为,根据《烟花爆竹 安全与质量》(GB10631—2004)、《烟花爆竹 组合烟花》(GB19593—2004)规定,各类烟花产品燃放时不得出现炸筒、散筒、倒筒、冲底、断火、烧筒等现象,发射升空的内筒不得出现低炸、火险等现象。炸筒指燃放时烟花产品筒体产生不应有的炸裂现象;散筒指燃放时产生不应有的筒体开裂或筒体间分离的现象;倒筒指立于地面燃放的产品,在燃烧过程中倒在地面,且仍有色火向外喷射的现象;低炸指燃放时升空产品(不含 A 级产品)距离地面在 3 米以下发生爆炸的现象。C 级烟花爆竹属于危险性较小的个人燃放类产品,适于室外开放空间燃放,普通消费者均可以燃放。从赵营利提供的事故现场烟花燃放后的状态及残留物可以看出,涉案烟花属于 C 级组合烟花,在燃放后烟花筒体呈现散筒、炸筒状态,与合格烟花燃放后应有的状态不相符合,而庆丰花炮厂、吉祥公司、葛强既未提供相关证据证明燃放者在燃放该烟花时存在违规操作,也没有提供涉案烟花的生产合格证,据此可以认定涉案烟花是缺陷产品,烟花在燃放过程中给赵营利造成的伤害与产品缺陷存在因果关系。

在该案中,受案法院依据《烟花爆竹 安全与质量》(GB10631—2004)、《烟花爆竹 组合烟花》(GB19593—2004)的规定对涉案产品的致损情形进行判定,即为运用国家标准对产品是否存在缺陷进行判断。但是,有一点需要指出的是,审理该案的法院在对相关国家标准进行说明、解释并将之与涉案产品进行对照之后,又进一步提出该产品的生产者未能"提供涉案烟花的

---

① 参见 1988 年《标准化法》第 6 条;该法于 2017 年进行了修订,参见第 10 条、第 12 条。
② 董晓慧编著:《产品质量违法行为案例选评》,中国工商出版社 2020 年版,第 29—31 页。
③ 河南省商丘市中级人民法院民事判决书(2015)商民二终字第 301 号。

生产合格证,据此可以认定涉案烟花是缺陷产品"。这可以反映出,2009 年《产品质量法》中有关缺陷的认定方法,对于受理案件的法院认定产品缺陷,可以提供参照标准,即如果产品不符合相关国家标准、行业标准,产品即可被认定存在缺陷,但缺乏认定步骤的指导。事实上,仅凭"本案中的生产者未能提供涉案烟花的生产合格证"这一项事实,即足以认定涉案产品存在缺陷,而无须再进一步援引相关国家标准进行论证。

案例 2:吴进兴诉无锡市第四人民医院、无锡市三爱斯贸易有限公司医疗产品责任纠纷案 ①

2002 年 11 月 19 日,原告吴进兴因车祸被送入无锡市第四人民医院(以下简称无锡四院)治疗。被告无锡四院在为吴进兴治疗左股骨开放粉碎性骨折时实施了植入内固定手术。植入的内固定产品为被告无锡市三爱斯贸易有限公司(以下简称三爱斯公司)经销的股骨髁支持钢板(九孔),产品编号 synthes2021146240.930(以下简称钢板)。吴进兴于 2002 年 12 月 7 日出院,共花费医疗费 47 078.1 元。2004 年 6 月 27 日,吴进兴再次至无锡市胡埭医院门诊,门诊诊断为:左下肢能不用拐跛行无痛感约半年,昨傍晚在家行走时,突感左肢剧痛不能站立;查左下肢肿胀,压痛明显,活动受限;X 线摄片显示左股骨远端骨折内固定,对位对线尚可,有螺丝钉断裂,骨痂形成良好,钢板内固定断裂;建议转无锡四院。2004 年 7 月 26 日,吴进兴因体内的钢板断裂在无锡四院进行更换钢板的第二次手术,由三爱斯公司提供了手术所需钢板。吴进兴于 2004 年 8 月 31 日出院,手术医疗费为 9138.9 元(不含钢板价款),吴进兴支付了 3100 元。后吴进兴因医疗费用的赔偿问题诉至法院。

在本案审理过程中,法院委托国家食品药品监督管理局天津医疗器械质量监督检验中心对由吴进兴体内取出的钢板质量进行了检验,经检验:① 化学成分合格;② 硬度合格;③ 检验依据为 YY0017—2002《骨接合植入物 金属接骨板》。另查明:三爱斯公司在 2001 年 7 月取得医疗器械经营企业许可证,产品范围为三类矫形外科(骨科)手术器械。三爱斯公司销售给无锡四院用于吴进兴手术的钢板系进口产品,其生产商瑞士马特仕医疗器械有限公司于 2001 年 5 月取得中华人民共和国医疗器械注册证。三爱斯公司提交的认证文件表明马特仕医疗器械有限公司建立了符合 TÜV-SQS 认证的产品质量体系。法院认为:根据我国 2000 年《产品质量法》,产品缺陷是指产品存在危及人身、他人财产安全的不合理的危险;产品有保障人体健康和人身、财产安全的国家标准、行业标准的,是指不符合该标准。中华人民共和国医药行业标准 YY0017—2002《骨接合植入物 金属接骨板》第 4 条规定金属接骨板的要求为:① 材料(化学成分和显微组织检验);② 硬度;③ 耐腐蚀性能;

---

① 江苏省无锡市滨湖区人民法院民事判决书(2004)锡滨民一初字第 1622 号。

④ 表面质量。现检验部门仅对断裂钢板的两项质量作出合格的鉴定,该检验报告不能证明断裂钢板质量全部符合国家强制标准。三爱斯公司虽然提供了生产者的相关产品质量认证文件,但认证文件属于企业产品质量体系的认证,并不能证明具体产品的质量符合相关标准。应当认定产品提供方未能就产品不存在缺陷尽到证明责任。吴进兴在植入钢板后虽是在胡埭医院进行的复查和拆除石膏,但均是在医院进行的对症治疗,吴进兴在植入钢板后约1年即2003年年底开始不使用拐杖行走,亦未违背无锡四院的出院医嘱,因此该事实与钢板的断裂没有因果关系。

在上述案件中,法院依据行业标准对涉案产品进行对照,由于行业标准要求金属接骨板需要满足4项标准,而被告的产品仅仅满足其中的2项标准,因此法院认定涉案产品存在缺陷。运用国家标准、行业标准对产品是否存在缺陷进行判定,可以使缺陷的认定过程直观而便利。

(2) 产品符合国家标准或行业标准但造成损害

如果产品符合相关国家标准或行业标准,但仍然发生了人身伤害或财产损害的情形,产品是否存在缺陷呢?对于该问题的回答,由于2018年《产品质量法》中并没有作出明确的规定,理论上存在很多争议,在司法实践中,被告亦往往将产品符合国家标准或行业标准作为产品不存在缺陷的抗辩理由。对此,本书认为,产品符合相应的国家标准或者行业标准,并不能作为否定产品存在缺陷、生产者得以免责的充分依据。理由如下:

第一,形式逻辑的推理规则否定了生产者免责的理由。首先可以肯定的是,如果产品违反有关的国家标准或者行业标准,产品则是有缺陷的。我们可以将其看作一个充分条件的假言推理,其中,"产品违反有关的国家标准或者行业标准"为前件,"产品有缺陷"为后件。根据形式逻辑的基本原理,充分条件假言推理的有效推理形式有两种,即肯定前件式与否定后件式。具体到本书讨论的问题,肯定前件式意味着"产品违反有关的国家标准或者行业标准"可以推出"产品有缺陷"的结论;否定后件式则为"产品没有缺陷"可以推出"产品没有违反有关的国家标准或者行业标准"的结论。以上两种均为充分条件假言推理的有效推理形式,推理所得出的结论亦为有效结论。然而,如果认为生产者的产品符合了有关的国家标准或者行业标准就可以得出其产品没有缺陷的结论,则其为否定前件式的推理方式,因为相对于上述充分条件的假言推理而言,"符合"是对"违反"的否定,否定前件式的推理方式是无效的,依据该推理所得出的结论是不能成立的。所以说,产品符合了有关的国家标准或者行业标准,并不能作为否定产品存在缺陷的充分依据和理由。

第二,有关标准中立性的缺乏使其自身效力受到减损。产品质量标准的制定很难排除相关行业生产者的影响,特别是有关产品质量的行业标准,更是在很大程度上依靠行业内企业的积极参与。由于这种影响的存在,这些标准难免偏向于生产者而忽视消费者的利益。美国侵权法专家普罗瑟在论及这一问题时指出,工业界不被允许建立他们自己的行为标准作为一般的法律,因为他们可能会受到省时间、努力和金钱的动机的影响①。因此,如果以产品符合有关国家标准或者行业标准为根据来排除产品存在缺陷的可能,很容易偏袒生产者而不利于对消费者的公平保护。

第三,有关标准起点过低或者滞后使其权威性受到质疑。一方面,有关的国家标准或行业标准往往是有关产品卫生、安全指标的最低标准,因此标准的制定者并不能够保证,一项产品只要符合标准就不存在不合理的危险;另一方面,由于标准制定出来后,在相当长的一段时间内不会轻易更改,而随着科学技术的发展以及产品的大量应用,标准中一些不完善的地方会逐渐暴露出来②,如果仍然以滞后的标准为依据使生产者免责,不仅不利于消费者的保护,更重要的是对产品的技术更新会产生消极影响。因此,如果产品符合有关的国家标准或者行业标准,但仍然具有危及人身、财产安全的不合理危险,生产者不能以其产品符合有关标准而免责,其很可能仍需对消费者所遭受的损害承担赔偿责任。

下述两个案例的判决可以对本书的上述观点予以支持:

案例 1:覃燕兰夫妇诉南海市③永华玩具厂产品责任纠纷案

小韦富是覃燕兰夫妇的掌上明珠,2001 年年初,覃燕兰夫妇为小韦富购买了一辆链罩和齿轮没有固封的"小明星"牌童车作为四岁生日礼物。2001 年 1 月 20 日小韦富在和小朋友一起骑童车时,被童车链罩夹断大拇指,造成残疾。覃燕兰夫妇要求生产厂家南海市永华玩具厂赔偿。2002 年 9 月 26 日,覃燕兰夫妇向广东省广州市芳村区人民法院提起民事诉讼,要求南海市永华玩具厂赔偿医疗费、后续医疗费、住院伙食补助费、残疾者生活补助费、残疾赔偿金等合计 124 125.6 元。而厂家表示产品符合国家安全标准,没有缺陷,拒绝赔偿。法官查明,该标准为 10 年前制定的标准,确实没有规定链条不得裸露在外。法官认为,标准的滞后性和不科学性导致看上去符合标准的产品存在不合理危险。在这种情况下,产品虽然符合国家标准,但不符合社会普遍公认的安全性,仍然存在缺陷,生产者应当为缺陷产品承担损害赔偿责任。本案的判决其实表达了这样一种审判思路,即产品的不合理危险是认定缺陷的核心标准,而国家标准和行业标准只是操作标准,不符合国家标准和行业标准的产品可以认定为存在缺陷,但符合了国家标准和行业标准的

---

① 张骐:《中美产品责任法中产品缺陷的比较研究》,载《法制与社会发展》1999 年第 2 期。
② 刘敏:《权利配置与利益均衡——浅议合格产品与产品缺陷》,载《当代法学》2003 年第 1 期;谭启平:《符合强制性标准与侵权责任承担的关系》,载《中国法学》2017 年第 4 期。
③ 1992 年广东省撤销南海县设立南海市,2002 年撤市设区,现为广东省佛山市南海区。

产品并不一定就是安全的,如果存在不合理危险,仍旧可以被认定存在缺陷。不合理危险标准是认定缺陷的上位标准,国家标准和行业标准是认定缺陷的下位标准,只有不存在不合理危险的产品才是安全的。①

案例 2：石某诉宜昌市鸦鹊岭鞭炮礼花厂产品生产者责任纠纷案 ②

2010 年 2 月 13 日,原告石某在位于宜昌市夷陵区鸦鹊岭镇的岳父母家团年。中午吃饭前,原告之岳父将笛音雷燃放,燃放之后原告之岳母将其放置在屋外。之后,原告两岁的女儿将燃放完毕的笛音雷拿到烤火的房间内,放置在火炉旁边。下午 3 时左右,房间的爆竹燃了,原告立即跑向房间,抢救当时正在房间的女儿,随后笛音雷发生爆炸,原告眼睛受伤。原告受伤之后,立即被送往三峡大学仁和医院检查治疗。原告在三峡大学仁和医院住院 37 天,诊断为左眼爆炸伤,左眼角巩膜裂伤,花费医药费 10 441.76 元,诊断证明全休两周。2010 年 5 月 20 日,经宜昌仁和司法鉴定所鉴定,原告的伤残等级为七级,后期治疗费约需 8000 元。原告于 2010 年 8 月 5 日向湖北省宜昌市夷陵区人民法院提起诉讼,要求被告宜昌市鸦鹊岭鞭炮礼花厂（以下简称鞭炮厂）承担赔偿责任。原审法院经审理认为,被告出具了宜昌市产品质量监督检验所的四份检验报告,以此证明自己生产的产品在质量上不存在问题。产品合格检验报告只能证明产品符合国家有关法律法规、质量标准,并不能证明产品不存在缺陷。产品存在缺陷可以从两个方面进行认定：一是产品存在一种不合理危险,二是产品不符合法定安全标准。对于符合法定安全标准,但具有不合理危险的产品,仍视为缺陷产品。换言之,有缺陷的产品肯定质量不合格,产品质量合格并不等于产品不存在缺陷。况且检查报告对产品采取的是抽样检查的方式,某批抽样产品质量合格并不能据此认定原告购买的产品就为合格而没有缺陷。综上所述,被告应该对此次事故承担责任。

（3）达标产品是否背离既定的设计规格而存在制造缺陷

明确了产品在符合相关国家标准或行业标准的情况下造成人身伤害或财产损害仍可认定产品存在缺陷,接下来的步骤便是检测涉案产品是否存在制造缺陷。

目前国内对于制造缺陷的定义大致趋同,例如,张新宝先生将制造缺陷定义为,"因产品原材料或配件存在缺陷,或者在装配成最终产品的过程中出现某种错误,而导致产品具有不合理的危险"③。杨立新先生曾将制造缺陷定义为,"产品在制造过程中因原材料、配件、工艺、程序等方面存在错误,导致制作成最终产品具有不合理的危险性"④。后杨立新先生将制造缺陷定义

---

① 张云：《我国产品后续观察义务研究》,法律出版社 2020 年版,第 90 页。
② 湖北省宜昌市中级人民法院民事判决书(2012)鄂宜昌中民三终字第 00105 号。
③ 张新宝：《侵权责任法》（第 5 版）,中国人民大学出版社 2020 年版,第 208 页。
④ 杨立新：《侵权法论》（第 3 版）,人民法院出版社 2005 年版,第 479 页。

为,"产品在制造过程中所产生的不合理的危险。危险产生的原因多样,包括质量管理不善、技术水平差等。此种缺陷可能发生于从原材料、零部件的选择到产品的制造、加工和装配工序等各个环节"①。在本书看来,张新宝先生与杨立新先生对于制造缺陷的定义似乎更为偏重对制造缺陷的表现形式或者制造缺陷的发生阶段等方面进行说明和解释,并没有总结出产品在存在制造缺陷的情况下所具有的核心特征。事实上,在产品存在制造缺陷的情况下,该产品一定与同一条生产线上生产的同批次产品存在差别,因此生产者自己对该批次产品所进行的规格说明便是判断该产品是否存在缺陷的最便捷方法和最客观标准。所以,本书建议采用"产品与生产者既定的设计规格相背离"作为制造缺陷的定义,以"对于既定设计的背离"作为判断制造缺陷的基本标准。

利用生产者自己的设计标准或规格对产品的制造缺陷进行判断似乎比"不合理的危险"标准更加确定、客观、便利和直接。产品违反了生产者自己制定的设计标准,会使产品处于一种"自我拆台"的状态,产品存在缺陷成为不言而喻的事实。事实上,该标准对于我国来说并不陌生,国内已经存在运用该标准对产品缺陷进行判断的司法实践,只不过是缺乏对该标准的明确表述而已。

案例 1:李承富等诉时风集团产品责任案 ②

2001 年 6 月某日,张学银驾驶一辆时风牌三轮农用运输车行驶至加油站门前时,因左后轮脱落,导致车辆驶入对向车道,与另一辆车相撞,致使三轮农用运输车上乘客李昌云受伤,抢救无效死亡。李昌云的家属李承富等因此请求损害赔偿。国家机械工业局农用运输车鉴定试验湖北检测站对该三轮农用车进行鉴定,其结论为,该车后轮螺栓紧固方式与图纸后桥总成装配图不符:左后轮毂的螺栓孔孔径图纸要求为 15+0.05,检验结果 5 个螺栓孔孔径分别为 15.18、15.16、15.18、15.18 和 15.26,不符合图纸要求,孔径偏大;左后车轮脱落的原因是 5 个轮胎螺栓中有一个轮胎螺栓头部完全脱落,有 3 个屈胎变形翻边,导致紧固失效,直至螺母完全脱落。而螺栓头部脱落和变形的原因是轮毂螺栓孔孔径偏大与轮胎螺栓滚花处配合的过盈量减少,紧固轴向力主要作用于螺栓的头部,加之螺母拧紧时扭矩过大造成的。受理该案的湖北省宜昌市伍家岗区人民法院对上述鉴定结论予以采纳,判定被告时风集团的产品存在缺陷与死者死亡存在因果关系,应当对死者的家属进行损害赔偿。

---

① 杨立新:《侵权责任法》(第 4 版),法律出版社 2021 年版,第 359 页。
② 《李承富等诉时风集团产品责任案》,载找法网,https://China. findlaw. cn/xfwq/xiaofeiweiquananli/294148. html,最后访问时间:2024 年 9 月 19 日。

本案中,鉴定结论的作出是通过将涉案产品与被告的图纸进行对照,发现产品与图纸不符,从而得出产品存在缺陷的结论,法院对于鉴定结论的采纳,表明法院对于根据生产者的既定设计对产品是否存在缺陷进行判断的认可和接受。

2014年重庆市南川区人民法院审理的龚自国与滕召铁产品销售者责任纠纷一案中,同样运用了"与既定设计背离"的标准来判断产品所存在的缺陷。

案例2:龚自国诉滕召铁产品销售者责任纠纷案①

2014年5月初,原告龚自国接受杨祥忠委托,为杨祥忠已经购买的一台太阳能热水器代购并安装太阳能热水器测控仪。原告到被告滕召铁经营的位于重庆市南川区东城街道仙龙潭的门市部购买了一台太阳能热水器测控仪(产品合格证标注"制造商:德州海城电子有限公司")。2014年5月5日,原告在杨祥忠家安装太阳能热水器测控仪过程中触电受伤,于当日入住重庆市南川区人民医院,住院诊断为左前臂皮肤挫裂伤、左侧掌长肌腱及桡侧腕屈肌腱断裂、左侧桡动脉分支断裂、左中指皮肤裂伤、电击伤、枕部头皮血肿。原告住院产生医疗费13 578.70元,请求被告赔偿未果,双方发生纠纷,原告遂诉至法院。庭审过程中,双方当事人共同委托重庆市电子电器商品质量监督检验站对被告出售的安装在杨祥忠家的太阳能热水器测控仪是否存在质量问题进行鉴定。重庆市电子电器商品质量监督检验站于2015年3月18日作出《司法鉴定检验报告书》[重电子(2015)鉴字第002号]。该报告书作出如下分析说明:(1)按照使用说明书和实物结构,正常工作状态下,连接电磁阀的接线端子的电压应为DC12V的安全电压,连接温度传感器的接线端子及信号线上的电压也应是安全电压;(2)在现场,保持太阳能热水器和测控仪的连接线在位,接通电源后,连接电磁阀的接线端子、连接温度传感器的接线端子、温度传感器连接线室外端与地线的电压均为交流210V以上;(3)在现场,脱开太阳能热水器与测控仪的连接线,接通电源后,连接电磁阀的接线端子,连接温度传感器的接线端子与地线的电压均为交流220V以上;(4)在实验室,正常电压供电,测控仪不连接太阳能热水器,接通电源后,连接电磁阀的接线端子,连接温度传感器的接线端子与接地端子的电压均为交流220V以上。鉴定检验结论:测控仪在工作状态下,功能异常,应是安全电压的电磁阀接线端子、温度传感器接线端子和连接线均带电(210V以上),有发生触电的危险。受案法院根据上述鉴定结论,认定被告出售给原告的测控仪存在产品缺陷,应向原告承担赔偿责任。

在该案中,重庆市电子电器商品质量监督检验站依据产品的使用说明

---

① 重庆市南川区人民法院民事判决书(2014)南川法民初字第02611号。

书,将工作状态下的产品与之进行对照,从而得出鉴定结论,并被法院采纳为判断产品是否存在缺陷的依据,即为运用"与既定设计背离"标准判断产品是否存在缺陷的典型做法。

(4) 符合既定设计规格的达标产品是否存在警示缺陷

在产品符合国家标准或行业标准且未背离产品的既定设计规格、不含有制造缺陷却仍旧造成了产品消费者或用户伤害或损害的情况下,就需要考虑产品是否存在设计缺陷或警示缺陷了。由于产品警示缺陷的判断相对容易,通常仅需要将产品的风险与产品的使用说明书和注意事项进行比对,因此将警示缺陷的判断前置于设计缺陷的判断,更有利于节约诉讼资源。

目前国内对于产品警示缺陷的概念限定于生产者没有提供警示与说明,或者没有提供适当的警示与说明,致使其产品在使用、储运等情形下具有不合理的危险①,并没有将产品的警示与说明对于消费者的购买决策所产生的影响包括进来。事实上,对于某些存在"不可避免的危险"的产品来说,充分适当的警示与说明对于消费者购买决策的形成是至关重要的信息,因此一个完整的产品警示缺陷的概念应当表述如下:生产者有义务提供适当的产品说明与警示来减少产品使用中的风险,并且可以使消费者据此选择是否承受该风险,生产者对于上述义务的违反使产品构成警示缺陷。

由于生产者提供的警示与说明可能对消费者的购买决策以及产品事故的发生率产生重要的影响,因此从生产者的角度来考虑,可能在警示与说明的程度上存在难以拿捏的问题。如果生产者提供的警示与说明可以产生效果,那么一个较强烈的警告可能会使较少的消费者去购买这种产品;反过来,一个较轻微的警示与说明可能会引起较多的消费者去使用这种产品。较强的警示与说明能避免较多的危险,但要以赶走本来会使用其产品的消费者为代价,减少生产者的利润;较轻微的警示与说明可能会吸引本来不会使用其产品的消费者,增加生产者的利润,但同时要面对事故成本增加的风险。②在本书看来,由于产品提供警示与说明的目的即在于避免产品使用中的风险或者说实现产品的使用安全,因此生产者提供的产品警示与说明应当首先以保证安全作为所追求的目标,而不应当以对产品销售量减少的顾虑来斟酌产品警示与说明的内容与程度。但是,将保证安全作为产品警示与说明的目的,并不意味着产品警示与说明的提供可以保证产品使用中的绝对安全。在这里,本书尝试对产品警示与说明的一般要求进行说明,该要求也是判断产品是否存在警示缺陷的一般标准:

第一,从产品自身的性质来看,如果产品本身属于易燃、易爆、剧毒物质

---

① 张新宝:《侵权责任法》(第5版),中国人民大学出版社2020年版,第209页;王利明主编:《中国民法典学者建议稿及立法理由·侵权行为编》,法律出版社2005年版,第229页。
② 张骐:《中美产品责任法中产品缺陷的比较研究》,载《法制与社会发展》1999年第2期。

或者产品本身有可能产生对人体造成严重伤害的副作用,那么产品生产者应当对产品可能造成的危害结果提供醒目、清晰、明确的说明,以便于消费者作出理性谨慎的购买决策;同时,生产者还应当对上述危险物品的使用方法、步骤以及注意事项作出详细的说明,为消费者正确地使用产品提供指导,以减少风险事故的发生。

第二,从产品的客户群来看,如果产品是为大众所消费、使用的,警示与说明应当为社会上不具备专门知识的一般人注意、知晓、理解;如果产品是为特定人所消费、使用的,警示与说明应为具备专门知识的特定人注意、知晓、理解。①

第三,从产品的用途来看,产品的警示与说明应当严格地限定本产品设计时所既定的目的和用途,如果产品的消费者和用户将产品用于既定的用途之外而造成伤害或损害,生产者可以免于责任的承担。

第四,从产品的形态来看,如果产品为散装货,那么由生产者直接向产品的消费者或最终用户提供警示与说明或许存在困难,但生产者对产品的经销商提供产品警示与说明的义务并不能因此而减免;在产品的最终用户或消费者提出产品警示缺陷的场合,应当按照前述三条原则对生产者向经销商提供的产品警示与说明进行衡量以判断生产者的责任。

下文的案例将对警示缺陷的判断作出进一步说明。

案例1:李华林诉楚雄昇源农机制造有限公司、双柏裕丰农机配件销售门市部产品责任纠纷案②

李华林于2006年5月2日在双柏裕丰农机配件门市部(以下简称农机门市部)购买了由楚雄昇源农机制造有限公司(以下简称昇源公司)生产的飞旋牌1gsnz-100型旋耕机一台。同年5月9日,李华林没有安装防护罩就将旋耕机与拖拉机连动,致其左腿被绞伤。当即李华林被送到双柏县人民医院医治并于当晚转送成都军区昆明总医院治疗,经诊断后李华林作了截肢手术,于2006年7月出院,住院48天。同年9月22日,李华林又再次到楚雄州人民医院住院治疗至10月20日出院。经鉴定,李华林的伤残程度为三级伤残;医疗终结时间为8个月;护理依赖为三级护理。李华林为治疗所花费用合计304 137.65元。昇源公司于2007年1月18日将飞旋牌1gsnz-100型旋耕机报送云南省农业机械鉴定站进行试验检测,结论为:① 飞旋牌1gsnz-100型旋耕机经试验检测,技术技能和安全指标均达到试验判定依据的技术条件要求;② 图纸及技术资料完整、统一、正确,符合有关标准要求,能组织批量生产;③ 有完整的进出厂检验体系和售后服务保证。试验检测合格。受案法院认为,本案作为产品责任纠纷,其侵权民事责任的构成要件为:

---

① 张新宝:《侵权责任法原理》,中国人民大学出版社2005年版,第399页。
② 云南省高级人民法院民事判决书(2008)云高民一终字第51号。

① 产品有缺陷；② 损害是由产品缺陷所致。涉案的飞旋牌 1gsnz-100 型旋耕机经农业部、云南省农业机械鉴定站鉴定为合格产品，虽然无证据证明其存在设计上、制造上的缺陷，但该产品的说明书并未使用中文对在安装过程中不安装防护罩就与拖拉机联动可能产生危及人身安全的危险结果加以警示说明，仅在说明书中用图例标明了该产品各构造部分的名称及位置，而该警示说明对于李华林这样没有飞旋牌 1gsnz-100 型旋耕机使用经验，也不具备飞旋牌 1gsnz-100 型旋耕机操作技能的普通消费者而言是必要的。故法院认为飞旋牌 1gsnz-100 型旋耕机虽然是合格产品，但因其存在产品警示的缺陷并导致李华林受损，因此作为生产者的昇源公司应对李华林承担损害赔偿责任。

本案中，涉案的旋耕机既具有机械装置的专业性，也具有机械产品的危险性，故生产者应当在其使用说明书中对正确的安装、使用方法作出详细的说明，并就不遵守该方法的可能危害后果提出充分警告。但本案中的被告生产者在产品的说明书中既没有对安装的步骤作出说明，也没有对安装方法不当带来的风险提出警示，并最终造成产品用户的人身伤害，被告的产品构成警示缺陷，应当对原告承担赔偿责任。

案例 2：俞惠勤、金坚诉金琴芳、吕国保、中路股份有限公司、无锡吉祥狮科技有限公司机动车交通事故责任纠纷案①

被告吕国保于 2009 年 5 月 20 日 7 时左右驾驶牌号为鲁宁助力车牌照 N92396 的两轮摩托车与金兴虎发生追尾事故。金兴虎在发生事故倒地后，立即丧失意识，后于 2009 年 5 月 22 日 7 点 40 分因抢救无效被宣告死亡。交警支队在事故发生后作出交通事故责任认定书，主要内容为：被告吕国保未取得机动车驾驶资格而驾驶两轮摩托车，且在驾驶过程中疏忽大意未注意观察路面情况以保证行车安全，上述违法行为系本次交通事故发生的根本原因，应由其负全责；金兴虎并无违法行为，其无须对本次事故负责。另查明，被告吕国保驾驶的牌号为鲁宁助力车牌照 N92396 的两轮摩托车系其于 2009 年 2 月底自被告金琴芳经营的宝山区好的来电动车商店购买，随车配备的用户手册注明该车辆为燃油机助力自行车，但经上海市道路交通事故鉴定中心鉴定，该肇事车辆发动机工作容积约为 69 立方厘米，属二轮摩托车，应纳入机动车管理范围。

原审法院经审理认为：公民的生命健康权受法律保护。被告吕国保驾驶的牌号为鲁宁助力车牌照 N92396 的车辆据随车配备的用户手册注明为燃油机助力自行车，属于非机动车，因此吕国保购买该车后无须特殊的培训和考核即可驾驶该车辆；但根据鉴定结果该肇事车辆发动机容量已经超过了非

---

① 上海市第二中级人民法院民事判决书（2010）沪二中民一（民）终字第 917 号。

机动车的标准,实为两轮摩托车,属于机动车,可以达到较快的车速,具有较高的危险性;由此可见,该肇事车辆的用户说明与实际情况严重不符,且该不符实际的说明危及使用者及他人的人身、财产安全,因此该肇事车辆存在产品缺陷。

本案中,助力车生产者提供的产品说明,没有准确描述其产品的性质,将本属机动车的助力车描述为属于非机动车的助力自行车,这一方面不适当地降低了产品本身所具有的风险,另一方面未能适当地提醒驾驶该车的用户或消费者所应具备的资格和能力,由此增加了交通事故发生的可能性以及后果的严重性,以至于使产品的用户以及道路上行驶的其他人面临不可预测的风险,并最终造成了人身伤害的实际后果,因此认定产品存在警示缺陷。

案例3：吴孟璇诉贝亲株式会社、上海丽婴房婴童用品有限公司、上海第一八佰伴有限公司产品责任纠纷案 ①

2003年6月,原告的母亲郑钦从被告上海丽婴房婴童用品有限公司(以下简称丽婴房公司)设在被告上海第一八佰伴有限公司(以下简称八佰伴)的柜台购买了一个由被告贝亲株式会社生产的微波炉奶瓶消毒盒。该奶瓶消毒盒配有中日文说明书各一份。中文说明书第一部分配合图示介绍了消毒盒的各个部件的名称,第二部分介绍了产品的特征,第三部分按顺序并配合示意图分八点就使用流程进行说明,第四部分为注意事项,第五部分对产品的规格作了说明。其中,"使用说明"第三点要求在给水盘中放入约50毫升的水;第七点要求在消毒后将消毒盒继续置于微波炉内一段时间等待冷却,然后用双手水平取出,并提示消毒后消毒盒将变得十分烫手;第八点要求将消毒盒放在水平面上,打开放水栓并倾斜盒身将残积的水放出,并当心热水烫手。"注意事项"第一点要求一定在水盘内加入50毫升水,绝不要空加热;第四点要求从微波炉中放入或取出消毒盒时一定要保持水平,否则水会洒出。日文说明书比中文说明书详细,警示说明中有一段日文文字为"勿让儿童靠近",该表述在中文说明中并未出现。

2003年7月原告出生后,原告的家人即使用该奶瓶消毒盒为原告的奶瓶消毒。在近21个月的使用期间内,原告的家人按照该产品的中文使用说明书进行操作,未发生任何问题。2005年4月17日,原告的母亲在使用该产品进行奶瓶消毒的过程中,在经微波炉加热后,未遵守在微波炉内进行冷却的操作规程,而是直接打开了微波炉炉门;在消毒盒尚未冷却的情况下,又打开了消毒盒盒盖,且未按使用说明的要求在打开盒盖前先将盒内残积水放掉。随后,原告的母亲在厨房中取用奶粉打算为原告冲奶粉。这时,原告进入厨房,伸手抓到了已打开盒盖的奶瓶消毒盒,导致该奶瓶消毒盒整体翻起,

---

① 上海市浦东新区人民法院民事判决书(2005)浦民一(民)初字第16681号。

盒内覆出的热水将原告的脸部、颈部、前胸部多处烫伤。原告的家人随即用冷水对原告进行了紧急处理,然后叫救护车将原告送至上海市医疗急救中心救治。2005年4月19日起,原告前往瑞金医院多次治疗,并在原告父母的带领下到美国看了两次门诊。后原告以涉案奶瓶消毒盒存在指示缺陷为由,对三被告提起诉讼,请求赔偿。①

上海市浦东新区人民法院经审理认为:本案所涉消毒盒的中文说明书,明确指示了两个重要的操作步骤:一是消毒后消毒盒继续置于微波炉内一段时间等待冷却;二是将消毒盒放在水平面上,打开放水栓并倾斜盒身将残积的水放出。并且该两个操作步骤均作了防烫警示。同时,中文说明书注意事项部分还对从微波炉中取出消毒盒时一定要保持水平作了专门提示。上述操作步骤和注意事项提示,系为防止烫伤事件发生而设定,也是基本的使用规程,而且操作起来并无难度。使用者应当遵守产品的基本使用规程,这是生产者合理的期待。故此,法院认定,本案所涉消毒盒的中文产品说明书,已经通过文字结合图示的方法,对产品的结构、使用步骤、注意事项作了明确的说明。一个正常的成年人,通过参阅该中文说明书,已经足以安全驾驭、使用该产品。原告的家人在原告烫伤前的长达21个月的时间内,遵守了中文说明书的要求使用该产品,故未发生任何问题,便是明证。中文说明书对于使用消毒盒的成年人亦多次提出防烫的警示,因而让缺乏认知能力的幼儿远离高温状态下的消毒盒,是一个正常成年人没有理由不知晓的常识。说明书中是否有"勿让儿童靠近"的警示语,并不构成一个正常成年人尽到该项注意义务的依赖。故此,日文说明书中关于"勿让儿童靠近"的警示语在中文说明书中未出现,只能说明日文说明书更加完善,但不能得出中文说明书存在指示缺陷的结论。故此,法院认定,本案所涉产品并无指示上的缺陷。原告之所以被烫伤,是因为事故当日原告的家人未遵守奶瓶消毒盒的基本操作步骤,而且也没有尽到监护的注意义务。该事故的发生,与三被告无法律上的因果关系。故此,原告要求三被告承担产品责任,缺乏事实和法律的依据,法院难以支持。

上述案件中,原告的诉讼请求没有得到法院支持,是基于涉案产品并不存在警示缺陷的判定。受案法院对于警示缺陷的判断分为以下两方面:一方面,将按照中文说明书的指示进行规范操作的实际效果作为否定产品存在警示缺陷的依据;另一方面,提出了构成警示缺陷的排除因素,即对于常识性的风险以及产品存在的合理危险,不必将其包含在产品警示的范围之内。同时,将消费者的误用所导致的损害后果与产品缺陷的判断相剥离,排除了生产者对受害人过错导致的损害承担责任的可能性。

---

① 本案原告起诉时同时主张涉案产品存在设计缺陷与指示缺陷。有关奶瓶消毒盒设计缺陷的问题,本书将在下文的设计缺陷的判断标准一节进行讨论。

(5) 符合既定设计规格的达标产品是否存在设计缺陷

符合既定设计规格的达标产品致人损害,如果产品的使用说明书或相关警示无可指摘,那么就该考虑涉案产品是否存在设计缺陷了。在布莱克法律辞典中,设计缺陷被定义为,产品带来的可预见的伤害的风险,可以通过一个更为合理的替代设计予以减少或避免,而未采用这样的设计,使产品不具有合理的安全,该产品则存在设计缺陷。① 设计缺陷通常表现在以下几个方面:食品、药品的配方存在错误,产品的原材料选取不当,产品的结构设计不合理,产品形状不适当,产品工艺不精细等。

关键的问题是,究竟何为"更为合理的替代设计"? 回答这个问题,首先需要探究决定或影响产品设计的若干因素。产品设计是应用相关的专业技术理论把拟开发的新产品概念具体表达为能被生产过程接受的技术文件和图样的过程。影响产品设计决策的因素主要有以下几个方面:

第一,企业的市场营销目标。实际上,在新产品开发的每一步都应当把企业的目标作为第一指导标准,这包括企业所希望的产品定位、产品组合方式和所希望的公司形象。其中产品定位包括针对的客户群和价格,企业在设计之前会对此进行预先设定,并在此基础上进行设计,定位不同的产品在设计时其功能和性能都会存在差异,因此在零部件的选择时上也会有所体现。

第二,成本。企业的目的是营利,利润空间在很大程度上取决于制造成本的高低。设计的选择对制造成本有很大的影响,例如设计决定零件的形状、表面光洁度、材料以及如何装配,这些均会影响制造成本。专家们认为,产品设计阶段的成本预测,是降低成本的重要环节,这一步的失误将直接影响企业投产后的经济效益,甚至涉及企业的生死存亡。因此,在设计阶段应充分考虑技术与经济的统一,使产品尽可能做到最优的性价比。②

第三,企业条件的限制。产品设计只能在企业所能提供的条件下进行。这类限制条件主要是指:给定的财务预算,企业现有的技术和设备能力(虽然这并不意味着完全受制于现有技术和设备能力),企业的计划安排和希望的时间期限。

第四,经营环境的限制。对新产品设计决策限制最严格的部分来自经营环境。有关产品的法规是不容忽视的条件,在新产品设计中,从产品成分的组成到产品的外观和包装都可能受到法律的规制。

第五,情感因素的影响。设计师在进行产品设计时,除了考虑产品的功能,也赋予了它一定的形态,而形态可以表现出一定的性格,就如同产品从此有了生命力。人们在使用产品的过程中,会得到种种信息,引起不同的情感。当设计使产品在外观、肌理、触觉都使人产生美的体验时,使用者就会有好的

---

① Bryan A Garner, *Black's Law Dictionary*, West Group, 1999, p. 429.
② 刘达斌、刘伟、徐晓刚:《支持产品设计决策的仿真模型》,载《机床与液压》2002年第1期。

情绪感觉。当市场上不同品牌的同类产品在功能、质量、价格等方面都十分相似时,消费者购买和拥有该产品的"情感利益"往往会对消费决策起到决定性的作用。这一设计理念是基于社会发展实际的一种升华,是对人们日益提高的精神需求的迎合与发展。① 因此,在产品设计的过程中,消费者的情感因素具有非常重要的意义。

从以上影响产品设计的因素可以看出,产品设计方案的最终形成是对多种因素进行权衡的结果,其中任何一个因素似乎都不具有凌驾于其他因素之上的优势。在发生产品致损事故的情况下,受害原告主张产品的设计存在缺陷的同时,通常会提出生产者本来应当采用的设计方案来消除其所遭受的损害。但是,受害原告在这里是将产品的安全性能置于产品设计的其他因素之上,既没有考虑产品设计的改变是否会带来产品生产成本的增加以及相应的价格增长,也没有考虑产品设计的改变是否会影响产品的外观从而影响消费者的情感利益等,因此判断造成损害的产品是否在设计上存在缺陷,仅仅依据存在可以避免损害的设计并不能解决问题。

虽然产品设计方案的形成是多种因素作用的结果,但是比较针对同一产品的两种不同设计时,还是有一个大致的框架可以遵循——如果确实存在一种替代设计比生产者采用的设计更为安全,那么接下来就应当考虑:第一,生产者在设计产品时如果采用原告所主张的替代设计是否存在技术上的可行性;第二,是否具有经济上的合理性,即生产者如果采用原告所主张的替代设计是否会导致产品成本的大幅增加;第三,是否会带来产品效用的降低;第四,是否会使产品产生新的危险;等等。当然,进行这样的权衡,尤其是在涉及复杂产品设计的情况下,对于并非工业产品设计专家的法官来说绝非易事,但这项任务的完成可以借助具有中立性质的专业咨询或鉴定机构的力量。

此外,对于设计缺陷的认定,还应考虑以下排除因素:

第一,产品发挥既定用途而存在的合理风险不是缺陷。例如:餐刀有割伤人的风险,电吹风有烫伤人的风险,穿旱冰鞋有摔伤的风险,剃须刀有划破皮肤的风险等。这些风险均为产品在正常使用过程中可能存在的合理风险,不能认定为产品缺陷。

第二,产品的消费者或用户按照产品的使用说明使用产品,并以合理的谨慎程度来遵守使用产品的注意事项时,产品发挥了既定用途,并未发生任何风险;则其未按照产品的使用说明,没有尽到合理的谨慎来遵守相关注意事项而发生了损害后果时,不得以此认定产品存在缺陷。

第三,针对不同的消费人群,同类商品可能会采用不同的原料进行生产,相应地价格也会存在差异,通常情况下,更为结实耐用的原料所生产的产品性能会更加卓越,安全程度也更加有保障,但价格也会成比例地提高。如果

---

① 李云:《产品设计中的情感因素》,载《包装工程》2021 年第 14 期。

消费者或用户在购买时明知或应知同类但不同档次的商品所存在的性能上的差异,而选择价格低廉的商品,则不得以高价商品所具有的优越性能来主张低价商品存在缺陷。

第四,对设计缺陷的判定,应当以产品进入流通领域之时的技术水平来进行衡量,涉案产品进入流通领域之后问世的其他新产品,不得用来作为主张涉案产品存在缺陷的依据。

下面的案例将对设计缺陷的判定作出进一步说明:

案例1:时改娃、王占召诉蜡笔小新(福建)食品工业有限公司、王海朝、雷占强、韩建克产品责任纠纷一案[①]

2010年12月27日上午,原告时改娃与案外人穆妮、孙文现、郭军安四人在被告王海朝开办的小卖部打麻将,10点钟左右,原告女儿王枫茜哭闹着向原告时改娃要果冻吃,原告王占召向在场的被告王海朝之妻宋秀枝购买蜡笔小新(福建)食品工业有限公司(以下简称蜡笔小新公司)生产的"纤味什锦果冻"一包,宋秀枝用剪刀将果冻外包装剪开,递给王占召,王占召递给王枫茜,王枫茜掏出一颗拿在手中边撕开小包装边吃,从王海朝小卖部出去,到附近沙堆旁玩耍,时间不长,门口有人喊时改娃,说王枫茜吃果冻噎住了,原告时改娃急忙从小卖部出来抱住王枫茜,发现王枫茜脸色发青,口中向外流水,瞪着眼睛,便用手指从王枫茜口中往外掏。此时引来不少人的围观,时改娃向对面卫生所医生王叶求救,王叶查看后表示自己没办法,建议尽快送卫生院抢救。在场的案外人孙文献骑摩托车将原告时改娃及其女儿送往王坪乡卫生院救治,被告王海朝随后也跟到王坪乡卫生院去探望。王枫茜经王坪乡卫生院抢救无效死亡。受案法院经审理查明,被告王海朝小卖部卖给原告王占召的果冻系被告蜡笔小新公司产品,每包重120克,8粒装,每粒重15克,直径4.6厘米,其包装背面左下侧印制有黄底红字的警示标志,内容为"注意勿一口吞食,三岁以下儿童不宜食用,老人儿童须监护下食用"。字体高度约为三毫米。法院认为,本案中所涉果冻产品作为一种食品,尤其是一种以儿童为主要消费群体的食品,不仅应考虑其作为一种食品对于人体健康的影响,还应考虑这种产品对于儿童是否存在不合理危险。儿童身体发育不完全,吞咽反射功能弱,易发生异物卡住咽喉的情况。小杯形果冻质感光滑柔韧,形状像塞子,不慎进入气管后,其形状可随气管的舒缩变化形状,形成阻塞,不易排出,从而导致窒息,所以对于儿童而言,小杯形果冻就成为一种具有危险性的产品,将食用者置于不合理的危险之中。近年来多地发生的儿童食用果冻导致窒息的事件亦说明了这一点。即使在果冻的包装上印有警示用语,亦不能掩盖产品自身的缺陷。

上述案件中,受案法院对于产品设计缺陷的判定,采用了如下方法:首先对涉案产品的形状、尺寸以及质地进行了说明,然后分析了相应年龄儿童的

---

① 河南省洛阳市中级人民法院民事判决书(2012)洛民终字第1198号。

身体发育特征,进而指出涉案产品可能会给相应年龄儿童带来的风险,在此基础上认定产品存在设计缺陷。本案中,造成伤害的果冻的缺陷在于产品的形状与尺寸,如果生产者在产品设计阶段,预先考虑到儿童的身体特征,而将果冻设计成大杯状(市场上的同类产品已有这样的设计),使儿童在食用时不可能一口吞下,而只能小口咬食,或者即便是吞食,但由于果冻的体积大于儿童喉管的尺寸,也不会发生儿童被窒息的后果。而生产者改变果冻的形状,不仅存在技术上的可行性与经济上的合理性,而且也不会给食用者带来新的危险,产品的效用也不会受到影响。还有一点需要说明的是,果冻质感光滑柔韧,这是生产果冻时选取的原材料所带来的效果,毕竟消费者喜食果冻,其根本在于果冻的口感。虽然光滑柔韧的效果带来的副作用为易滑入喉管产生堵塞,但这一点并不能成为认定果冻存在缺陷的理由。因为,如果为了避免果冻滑入喉管而改变果冻的原材料,则会影响果冻的口感,进而降低消费者对果冻的购买欲望,最终影响产品的效用,因此在本案中,生产果冻的原材料并没有成为认定设计缺陷的落脚点。

案例2:吴孟璇诉贝亲株式会社、上海丽婴房婴童用品有限公司、上海第一八佰伴有限公司产品责任纠纷案 ①

2003年6月,原告的母亲郑钦从被告上海丽婴房婴童用品有限公司(下简称丽婴房公司)设在被告上海第一八佰伴有限公司(下简称八佰伴)的柜台购买了一个由被告贝亲株式会社生产的微波炉奶瓶消毒盒。该奶瓶消毒盒内有一个给水盘用于盛水以供微波炉加热成水蒸气后消毒。给水盘在结构上内侧低、外侧高,内侧边缘可以卡在盒身内底侧一突起部位之下,使用时奶瓶架置于给水盘之上,可以在一定程度上压住给水盘,如奶瓶架上再放置奶瓶则可以基本固定住给水盘的位置;给水盘外侧有一道边缘,如盒盖被打开且受较大压力导致给水盘下滑,给水盘的外侧边缘可以卡在打开的盒盖上,再加上奶瓶架的阻隔,除非消毒盒整体翻起,给水盘中的水亦不会大量溢出;消毒盒的盒身与盒盖连接处有一段长约三厘米、弧度约二十度的向上弯曲部分,如盒身基本保持水平,则可以防止盒内底部积水的溢出;盒身底部设置了一个放水孔,用于打开盒盖前放出盒内的残留水;相比盒盖,盒身的体积较大、重量较重,接近盒盖盒身连接处的盒身底部有两个凸起的支点,这样在一定程度上有利于消毒盒盒身重心的稳定。

2003年7月原告出生后,原告的家人开始使用该奶瓶消毒盒为原告的奶瓶消毒。在近21个月的使用期间内,原告的家人按照该产品的中文使用说明书进行操作,未发生任何问题。2005年4月17日,原告的母亲在使用该

---

① 上海市浦东新区人民法院民事判决书(2005)浦民一(民)初字第16681号。本书在上文警示缺陷部分已经就该案例进行了讨论,由于原告同时提出设计缺陷与警示缺陷的诉讼主张,因此在这里再次引用该案例。

产品进行奶瓶消毒的过程中,在经微波炉加热后,未遵守在微波炉内进行冷却的操作规程,而是直接打开了微波炉炉门;在消毒盒尚未冷却的情况下,又打开了消毒盒盒盖,且未按使用说明的要求在打开盒盖前先将盒内残积水放掉。随后,原告的母亲郑钦在厨房中取用奶粉打算为原告冲奶粉。这时,原告进入厨房,伸手抓到了已打开盒盖的奶瓶消毒盒,导致该奶瓶消毒盒整体翻起,盒内覆出的热水将原告的脸部、颈部、前胸部多处烫伤。原告的家人随即用冷水对原告进行了紧急处理,然后叫救护车将原告送上海市医疗急救中心救治。2005 年 4 月 19 日起,原告前往瑞金医院多次治疗,并在原告父母的带领下到美国看了两次门诊。后原告以涉案奶瓶消毒盒存在设计缺陷为由,对三被告提起诉讼,请求赔偿。①

上海市浦东新区人民法院经审理认为:本案所涉奶瓶消毒盒,其工作原理为通过微波炉加热盒内给水盘中的水,使之产生高温水蒸气,以达到消毒的效果。经过加热的消毒盒在一段时间内尚处于高温状态,此时该消毒盒无疑存在一定的危险,但该危险是消毒盒达到其功能的必然结果,故属于合理的危险。作为本身具有一定合理危险的产品,其使用规程具有相当之重要性,判断其是否存在缺陷不能与使用规程相分离,尤其是不能与防范危险转化为现实的基本规程相分离。本案所涉奶瓶消毒盒在结构设计上,通过给水盘与奶瓶架、奶瓶、盒盖、盒体内底侧的突起物的空间位置关系、给水盘本身的形状、消毒盒盒身的弧度部分、盒盖与盒身的重量比较、支点位置等等设计细节,已经足以保障使用者在基本遵守使用规程的前提下不会发生烫伤的危险。故此,法院认定,本案所涉产品并无设计上的缺陷。原告的家人在原告烫伤前长达 21 个月的时间内,遵守了中文说明书的要求使用该产品,未发生任何问题,便是明证。原告之所以被烫伤,是因为事故当日原告的家人未遵守奶瓶消毒盒的基本操作步骤,而且也没有尽到监护的注意义务所致。该事故的发生,与三被告无法律上的因果关系。故此,原告要求三被告承担产品责任,缺乏事实和法律的依据,法院难以支持。

本案中,受案法院通过详细说明奶瓶消毒盒的结构和工作原理,指出该奶瓶消毒盒所存在的风险为达到既定功能的合理风险,同时,利用原告在长达 21 个月的时间里按照指示操作消毒盒一直平安无事的事实,既证明了产品本身不存在设计缺陷,也排除了因原告误用而导致的伤害结果作为缺陷证明的可能性。

---

① 本案原告起诉时同时主张涉案产品存在设计缺陷与指示缺陷。有关奶瓶消毒盒指示缺陷的问题,本书已在上文的警示缺陷的判断标准一节进行了讨论。

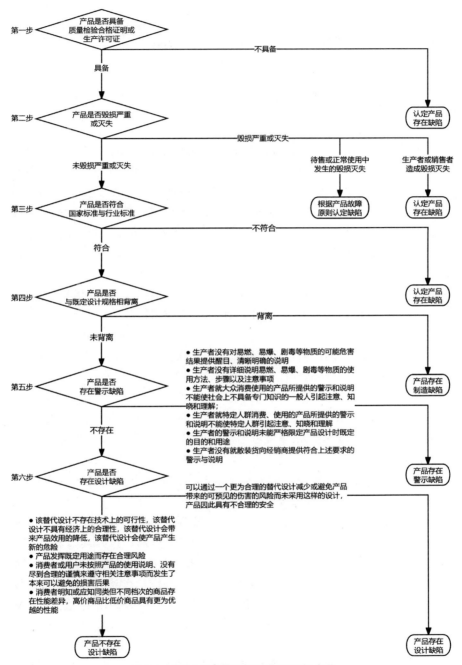

图 7-1 我国产品缺陷的判断标准与步骤

第四节　重置生产者责任的归责原则

一、严格产品责任原则的立法回顾

（一）1986年《民法通则》第122条

1. 立法背景

改革开放之前，经济管理体制形成的短缺经济使得国家和人民关心更多的是商品的供给而不是消费者的保护。[①] 1979年至1982年的一至四稿草案均未对产品责任作出任何规定。1985年前的民法著作亦没有涉及产品缺陷致人损害的侵权责任问题。产品责任问题之产生，是在改革开放之后。[②] 改革开放的基本国策使中国社会在20世纪80年代初期发生了根本性的变化，中国从原来的计划经济体制逐步转向市场经济体制。伴随着市场经济的发展，至20世纪80年代中期，发生了严重损害消费者利益的案件。啤酒瓶爆炸、电视机显像管喷火、燃气热水器泄漏、化妆品毁容、食品中毒等致消费者受伤、死亡的事件相继发生，甚至还存在生产、贩卖假药、假酒和有毒食品等严重危害消费者生命财产安全的犯罪活动。在这样的背景下，立法机关接受学者建议，参考欧美的产品责任归责原则及相关法律规范，在1986年通过的《民法通则》中规定了产品责任。[③]

2. 1986年《民法通则》中的相关规定

1986年《民法通则》第122条规定："因产品质量不合格造成他人财产、人身损害的，产品制造者、销售者应当依法承担民事责任。运输者、仓储者对此负有责任的，产品制造者、销售者有权要求赔偿损失。"本条之立法本意，在于使产品制造者承担严格责任，但由于当时对产品责任法理论研究不足[④]，中国民法学界对1986年《民法通则》第122条产品责任的归责原则存在不同认识。其中最主要的为以下三种：其一，过失责任说。以已故民法学者佟柔先生为代表，认为产品责任属一般侵权行为而非特殊侵权行为，其归责原则适用过失责任原则。其二，严格责任说。以民法学者梁慧星先生为代表，认为严格责任为《民法通则》第122条的立法本意，且和现代产品责任法的最新发展趋势相吻合，具有充实的法律政策基础。其三，折中说。以民法学者江平先生为代表，认为1989年《民法通则》第122条实行的既不是过失责任也不

[①] 李双元、蒋新苗主编：《国际产品责任法——比较分析与实证研究》，湖南科学技术出版社1999年版，第158页。
[②] 梁慧星主编：《中国民法典草案建议稿附理由·侵权行为编》，法律出版社2004年版，第106页。
[③] 同上。
[④] 同上。

是严格责任,而是有过错的侵权责任。也就是说,产品质量不合格的客观存在本身就应视为产品生产者有过错。这种"视为"是法律的直接规定,不允许责任人反证予以推翻。①

(二) 1993 年《产品质量法》第 29 条

1. 立法背景

20 世纪 80 年代末 90 年代初,产品质量问题越发严重。因为有些企业、有些部门并没有从长远的、战略性的目标来认识产品质量的问题,整个社会也没有形成注重产品品质的氛围,所以在这一时期,劣质的、假冒的产品大有市场②,成为危害消费者人身财产安全、危害整个国民经济发展的公害。在这种背景下,立法机关总结此前的立法经验,于 1993 年 2 月 22 日颁布《产品质量法》。《产品质量法》的起草人显然注意到 1986 年《民法通则》第 122 条所引发的关于生产者责任性质的争论以及条文过于简单给法院解释适用造成的困难,因此参考学者研究 1986 年《民法通则》第 122 条的成果,专设损害赔偿一章,对严格产品责任原则作了比较详细、具体的规定,为各级法院裁判缺陷产品致损的侵权责任案件提供了具体的裁判基准。③

2. 1993 年《产品质量法》中的相关规定

1993 年《产品质量法》中有关生产者的严格责任的规定体现在第 29 条之中,该条还同时规定了生产者的免责条件:"因产品存在缺陷造成人身、缺陷产品以外的其他财产(以下简称他人财产)损害的,生产者应当承担赔偿责任。生产者能够证明有下列情形之一的,不承担赔偿责任:(一) 未将产品投入流通的;(二) 产品投入流通时,引起损害的缺陷尚不存在的;(三) 将产品投入流通时的科学技术水平尚不能发现缺陷的存在的。"从上述规定可以看出,我国 1993 年《产品质量法》中有关产品责任的规定是在确定生产者承担严格责任的基础上,承认生产者的若干免责事由,其中包括生产者可以主张的开发风险抗辩。

(三) 2000 年《产品质量法》第 41 条

2000 年 7 月 22 日,九届全国人大常委会十六次会议通过了《产品质量法》的修正决定,对 1993 年《产品质量法》进行了修正。此次修正的直接背景

---

① 李双元、蒋新苗主编:《国际产品责任法——比较分析与实证研究》,湖南科学技术出版社 1999 年版,第 165—166 页。
② 赵相林、曹俊主编:《国际产品责任法》,中国政法大学出版社 2000 年版,第 306 页。
③ 梁慧星主编:《中国民法典草案建议稿附理由·侵权行为编》,法律出版社 2004 年版,第 106 页。

是,全国市场上的假冒伪劣产品泛滥。① 究其原因:第一,在质量监督领域,地方保护主义严重。第二,产品质量监督处罚的力度不够,造假的势头无法遏制。第三,在少数领域,行政执法部门的权力相互交叉,严重影响了产品质量监督管理。第四,《产品质量法》注重产品的生产与流通环节的质量问题,忽视了服务领域的产品质量问题。第五,对社会中介机构在产品质量问题中所扮演的不光彩角色缺乏应有的认识,没有通过明确的法律规定限制这些机构向社会推荐产品。这次法律的修正实际上是针对上述问题进行的一次系统的修法活动②,产品责任的归责原则并非此次修法的重点,1993年《产品质量法》中有关生产者的严格责任、免责事由等规定在2000年《产品质量法》中得到了完全的沿袭。2009年、2018年修正的《产品质量法》同样继承了上述规则。③

(四) 2009年《侵权责任法》第41条与2020年《民法典》第1202条

在《侵权责任法》颁布之前,理论界曾经对产品责任法的立法模式展开了非常激烈的批评。从整体来看,《产品质量法》集行政法、合同法、侵权行为法以及刑事法律的特性于一体,分产品质量监督管理与产品质量责任两大部分。其中,产品质量责任包括行政责任、民事责任与刑事责任。④ 可见,该法内容庞大,沿袭公法私法不加区分的传统⑤,采取了一种综合性的立法模式。这种综合性立法体现出立法者试图建立以质量管理为中心、对产品质量事前监督为主、对违法者事后惩戒为辅的立法思想。⑥ 这种立法模式固然有利于强化国家对产品质量的监督管理,但也使得有关不法行为人民事责任的规定不甚突出,影响产品责任法作为受害消费者向生产者请求损害赔偿的武器作用之发挥,同时也不利于彰显产品责任法在整个民事法律体系中日益显著的重要地位。因此,理论界一致认为,应当将产品责任法的有关内容分离出来,或者制定专门的产品责任法,或者在未来的《民法典》侵权行为编中专设产品责任一节,使产品责任法的内容更加系统集中,便于适用。

---

① 事实上,产品质量和产品安全问题一直以来频繁出现,使得产品伤害危机成为全球热门话题,例如2008年三鹿奶粉事件、2009年丰田汽车召回门事件以及2016年三星Galaxy Note 7手机爆炸事件等都带来巨大的负面影响。参见胡海菊:《产品伤害危机应对策略对消费者行为的影响机理》,经济科学出版社2020年版,第1页。
② 徐孟洲、谢增毅:《一部颇具经济法理念的产品质量法——兼评我国〈产品质量法〉的修改》,载《法学家》2001年第5期。
③ 参见2000年《产品质量法》第41条;2009年《产品质量法》第41条;2018年《产品质量法》第41条。
④ 赵相林、曹俊主编:《国际产品责任法》,中国政法大学出版社2000年版,第339—340页。
⑤ 梁慧星主编:《中国民法典草案建议稿附理由·侵权行为编》,法律出版社2004年版,第107页。
⑥ 赵相林、曹俊主编:《国际产品责任法》,中国政法大学出版社2000年版,第339—340页。

2009 年颁布的《侵权责任法》将"产品责任"单设一章进行了规定，这显然是对立法模式的批评进行了回应。但是"产品责任"一章仅仅包含 7 个条文，在立法原理、重要概念、具体规则等诸多方面，过于粗疏、简略，甚至多有偏差、缺失，不仅难以胜任其作为成文法在建立"整体秩序"方面的重任，更难以在复杂多样的具体情形下充分实现"个体正义"。①

对于生产者承担的严格责任，2009 年《侵权责任法》仍然忠诚地予以继承，使得严格责任原则成为我国产品责任法的"定海神针"。该法第 41 条规定："因产品存在缺陷造成他人损害的，生产者应当承担侵权责任。"我国理论界对该条的解释如下：生产者承担产品责任不以其主观上存在过错为前提，只要产品存在缺陷造成他人损害，除非存在法定的免责事由，生产者均应承担侵权责任。②

上述规则在 2020 年颁布的《民法典》中得到沿袭。《民法典》第 1202 条规定："因产品存在缺陷造成他人损害的，生产者应当承担侵权责任。"

二、分析与评价

（一）"生产者严格责任"之批判

严格产品责任原则的支持者认为生产者承担严格责任的正当性在于：① 在产品设计、试制、投产和制造过程中，生产者对产品的缺陷具有控制能力，在实现产品事故的损失最小化方面较之购买者处于更为有利的地位，使其承担严格责任，可促使其实行技术更新，采取措施以防止事故发生；② 生产者较购买者更有能力承担损失，它可以通过产品责任保险以及提高产品价格分散风险和成本；③ 一个从其支配控制之下的某物或某项活动中获取利益的人，应当对该物或该项活动所致的损害负责；④ 一个为自己利益而自愿经营某项事业的人，应当承担该事业所生的或相关的致损风险。③

上述支持生产者承担严格责任的理由看上去十分充分，但仔细分析，仍可发现以下漏洞：第一，认为生产者对产品的缺陷具有控制能力，因而应使其承担严格责任——该项理由忽略了在一定的技术水平发展程度之下，生产者

---

① 许传玺：《美国产品责任制度研究》，法律出版社 2013 年版，序言第 3 页。
② 全国人大常委会法工委民法室编：《〈中华人民共和国侵权责任法〉条文说明、立法理由及相关规定》，北京大学出版社 2010 年版，第 172—173 页；王利明：《侵权责任法研究》（下卷），中国人民大学出版社 2011 年版，第 238 页；杨立新：《〈中华人民共和国侵权责任法〉精解》，知识产权出版社 2010 年版，第 194—195 页；全国人大常委会法工委编：《中华人民共和国侵权责任法释义》，法律出版社 2010 年版，第 218—221 页。
③ 杨立新：《〈中华人民共和国侵权责任法〉条文解释与司法适用》，人民法院出版社 2010 年版，第 254、277—280、285—286 页。转引自高圣平：《产品责任归责原则研究——以〈侵权责任法〉第 41 条、第 42 条和第 43 条为分析对象》，载《法学杂志》2010 年第 6 期。另参见高圣平：《论产品责任的责任主体及归责事由——以侵权责任法〈产品责任章〉的解释论为视角》，载《政治与法律》2010 年第 5 期。

有时是不能预见也不能避免产品中存在的全部风险的,因而很难说生产者对产品的缺陷总是具有控制能力。第二,认为生产者可以通过产品责任保险以及提高产品价格分散风险和成本,因而应使其承担严格责任——该项理由中所涉及的责任保险会导致产品责任法乃至侵权法的功能受到挑战和威胁,使其作为支持生产者严格责任的理由缺乏意义。第三,认为生产者支配控制着产品并从中获益,因而应使其承担严格责任——该项理由忽略了这样一个事实,即产品在投放市场之后就已经脱离了生产者的控制而处在消费者或用户的控制支配之下,很多产品致损事故的发生实际上都是由消费者或用户的不当使用而导致的,假设消费者或用户违背诚实信用对自己的误用予以否认,而生产者对消费者或用户的误用又无从证明,责令生产者承担严格责任则有失公平。第四,认为生产者为自己利益而自愿经营某项事业,因此应对该事业所致损害承担严格责任,该项理由同样忽略了这样一个事实——生产者在很多情况下经营某项事业,并不仅仅是为了自己的利益或者企业的利益,有时也是为了公众的利益、社会的利益。在企业、社会和公众均从某项事业中受益的情况下,单独责令生产者为该项事业的意外致损承担严格责任恐怕会打击或削弱生产者从事某项事业的热情。

支持生产者承担严格责任的理由除了存在上述漏洞之外,还具有如下特征:侧重于从生产者所具有的能力的角度来解释生产者承担严格责任的理由,而忽略了生产者在产品存在缺陷的情况下整齐划一地承担严格责任是否具有合理性与正当性。立法者与支持生产者严格责任的学者应当注意的是,在生产者能力有限的情况下,使其面临无限的严格责任,是否体现了太多的理想主义色彩呢?

(二)消除对严格产品责任原则地位的误解

中国产品责任法中对生产者严格责任的采纳让立法者与学者颇感自豪,在本书看来,这种自豪感的产生在很大程度上是由于对严格产品责任原则在其他国家法律体系中的地位和状况存在误解。

我国对严格产品责任原则的采纳始于1993年颁布的《产品质量法》,有学者称这是立法机关参考美国《侵权法第二次重述》和《欧洲共同体产品责任指令》的结果。[①]应当指出的是,1985年《欧洲共同体产品责任指令》明确规定了生产者的严格责任,如果说《民法通则》中的相似规定是参考了《欧洲共同体产品责任指令》的结果,尚具有一定的客观性;但是,1985年前后的美国正

---

① 梁慧星主编:《中国民法典草案建议稿附理由·侵权行为编》,法律出版社2004年版,第107页。

在经历第二次产品责任危机和保险危机,严格产品责任原则正在经受来自司法、学术、企业、保险等各界的批评与指责,所以,如果说《民法通则》对生产者承担严格责任的规定同时也参考了美国严格产品责任法的规定,不免令人感到匪夷所思。

更加值得一提的是,我国于 1993 年制定并于 2000 年修正的《产品质量法》中对生产者的严格产品责任作出了比较详细、具体的规定,上述规定不仅在中国社会科学院与人民大学分别起草的两部民法典草案中得到热捧,而且在 2009 年、2018 年《产品质量法》,2009 年《侵权责任法》,2020 年《民法典》中得到沿袭和继承。但是,正如本书在前面章节所言,严格产品责任原则自 20 世纪 80 年代以来在美国产品责任法中的地位已经发生了始料不及的变化,如果以 1998 年颁布的美国《侵权法第三次重述:产品责任》为标志的话,严格产品责任原则由原来统一地适用于产品责任领域已经转变为仅仅适用于制造缺陷案件,而设计缺陷案件与警示缺陷案件已经回归过失责任原则的掌控之下。而美国 1998 年的《侵权法第三次重述:产品责任》则是对 1965 年《侵权法第二次重述》第 402A 条颁布以来的 30 多年的产品责任司法实践的现实的反映和总结。因此,可以肯定地说,我国在制定《产品质量法》时对严格产品责任原则的一种宽泛性采纳,与美国同时期在产品责任领域的潮流是相反的,所以有些学者所欢呼的"对于严格产品责任原则的采纳标志着我国赶上了最新的立法潮流,达到美国与欧洲共同体国家同样的水准"①其实是对严格产品责任原则地位的一种误解。

误会还不仅仅体现在对美国产品责任领域潮流的理解中,事实上,作为欧洲共同体成员国的德国和英国虽然在国内立法中接受了《欧洲共同体产品责任指令》的核心规则,即生产者对缺陷产品造成的损害承担严格责任,但由于《欧洲共同体产品责任指令》规定各成员国先前的法律规则并不因指令的颁布实施而失去效力,德国与英国的法院在产品责任案件中实际适用的为通过判例而形成的规则,这些规则与美国《侵权法第三次重述:产品责任》中的规则十分接近,因此仅着眼于德国和英国为实施《欧洲共同体产品责任指令》而进行的国内立法是不能准确把握其产品责任领域法律规则的全貌的。所以,认为中国对于生产者严格责任的采纳,达到了与欧洲共同体国家同样的水准,也不免显得一叶障目。比较准确的说法或许应该是,中国对于生产者严格责任的采纳达到了与《欧洲共同体产品责任指令》同样的水准。

---

① 梁慧星主编:《中国民法典草案建议稿附理由·侵权行为编》,法律出版社 2004 年版,第 106 页。

三、确立中国产品责任法中生产者责任的二元归责体系

（一）结果责任构想之否定

曾经有学者对受害人的损害赔偿提出非常美好的构想，她"深深地希望有那么一天，国家有能力给每一个需要帮助与救助的人提供生活的保障：无论他是天生的残疾人、遗传病患者，还是后天患病丧失劳动能力，也无论他是在一次交通事故中被压断了腿而不能自食其力，还是他在一次朋友聚会中高兴过度摔断了腿而再也无法工作，国家都将一视同仁地给予救助。到那时，所有我们现在探讨的过错责任原则、无过错责任原则、不当行为责任根据、受益与致损的责任根据等等，将统统被扫进历史的垃圾堆。那时的原则将是：有损害就有救助，有需要就有帮助"①。"侵权行为的受害者再也不用一边躺在医院病床上忍受着病痛的折磨，一边操心着诸如此类的问题：到底应该如何去筹集医疗费，应如何去收集证据证明侵权人到底有无不良心理状态，到底行为人的行为是否妥当，行为人的行为与损害之间到底有无因果关系等等。"②

这样的美好构想固然为我们勾画了一个美好的世界，我们也可以从中体会到该学者基于博爱、善良的良苦用心，但是这仅仅是一个美丽的梦而已，曾经尝试美梦成真的人们也已经开始从梦中醒来。例如，新西兰实行的对意外事故造成的人身伤害统一进行赔偿的制度，便是为了给予意外事故的受害人理性的、有效率的赔偿而在人身伤害领域拒绝侵权法规则的适用，赔偿的资金来源于雇主缴纳的税收。在这里，人身伤害的结果是获得赔偿的唯一指标，伤害的原因以及行为人与受害人的过错程度则均不是考虑的对象。③ 但是，应当注意的是，与其他国家相比，新西兰具有人口稀少、收入差距不大、福利计划发达以及国家介入保险市场的特点，这为统一赔偿人身伤害制度的开展提供了必要的条件。④ 尽管如此，该制度在新西兰的实行也同样遭遇了严重的资金困难。⑤ 这也促使新西兰自 1972 年实行该制度以来不间断地对该制度的运行进行观察、评价和审查。1992 年的《事故弥补与赔偿法案》对 1972 年的《事故赔偿法》进行了修改，其中一个重要的修改体现在事故范围的缩小：在原来的法案中，事故具有非常广泛的含义，即使是非常微小的自己

---

① 胡雪梅：《"过错"的死亡——中英侵权法宏观比较研究及思考》，中国政法大学出版社 2004 年版，序言第 5—6 页。
② 同上书，第 325—326 页。
③ Geraint Howells, *New Zealand's Accident Compensation Approach to Product Liability*, *Comparative Product Liability*, Dartmouth, 1993, p. 291.
④ Ibid.
⑤ Jocelyn Kellam ed., *Product Liability in the Asia-Pacific*, Kluwer Law International, 2000, p. 133.

造成的伤害也包括在赔偿计划当中,但 1992 年的法案对人身伤害、事故、医疗事故等概念进行了更为精确的界定,以缩小赔偿的事故范围,这样就会导致以前毫无疑问属于赔偿范围的一些事故现在被排除了,例如,不伴有任何人身伤害的精神损害现在已经不属于赔偿的范围了。① 另外,新西兰政府为了控制上涨的成本并且减轻雇主的负担②,也对该制度提出了若干改革的建议。例如,受害人原来最高可以得到的赔偿为自伤害发生之后的第一个星期开始至退休年龄期间,受害人原来薪水的 80% 作为赔偿,该比例的高低取决于受害人的伤残程度③;而政府建议的改革措施为,受害人可以得到的高达 80% 的薪水赔偿将会在受害人 85% 或者更高的工作能力得到恢复之后停止④。新西兰所进行的事故赔偿的法案修改与改革虽然并不是根本上的制度变革,但是政府对于成本控制的关注清楚地表明,不问过错、不问原因对伤害事故的受害人的一并赔偿也并不能实现对受害人的充分理想的赔偿,制度运行所遭遇的实际困难也让人不免担心该制度是否能够可持续地发展,是否能够实现制度建立之初的梦想。

(二) 不同的缺陷类型适用相应的归责原则⑤

不问过错、不问原因的侵权损害赔偿制度的不现实性将我们从"有损害就有救助,有需要就有帮助"的彻底的结果归责的憧憬中拉回。就本书所关注的产品致损事故而言,虽然对于产品缺陷类型的区分以及产品缺陷的判断之繁复已经多少让人有些望而生畏,但是现实存在的伤害事故以及责任争议又敦促关注受害人的及时赔偿、生产者的适当责任以及产品责任法的完善的人们来冷静而又负责地面对在美国与欧洲已经饱受争议但在我国却被奉为理想的严格产品责任原则在产品责任法中的地位的问题。

首先需要说明的一点是,制造缺陷,是产品对于生产者的既定设计规格的背离,虽然生产者并不能确切地知道某一批次的产品中哪一件或哪几件存在制造缺陷,但生产者确切地知道某一批次产品中存在的制造缺陷的概率。因此,在发生制造缺陷的情况下,生产者不可能主张依据产品制造时的科学技术水平无法发现产品中的缺陷,因而生产者无从主张开发风险抗辩,生产者对制造缺陷承担严格责任。对此前文已有述及,此处不再赘言。

---

① Jocelyn Kellam ed., *Product Liability in the Asia-Pacific*, Kluwer Law International, 2000, p.133.
② Geraint Howells, *New Zealand's Accident Compensation Approach to Product Liability*, *Comparative Product Liability*, Dartmouth, 1993, p.303.
③ Ibid., p.295.
④ Ibid., p.303.
⑤ 孙宏涛:《产品责任强制保险制度研究》,北京大学出版社 2018 年版,第 42—43 页;吴晓露:《产品责任制度的法经济学分析》,浙江大学出版社 2014 年版,第 77 页。

这样一来,开发风险就只能适用于设计缺陷与警示缺陷的案件之中了。根据开发风险抗辩的定义,如果根据产品流通时的科学技术发展水平,生产者并不能发现产品中存在的风险,对于产品造成的损害则可以免除赔偿责任的承担。从该定义中可以确定的是,生产者对于不能发现的缺陷免于责任的承担,不能发现的风险也即没有预见可能性的风险。这样的规定不仅将没有预见可能性的风险及损害排除在严格产品责任原则的适用范围之外,也将设计缺陷与警示缺陷案件中的产品风险以是否可以预见为标准划分为可以合理预见的风险以及不能合理预见的风险。

既然不能合理预见的风险随着开发风险抗辩的确立已经摆脱了严格产品责任原则的掌控,那么在名义上适用严格产品责任原则的设计缺陷案件与警示缺陷案件中所涉及的产品缺陷仅为可以合理预见的产品缺陷。这样,就出现了一个令严格产品责任原则颇为尴尬的局面:一方面,严格责任的适用排除被告对于风险的预见可能性的考虑;另一方面,可能使被告面临责任承担的设计缺陷与警示缺陷仅仅发生在被告对缺陷有预见可能性的情况之下。而对于被告风险预见可能性的探询则是采取过失责任原则确定被告责任时的一个必备环节。这样的一种矛盾的存在使得我们在为设计缺陷与警示缺陷案件中适用的归责原则命名时感到困难。美国的一些法院在设计缺陷与警示缺陷的案件中以严格责任之名行过失责任之实,这种情形虽然可以理解,但并不为本书所主张。邱聪智先生曾经对此现象作出精辟评价:过失责任原则向严格责任原则过渡时期,虽然已经通过颇富创意的法律解释使先前的规则与严格责任无异,但这些规则仍旧穿着过失责任的破旧外衣,反映出人们对于过失责任原则的眷恋及缅怀。① 那么在当下,在现代的产品责任法中,对于设计缺陷案件与警示缺陷案件以严格责任之名行过失责任原则之实的做法岂不同样流露出对于严格产品责任原则的眷恋及缅怀？在产品责任法领域,严格责任原则曾经一统天下地适用于所有的产品责任案件,现在有三分之二的江山重归过失责任原则的掌控,对习惯了"为保护消费者利益而采取严格产品责任原则"的说法的人们来说多少有些不习惯或者难以接受亦是自然。但无论我们是否愿意,这种变化已经随着开发风险抗辩的确立而发生,尽管人们采纳开发风险抗辩时浑然不觉。可以稍加安慰的是,设计缺陷与警示缺陷案件回归过失责任原则的适用也并不意味着消费者保护的倒退,因为对于被告过失的证明已经与对产品缺陷的证明浑然一体,而对于产品缺陷的证明无论是严格责任还是过失责任都是原告必须面对的问题。明确产品设计缺陷与警示缺陷案件中的归责原则为过失责任原则,也仅仅是帮

---

① 邱聪智:《从侵权行为归责原理之变动论危险责任之构成》,中国人民大学出版社 2006 年版,第 30 页。

助严格产品责任原则摆脱尴尬、为设计缺陷与警示缺陷案件中实际采用的归责原则赋予一个客观的评价和说法而已。

第五节 明确开发风险抗辩的适用条件

2009年颁布的《侵权责任法》之"产品责任"章以及2020年颁布的《民法典》之"产品责任"章,并没有对开发风险抗辩作出规定,因此本书围绕2018年《产品质量法》中的相关条文进行讨论。

一、《产品质量法》中的开发风险抗辩

(一)《产品质量法》中"开发风险抗辩"的内涵

开发风险抗辩在2018年《产品质量法》中被作为生产者的免责条件之一与其他免责条件并列规定在第41条第2款之中:"生产者能够证明有下列情形之一的,不承担赔偿责任:(一)未将产品投入流通的;(二)产品投入流通时,引起损害的缺陷尚不存在的;(三)将产品投入流通时的科学技术水平尚不能发现缺陷的存在的。"[1]根据上述规定,生产者能够证明将产品投入流通时的科学技术水平尚不能发现缺陷的存在的,不承担赔偿责任。全国人大常委会法工委对开发风险抗辩的解释为,由于科学技术的发展,根据新的科学技术,可能会发现过去生产并投入流通的产品存在一些不合理的危险,如果这种不合理的危险依产品投入流通时的科学技术水平是不能发现的,则生产者也不承担责任。这是新产品开发过程中产生的风险,该风险是发展产生的,生产者是难以预见的,对其免除责任是合理的,对此国外也均规定免除责任。这里需要指出的是,评断产品是否能为投入流通时的科技水平所发现,是以当时整个社会所具有的科学技术水平来认定的,而不是依据产品生产者自身所掌握的科学技术来认定的。[2]

(二)评价

如果规定了生产者的严格产品责任,是否接受被告生产者主张的开发风险抗辩呢?该问题在本书研究的几个国家都经历了长期而又激烈的论辩。我国2018年《产品质量法》中有关生产者的严格责任以及包括开发风险抗辩在内的免责事由的规定均为法律移植的结果,由于我国的立法机构将其作为已经非常成熟的立法经验,故而在我国,激烈争论的阶段被省略了,规定开发

---

[1] 参见2018年《产品质量法》第41条第2款。
[2] 参见全国人大常委会法工委编:《中华人民共和国产品质量法释义》(第41条),载中国人大网,http://www.npc.gov.cn/zgrdw/npc/flsyywd/jingji/2001−08/01/content_140348.htm,最后访问时间:2024年7月29日。

风险抗辩的法律条文就那样非常自然地横陈在生产者与消费者的面前。因此,有关开发风险抗辩与不同产品缺陷的关系、开发风险抗辩对生产者的严格产品责任产生的影响、确立开发风险抗辩的社会后果,以及开发风险抗辩的适用条件等非常关键的问题不仅在立法中没有任何体现,而且在国内法学理论中的研究及探讨也甚为寥寥。这或许是我国尚未经历类似美国的"石棉诉讼"、德国与英国的"反应停灾难"以及法国的"血液丑闻"等涉及开发风险问题的影响深远的事件的缘故,但历史的清白并不意味着未来仍然可以简单。与开发风险抗辩适用相关的很多问题需要进行深入细致的思考和探究,因为这些问题决定着开发风险抗辩的适用范围,决定着开发风险抗辩是否成立,决定着产品损害赔偿责任的最终分配。

二、中国产品责任法中"开发风险抗辩"适用条件之探讨

(一)生产者是否应当享有宽限期

在适用开发风险抗辩时可能遇到的一个问题是,假如可以使产品更加安全的技术突破发生在距离缺陷产品的生产或者流通很短的一段时间之前,生产者是否可以享有一段宽限期来主张技术水平上的不可能从而免于对产品缺陷造成的损害承担责任呢?有的学者提出应适用严格的规则,即不给予其宽限期。认为如果在实施新技术上允许自由的时间耽搁,严格产品责任中关于促进设计和生产的改善与安全的政策理由就会被颠覆。① 也有的学者主张,应当为生产者设置一个合理长度的宽限期来实施新技术,宽限期的长度取决于产品的类型和实施中的困难。② 本书认为,根据产品的类型和实施中的困难为生产者设置一个合理长度的宽限期,似乎是一个公平的规则,但该建议本身不具有可操作性。因为一旦这种合理性需要以产品的类型和实施中的困难为基础,必然导致被告主张一个较长的宽限期,而原告主张一个较短的宽限期,不仅原告和被告会耗费大量的资源来寻求专家证人的支持,法院也不得不耗费大量的资源对此问题进行评判,考虑到诉讼资源的节约以及原告举证负担的减轻,进行这样的制度设置显然是不合理的。那么,根本不给予被告宽限期的建议又如何呢?本书倾向于采纳此种做法。因为在产品投入流通以前,生产者一直都有义务对产品的安全性能进行检测,以防止不安全的产品流入市场。欧盟《通用产品安全指令》(2001)也规定生产者有义务采取一切措施来防止向消费者销售、展示或提供带有危险的产品。③ 因

---

① Note, "Product Liability Reform Proposals: The State of the Art Defense", 43 *Alb. L. Rev.* 941, 952, 1979.
② Garey B. Spradley, "Defensive Use of State of the Art Evidence in Strict Products Liability", 67 *Minn. L. Rev.* 343, 401, 1982.
③ 欧盟《通用产品安全指令》(2001),即 General Product Safety Directive(2001/95/Ec)。

此,如果新技术的突破发生在生产或流通前的一个很短时间内,生产者对此并不知悉,而继续按照原来的设计进行生产并将该产品投入流通,生产者需要承担该产品的缺陷致损责任而不可能拥有任何托词;如果生产者在生产前或者在将产品投入流通前了解到新技术的发展情况,生产者面临的选择只能是停产或者延缓产品的流通,否则将会招致责任的承担。

(二) 以何时的技术发展水平作为参考

开发风险抗辩一般都要涉及一个时间问题,因为科学技术总是在不断地更新进步,那么应以哪个时间点的技术发展水平作为产品责任案件中的参考标准呢? 有学者认为,应采用产品制造和设计时的技术发展水平作为参考标准。[①] 而《欧洲共同体产品责任指令》中所确定的标准为产品投入流通的时间,该标准也已经被中国、德国、法国、日本明确采纳。英国采用的是"产品处于生产者的控制之下时的技术发展水平"的说法,本书认为与产品投入流通的时间为同义表达。美国的判例在该问题上并没有形成统一的做法,有的州将注意力集中在产品在设计时的技术发展水平,有的州则集中在产品投放商业领域时的技术发展水平[②],还有的州以审判时的技术发展水平为准[③]。

首先可以肯定的是,以审判时的技术发展水平作为参考标准是不合逻辑的。如果以审判时的技术发展水平为准,会发生以下让人难以接受的情况: 由于生产者在审判之前针对消费者的投诉进行了进一步的研发,其技术水平提高到了一个新的程度,因此其审判时的技术水平高于生产时的技术水平。这种提高来自生产者的努力,如果依据这种努力而实现的进步,在审判时被原告作为被告本来应当采用的技术发展水平的证据,则会发生生产者的努力反而为自己制造了责任的情况。这对生产者来讲无疑是一种沉重的打击,也必将会阻碍其日后进行进一步的研究和开发。

那么,关于生产和设计的时间又怎样呢? 本书认为,《欧洲共同体产品责任指令》以及德国、法国、英国均将"产品未投入流通"作为生产者的一个法定免责事由[④],说明生产者对产品的瑕疵担保责任始于产品投入流通之时,因此以产品投入流通时而非设计生产时的技术水平来确定产品的瑕疵更为适宜。在产品投入流通之前,产品尚处在生产者的控制之下,以产品投入流通

---

① 杨麟:《论美国产品责任法中的缺陷认定理论》,载王军主编:《侵权行为法比较研究》,法律出版社 2006 年版,第 443 页。
② 美国法律研究院通过并颁布:《侵权法重述第三版:产品责任》,肖永平、龚乐凡、汪雪飞译,肖永平审校,法律出版社 2006 年版,第 113 页。
③ Garey B. Spradley, "Defensive Use of State of the Art Evidence in Strict Products Liability", 67 Minn. L. Rev. 343, 401, 1982.
④ 《欧洲共同体产品责任指令》第 7(a)条;1989 年德国《产品责任法》第 I(2)-1 条;《法国民法典》第 1386-11 条第 1 项;1987 年英国《消费者保护法》第 4(1)(b)条。

时的技术发展水平作为确定产品瑕疵的依据,可以敦促生产者在产品投入流通之前对产品进行设计、生产与改进时保持持续的谨慎与勤勉而免于疏忽和懈怠。既然以产品投入流通领域的时间为准,那么对于流通应当如何认定呢?《斯特拉斯堡公约》对于流通的解释颇具参考价值,该公约第2条第4项规定:"如果生产者已将产品交付给另一人,则该产品即为投入流通"。那么,何为交付?按照国外学者的解释,"不论是否采用出售、出租、出借、寄托的方式,也不论是无偿还是有偿,只要是基于营业而为",即可构成交付。①

(三) 以怎样的技术发展水平作为参考

关于以怎样的技术发展水平作为参考,国内外大致存在两种观点:一种观点认为,作为参考的技术发展水平不是指某一地区或某一国家的状况,而是指在该领域世界科学技术水平的状况[2];还有一种观点认为,尽管生产者被认为是他所在领域的专家,负有与该领域最先进的技术发展保持并进的义务,但这并非一种完全程度上的义务,生产者固然必须尽全部的努力来与最新的思想保持并进,但这样一种努力的合理性将会取决于对新思想进行定位或探询所涉及的困难,如果生产者尽了合理的努力仍未获知上述信息,他可以在产品责任诉讼中主张开发风险的抗辩。[3]

本书倾向于赞同第一种观点。一个制造者在任何时候都要了解有关其产品的所有能得到的信息和技术,因为他们在其生产领域里有义务跟上科学技术的最新发展,只要在世界范围内能够发现缺陷的科学技术知识已经公开,制造者就有将之运用于其生产的义务。④ 而第二种观点所主张的以生产者对新思想的定位的合理努力为界限来划定投入流通领域时的技术水平,无疑是一种主观标准。对于生产者来说,采用这一观点将很容易主张开发风险的抗辩进而对其产品缺陷造成的损害免于承担责任,因此是不可取的。那么,以世界科学技术水平的发展进行衡量,用来代表技术发展水平的载体都有哪些呢?有学者已经对此提供了很好的解释:技术水平不仅包括各种已被特定行业的生产者所广泛采用的生产工艺、行业标准,而且还包括世界范围内的各种研究、实验、检测所获得的技术成果、数据和其他信息,如果这种知识已经转化为替代产品或者见之于科学文献,便可认定该知识为可得,应当

---

① 王家福主编:《民法债权》,法律出版社1991年版,第563页。
② 张新宝:《中国侵权行为法》,中国社会科学出版社1998年版,第507页;刘士国:《现代侵权损害赔偿研究》,法律出版社1998年版,第237页。
③ Garey B. Spradley, "Defensive Use of State of the Art Evidence in Strict Products Liability", 67 Minn. L. Rev. 343, 400, 1982.
④ 谭玲主编:《质量侵权责任研究》,中国检察出版社2003年版,第80页;Schenebeck v. Sterling Drug, Inc., 423 F. 2d 919 (8th Cir. 1970); Garst v. General Motors Corp., 207 Kan. 2, 484 P. 2d 47 (1971)。

用来作为衡量科学技术发展水平的依据。①

(四) 是否应当限定开发风险抗辩的适用范围

关于开发风险抗辩的适用范围,美国《侵权法第二次重述》所采取的做法是指出可以适用开发风险抗辩的产品所具有的共同特征:① 根据人类的现有知识,该产品中的风险不能避免;② 该产品的效用和价值可证明其作为严格责任的例外的正当性。② 美国《侵权法第二次重述》同时列举了可以适用该抗辩的产品的特例,例如新药、实验性药品和疫苗等,但是并没有明文排除不予适用的产品类型。③ 法国的做法是在原则上允许产品的生产者主张开发风险的抗辩,但是又明确规定了排除适用该抗辩的产品类别(人体产品特别是血液和血液产品)。④ 在这里暂且不讨论哪一种具体的产品适用该抗辩是否妥当,因为那会超越本书的主题,本书所关注的是,采取哪一种立法方法更具有可操作性,而且在实践中更不易引起歧义。美国在《侵权法第二次重述》中举例说明了某些可以适用的产品类别,但是并没有明确哪一种产品的生产者不得主张开发风险的抗辩,这样做的结果是在美国的学术界和司法界引出了很多关于某种产品是否属于带有不可避免的危险的产品、其价值与效用是否超过了其所具有的风险的争论。⑤ 可以想象的是,对效用与风险进行定量分析是很困难的,而且法院可能并非对这个问题进行评判的最佳人选,因此这种做法很容易导致判决的不确定性。而法国的做法是明确排除适用该产品的责任类别,这不仅使法官在审理相关案件时可以确定生产者有权利主张的抗辩事由的种类;而且,在实践中,对于生产者而言,鉴于特定产品被确定课以绝对的责任,那么其对该产品的研究与开发、推广与售后各个环节都会尽到充分的注意与谨慎,而不会带有任何可以主张开发风险抗辩的希冀和侥幸。所以,本书认为,法国的做法似乎更为可取。

---

① 杨麟:《论美国产品责任法中的缺陷认定理论》,载王军主编:《侵权行为法比较研究》,法律出版社 2006 年版,第 443 页;张新宝:《侵权责任法原理》,中国人民大学出版社 2005 年版,第 406 页。
② James T. Murray, Jr., "The State of the Art Defense in Strict Products Liability", 57 Marq. L. Rev. 649, 655-56, 1974; Borel v. Fiberboard Paper Products Corp., 493 F. 2d 1076, 1088-89 (5th Cir. 1973).
③ 美国《侵权法第二次重述》,第 402A 条评注 k。
④ 〔德〕克雷斯蒂安·冯·巴尔:《欧洲比较侵权行为法(下卷)》(第 2 版),焦美华译,张新宝审校,法律出版社 2004 年版,第 480 页。
⑤ Cunningham v. MacNeal Memorial Hospital, 113 Ill. App. 2d 74, 251 N. E. 2d 733 (1969), modified, 47 Ill. 2d 443, 266 N. E. 2d 897 (1970); Hines v. St. Joseph's Hospital, 8l N. M. 763, 527 P. 2d 1075 (1974); Pabon v. Hackensack Auto Sales, Inc., 63 N. J. Super. 476, 491, 164 A. 2d 773, 781 (1960); Edward T. O'Donnell, "Design Litigation and the State of the Art: Terminology, Practice and Reform", 11 Akron L. Rev. 627, 641, 1978; James A. Henderson, Jr., "Judical Review of Manufacturer's Conscious Design Choices: The Limits of Adjudication", 73 Colum. L. Rev. 1531, 1552-62, 1973.

小　　结

　　伴随着产品缺陷类型的区分以及开发风险抗辩的确立,生产者的严格责任原则在现代产品责任法中的地位在美国与欧洲之间出现分化。在美国,生产者的严格责任由最初一概适用于产品责任领域转变为仅与制造缺陷相伴,在设计缺陷与警示缺陷案件中,生产者承担过失责任。因此,用"严格责任原则的衰退与过失责任原则的回归"来描述美国产品责任领域生产者归责原则的调整和变化应该是一种客观的说法。欧洲在立法上仍然坚持生产者的严格责任在产品责任领域的普遍适用。严格产品责任原则在美国与欧洲的不同境遇,值得其他国家包括我国的产品责任立法者、学者对严格责任原则在产品责任法中的地位进行深入而细致的思考。

结　　语

　　严格产品责任原则地位之重置与生产者产品责任归责体系之重构为本书最主要的研究目的。以产品缺陷为基准的生产者产品责任之二元归责体系，即在制造缺陷案件中，生产者承担严格责任；在设计缺陷与警示缺陷案件中，生产者承担过失责任，不仅有学术理论的支持，而且经历了司法实践的检验，实为合理妥当的生产者产品责任之归责体系。

　　严格产品责任原则产生之初，产品责任争议主要集中于制造缺陷，因而严格责任原则系针对制造缺陷引起的责任制定的规则。随着时间的推移以及诉讼的发展，设计缺陷诉讼以及警示缺陷诉讼逐渐占据产品责任案件的主流，而该两类诉讼在严格产品责任产生之时尚处于萌芽状态。虽然法院非常自然地将严格产品责任原则适用于该两类缺陷案件之中，但严格责任原则与设计缺陷以及警示缺陷最终发生龃龉。在该两类缺陷案件中，如果该缺陷为生产者根据产品投入流通时的科学技术水平尚不能预见的缺陷但仍不能免于责任的承担，则意味着要求生产者对不能知道的危险进行警告，根据不能知道的危险进行设计，这在根本上违背认知规律，也是在追求产品的绝对安全。因此，在设计缺陷与警示缺陷案件中，应当承认开发风险抗辩的确立，即生产者对不能预见的风险免于责任的承担；这就意味着，在设计缺陷与警示缺陷案件中，生产者仅仅对可以预见的风险承担责任。对生产者风险预见可能性的考虑，使过失因素渗透至设计缺陷与警示缺陷的判断之中。

　　在设计缺陷与警示缺陷案件中，如果原告可以证明存在更好的替代设计或警示方案，即可证明产品本身存在缺陷并由此认定被告存在过错，则原告并未面临制造缺陷案件中对于被告主观过错的举证困难，因而并无适用严格产品责任原则的必要。对于产品设计缺陷和警示缺陷的判断，实为对生产者产品设计的行为与提供警示的行为是否合理进行考察，而严格责任仅关注产品本身状况而非生产者的行为，对生产者行为合理性的探询导致了设计缺陷与警示缺陷案件中严格责任原则的衰落与过失责任原则的回归。

参 考 文 献

（按出版或发表时间顺序由近及远）

一、中文著作

1. 王利明:《法学方法论:以民法适用为视角》(第 2 版),中国人民大学出版社 2021 年版。
2. 郑永宽:《侵权法过失相抵制度研究》,厦门大学出版社 2021 年版。
3. 刘静波:《侵权法一般条款研究》,光明日报出版社 2021 年版。
4. 张严方主编:《中国消费者权益保护研究报告(2020)》,北京大学出版社 2021 年版。
5. 王利明:《侵权责任法》(第 2 版),中国人民大学出版社 2021 年版。
6. 杨立新:《侵权责任法》(第 4 版),法律出版社 2021 年版。
7. 盛舒弘、刘树桥主编:《民法原理与实务:侵权责任编》,中国政法大学出版社 2021 年版。
8. 吴景明:《消费者权益保护法》(第 3 版),中国政法大学出版社 2021 年版。
9. 程啸:《侵权责任法》(第 3 版),法律出版社 2021 年版。
10. 张新宝:《侵权责任法》(第 5 版),中国人民大学出版社 2020 年版。
11. 张云:《我国产品后续观察义务研究》,法律出版社 2020 年版。
12. 胡海菊:《产品伤害危机应对策略对消费者行为的影响机理》,经济科学出版社 2020 年版。
13. 姚辉:《民法学方法论研究》,中国人民大学出版社 2020 年版。
14. 董晓慧编著:《产品质量违法行为案例选评》,中国工商出版社 2020 年版。
15. 梁新元等:《产品缺陷风险分析和预期召回效益评估》,西南财经大学出版社 2019 年版。
16. 王灏:《澳大利亚侵权法原理》,法律出版社 2019 年版。
17. 王挺昂:《汽车产品质量责任理论研究与法律适用》,法律出版社 2019 年版。
18. 孙宏涛:《产品责任强制保险制度研究》,北京大学出版社 2018 年版。
19. 王振兴:《产品责任纠纷实务疑难问题解析》,法律出版社 2016 年版。
20. 杨立新主编:《世界侵权法学会报告(1)产品责任》,人民法院出版社 2015 年版。
21. 冉克平:《产品责任理论与判例研究》,北京大学出版社 2014 年版。
22. 吴晓露:《产品责任制度的法经济学分析》,浙江大学出版社 2014 年版。
23. 许传玺:《美国产品责任制度研究》,法律出版社 2013 年版。
24. 赵国勇:《法经济学视角下产品责任研究》,内蒙古人民出版社 2011 年版。

25. 靳文静主编：《产品缺陷侵权责任例解与法律适用》，人民出版社 2010 年版。
26. 董春华：《中美产品缺陷法律制度比较研究》，法律出版社 2010 年版。
27. 陈璐：《产品责任》，中国法制出版社 2010 年版。
28. 全国人大常委会法工委民法室编：《〈中华人民共和国侵权责任法〉条文说明、立法理由及相关规定》，北京大学出版社 2010 年版。
29. 段晓红：《产品责任适用范围研究》，中国社会科学出版社 2009 年版。
30. 周新军：《产品责任立法中的利益衡平——产品责任法比较研究》，中山大学出版社 2007 年版。
31. 李俊主编：《美国产品责任法案例选评》，对外经济贸易大学出版社 2007 年版。
32. 张云：《我国缺陷产品立法研究》，经济管理出版社 2007 年版。
33. 王军主编：《侵权行为法比较研究》，法律出版社 2006 年版。
34. 邱聪智：《从侵权行为归责原理之变动论危险责任之构成》，中国人民大学出版社 2006 年版。
35. 于敏：《日本侵权行为法》（第 2 版），法律出版社 2006 年版。
36. 张文显：《二十世纪西方法哲学思潮研究》，法律出版社 2006 年版。
37. 王利明主编：《中国民法典学者建议稿及立法理由·侵权行为编》，法律出版社 2005 年版。
38. 李昌麒、许明月编著：《消费者保护法》（第 2 版），法律出版社 2005 年版。
39. 金福海：《消费者法论》，北京大学出版社 2005 年版。
40. 潘维大编著：《英美侵权行为法案例解析》，高等教育出版社 2005 年版。
41. 崔林林：《严格规则与自由裁量之间——英美司法风格差异及其成因的比较研究》，北京大学出版社 2005 年版。
42. 庄华峰、杨钰侠、王先进主编：《社会政策导论》，合肥工业大学出版社 2005 年版。
43. 梁慧星主编：《中国民法典草案建议稿附理由·侵权行为编》，法律出版社 2004 年版。
44. 徐爱国：《英美侵权行为法学》，北京大学出版社 2004 年版。
45. 曾隆兴：《详解损害赔偿法》，中国政法大学出版社 2004 年版。
46. 杨伟民编著：《社会政策导论》，中国人民大学出版社 2004 年版。
47. 胡雪梅：《"过错"的死亡——中英侵权法宏观比较研究及思考》，中国政法大学出版社 2004 年版。
48. 梁慧星：《民法学说判例与立法研究》，法律出版社 2003 年版。
49. 张严方：《消费者保护法研究》，法律出版社 2003 年版。
50. 谭玲主编：《质量侵权责任研究》，中国检察出版社 2003 年版。
51. 张民安：《现代法国侵权责任制度研究》，法律出版社 2003 年版。
52. 邱聪智：《民法研究（一）》（增订版），中国人民大学出版社 2002 年。
53. 曾世雄：《损害赔偿法原理》，中国政法大学出版社 2001 年版。
54. 赵相林、曹俊主编：《国际产品责任法》，中国政法大学出版社 2000 年版。
55. 刘静：《产品责任论》，中国政法大学出版社 2000 年版。
56. 崔建远主编：《合同法》（第 2 版修订本），法律出版社 2000 年版。
57. 李双元、蒋新苗主编：《国际产品责任法——比较分析与实证研究》，湖南科学技术出版社 1999 年版。

58. 曾繁王等编译:《西方国家法律制度、社会政策及立法》,红旗出版社 1998 年版。
59. 王泽鉴:《民法学说与判例研究》(第 3 册),中国政法大学出版社 1998 年版。
60. 刘文琦:《产品责任法律制度比较研究》,法律出版社 1997 年版。
61. 王家福主编:《民法债权》,法律出版社 1991 年版。

二、中文期刊论文

1. 陈小华:《〈民法典〉中无过错与过错推定归责的差别》,载《济宁学院学报》2021 年第 3 期。
2. 陈杭平:《论医疗过错推定及其诉讼展开》,载《清华法学》2020 年第 5 期。
3. 周华:《侵权损害赔偿的社会化发展与侵权法危机论探究》,载《重庆理工大学学报(社会科学)》2019 年第 12 期。
4. 许传玺、付文飙:《关于修订〈产品质量法〉中产品责任规则的若干思考》,载《北京社会科学》2019 年第 10 期。
5. 岳红强:《我国民法典中危险责任制度的建构》,载《法商研究》2019 年第 6 期。
6. 林煜:《环境公益诉讼举证责任的多元化进程——基于法律规定与司法实践的梳理与反思》,载《西部法学评论》2019 年第 5 期。
7. 肖顺武:《论消费者权益保护法的谦抑性》,载《法商研究》2019 年第 5 期。
8. 董红磊等:《汽车产品缺陷认定方法及分级选择流程研究》,载《标准科学》2019 年第 4 期。
9. 王竹、刘忠炫:《责任保险对我国侵权法的实际影响评估——基于司法适用数据的分析》,载《法治现代化研究》2019 年第 3 期。
10. 谭启平:《符合强制性标准与侵权责任承担的关系》,载《中国法学》2017 年第 4 期。
11. 冉克平:《论产品设计缺陷及其判定》,载《东方法学》2016 年第 2 期。
12. 董春华:《论产品责任法中的符合强制性标准抗辩》,载《重庆大学学报(社会科学版)》2015 年第 4 期。
13. 董春华:《对严格产品责任正当性的质疑与反思》,载《法学》2014 年第 12 期。
14. 霍原:《论我国产品责任归责原则的体系重构——以美国产品责任法为视角》,载《学术交流》2014 年第 11 期。
15. 〔奥〕海尔穆特·库齐奥:《比较法视角下的产品责任法基础问题》,王竹、张晶译,载《求是学刊》2014 年第 2 期。
16. 高圣平:《产品责任中生产者和销售者之间的不真正连带责任——以〈侵权责任法〉第五章为分析对象》,载《法学论坛》2012 年第 2 期。
17. 张新宝、任鸿雁:《我国产品责任制度:守成与创新》,载《北方法学》2012 年第 3 期。
18. 高圣平:《产品责任归责原则研究——以〈侵权责任法〉第 41 条、第 42 条和第 43 条为分析对象》,载《法学杂志》2010 年第 6 期。
19. 高圣平:《论产品责任的责任主体及归责事由——以〈侵权责任法〉"产品责任"章的解释论为视角》,载《政治与法律》2010 年第 5 期。

20. 高圣平:《论产品责任损害赔偿范围——以〈侵权责任法〉、〈产品质量法〉相关规定为分析对象》,载《华东政法大学学报》2010年第3期。

21. 王利明:《论产品责任中的损害概念》,载《法学》2011年第2期。

22. 张平华:《英美产品责任法上的纯粹经济损失规则》,载《中外法学》2009年第5期。

23. 方明:《论严格责任原则在产品责任中的适用与完善——三鹿奶粉事件的启示》,载《江苏社会科学》2009年第2期。

24. 王庆丰:《产品责任与合同责任竞合探析》,载《政法论坛》2009年第1期。

25. 张新宝:《从公共危机事件到产品责任案件》,载《法学》2008年第11期。

26. 王传丽:《欧洲法院的司法独立性对欧洲一体化进程的贡献》,载《当代法学》2008年第2期。

27. 张再芝、谢丽萍:《论产品责任中发展缺陷抗辩的排除》,载《政治与法律》2007年第2期。

28. 谷素红:《产品设计缺陷研究》,载《广西社会科学》2005年第9期。

29. 方照明:《中外产品责任诉讼中抗辩事由之比较研究》,载《湖北经济学院学报》2005年第4期。

30. 宋锡祥:《欧盟产品责任法的最新修正及其在英国的实施——兼论我国的法律对策》,载《政治与法律》2005年第2期。

31. 张岚:《产品责任法发展史上的里程碑——评美国法学会〈第三次侵权法重述:产品责任〉》,载《法学》2004年第3期。

32. 傅鹤鸣:《亚里士多德矫正正义观的现代诠释》,载《兰州学刊》2003年第6期。

33. 李艳岩:《中日产品责任法律制度若干问题比较》,载《哈尔滨商业大学学报(社会科学版)》2003年第5期。

34. 许传玺:《侵权法事实自证制度研究》,载《法学研究》2003年第4期。

35. 吴越:《德国民法典之债法改革对我国的启示》,载《法学家》2003年第2期。

36. 徐孟洲、谢增毅:《一部颇具经济法理念的产品质量法——兼评我国〈产品质量法〉的修改》,载《法学家》2001年第5期。

37. 吴冠雄:《英国货物买卖法的新发展——评介〈1994年货物销售和提供法〉》,载《中外法学》1999年第1期。

38. 李蔚:《论产品的发展风险责任及其抗辩》,载《法学评论》1998年第6期。

39. 刘静、李爱国:《简论法国产品责任法》,载《中外法学》1998年第5期。

40. 陈冶东:《联邦德国的消费者保护法及消费者组织》,载《德国研究》1994年第2期。

41. 张德芬:《日本的产品责任法及其对我们的启示》,载《郑州大学学报(哲学社会科学版)》1997年第4期。

42. 李奇文:《英国产品责任法若干问题的探讨》,载《法商研究》1994年第2期。

43. 何璐:《法国的"血门"事件》,载《世界知识》1993年第5期。

44. 齐章安、庾国庆:《两大法系中产品责任的归责原则》,载《法律科学》1992年第5期。

45. 徐国建:《联邦德国新产品责任立法》,载《现代法学》1990年第6期。

46. 徐炳:《美国的货物质量保证制度》,载《法学研究》1990 年第 2 期。

三、外文中译著作

1. 〔奥〕海尔姆特·库齐奥主编:《侵权责任法的基本问题(第二卷)比较法的视角》,张家勇、昝强龙、周奥杰译,北京大学出版社 2020 年版。

2. 〔美〕肯尼斯·S. 亚伯拉罕:《责任的世纪——美国保险法和侵权法的协同》,武亦文、赵亚宁译,中国社会科学出版社 2019 年版。

3. 〔美〕戴维·G. 欧文:《产品责任法》,董春华译,中国政法大学出版社 2012 年版。

4. 美国博钦律师所:《美国产品责任法(第三版)》,博钦律师事务所北京代表处译,法律出版社 2013 年版。

5. 美国法律研究院通过并颁布:《侵权法重述第三版:产品责任》,肖永平、龚乐凡、汪雪飞译,肖永平审校,法律出版社 2006 年版。

6. 〔美〕肯尼斯·S. 亚伯拉罕、阿尔伯特·C. 泰特选编:《侵权法重述——纲要》,许传玺等译,许传玺审校,法律出版社 2006 年版。

7. 〔德〕马克西米利安·福克斯:《侵权行为法》,齐晓琨译,法律出版社 2006 年版。

8. 〔英〕丹尼斯·罗伊德:《法律的理念》,张茂柏译,新星出版社 2005 年版。

9. 〔英〕彼得·斯坦、约翰·香德:《西方社会的法律价值》,王献平译,郑成思校,中国法制出版社 2004 年版。

10. 〔德〕克雷斯蒂安·冯·巴尔:《欧洲比较侵权行为法(下卷)》(第 2 版),焦美华译,张新宝审校,法律出版社 2004 年版。

11. 〔美〕文森特·R. 约翰逊:《美国侵权法》,赵秀文等译,中国人民大学出版社 2004 年版。

12. 〔美〕E. 博登海默:《法理学:法律哲学与法律方法》,邓正来译,中国政法大学出版社 1999 年版。

13. 〔美〕理查德·A. 波斯纳:《法律的经济分析》,蒋兆康译,林毅夫校,中国大百科全书出版社 1997 年版。

14. 〔美〕罗伯特·霍恩、海因·科茨、汉斯·G. 莱塞:《德国民商法导论》,楚建译,谢怀栻校,中国大百科全书出版社 1996 年版。

15. 〔英〕哈特:《法律的概念》,张文显等译,中国大百科全书出版社 1996 年版。

16. 〔美〕迈克尔·D. 贝勒斯:《法律的原则——一个规范的分析》,张文显等译,中国大百科全书出版社 1996 年版。

四、中国案例

1. 汪福福诉江西东方龙花炮制造有限公司产品责任纠纷案,浙江省湖州市吴兴区人民法院民事判决书(2015)湖吴环民初字第 62 号。

2. 广州仁盛建筑劳务分包有限公司、温州合力建设机械有限公司诉饶国军、广东省长大公路工程有限公司、湖北中交公路桥梁监理咨询有限公司、李志连产品责任纠纷案,广东省深圳市中级人民法院民事判决书(2014)深中法民终字第 841 号。

3. 铜陵有色股份线材有限公司诉山东泰开箱变有限公司产品责任纠纷案,安徽省铜陵市中级人民法院民事判决书(2015)铜中民一终字第 00150 号。

4. 夏邑县吉祥烟花爆竹有限公司诉赵营利、被告葛强产品销售者责任纠纷案,河南省商丘市中级人民法院民事判决书(2015)商民二终字第 301 号。

5. 朱世超诉吴志明、砀山县黄氏润农农资有限公司等产品责任纠纷案,安徽省砀山县人民法院民事判决书(2015)砀民一初字第 00402 号。

6. 龚自国诉滕召铁产品销售者责任纠纷案,重庆市南川区人民法院民事判决书(2014)南川法民初字第 02611 号。

7. 张仪诉浏阳市九鼎出口花炮厂、西安市长安区农杂公司、王涛产品责任案,陕西省西安市中级人民法院民事判决书(2013)西民四终字第 00429 号。

8. 时改娃、王占召诉蜡笔小新(福建)食品工业有限公司生命权纠纷案,河南省洛阳市中级人民法院民事判决书(2012)洛民终字第 1198 号。

9. 赵兴柱诉西安常隆正华作物保护有限公司、和田地区农业科技开发中心植物保健医院产品生产者责任纠纷案,新疆维吾尔自治区高级人民法院生产建设兵团分院第六师中级人民法院民事判决书(2011)新兵民终字第 5 号。

10. 张帆诉陈廷玉、宋金贞、盛生龙、东营胜德制罐有限公司产品生产者责任纠纷案,山东省莒县人民法院民事判决书(2011)莒民一初字第 2014 号。

11. 俞惠勤、金坚诉金琴芳、吕国保、中路股份有限公司、无锡吉祥狮科技有限公司机动车交通事故责任纠纷案,上海市第二中级人民法院民事判决书(2010)沪二中民一(民)终字第 917 号。

12. 李华林诉楚雄昇源农机制造有限公司产品责任纠纷案,云南省高级人民法院民事判决书(2008)云高民一终字第 51 号。

13. 徐素珍诉余姚市三星厨房用具有限公司、沈阳市铝制品厂产品责任纠纷案,浙江省余姚市人民法院民事判决书(2007)余民一再字第 5 号。

14. 吴梦璇诉贝亲株式会社、上海丽婴房婴童用品有限公司、上海第一八佰伴有限公司产品责任纠纷案,上海市浦东新区人民法院民事判决书(2005)浦民一(民)初字第 16681 号。

15. 黄小玲诉中山华帝燃具股份有限公司产品生产者责任纠纷案,广东省广州市中级人民法院民事判决书(2005)穗中法民一终字第 2247 号。

16. 吴进兴诉无锡市第四人民医院、无锡市三爱斯贸易有限公司医疗产品责任纠纷案,江苏省无锡市滨湖区人民法院民事判决书(2004)锡滨民一初字第 1622 号。

五、中文数据库

1. 中国知网

https://www.cnki.net

2. 法律家(法律数据全库)

http://www.fae.cn

3. 北大法宝

http://pkulaw.com

六、英文著作

1. Mark Herrmann, David B. Alden & Geoffrey M. Drake, *Drug and Device Product*

Liability Litigation Strategy, 2nd ed., Oxford University Press, 2018.

2. Helmut Koziol et al., *Product Liability: Fundamental Questions in a Comparative Perspective*, De Gruyter, 2017.

3. Piotr Machnikowski, *European Product Liability: An Analysis of the State of the Art in the Era of New Technologies*, Intersentia Ltd, 2016.

4. Scott Baldwin, Francis H. Hare, Jr. & Francis E. McGovern, *Product Liability Case Digest*, Wolters Kluwer Law & Business, 2012.

5. Sanne Pape, *Warnings and Product Liability*, Eleven International Publishing, 2012.

6. Mark Kendall & Jason McNerlin, *Product Recall, Liability and Insurance*, Globe Law and Business, 2012.

7. Mark Herrmann & David B. Alden, *Drug and Device Product Liability Litigation Strategy*, Oxford University Press(USA), 2012.

8. Robin Cantor, *Product Liability*, Tort, Trial & Insurance Practice Section, American Bar Association, 2011.

9. Robin Cantor, *Product Liability*, American Bar Association, 2011.

10. Frank J. Vandall, *A History of Civil Litigation*, Oxford University Press, 2011.

11. Simon Whittaker, *The Development of Product Liability*, Cambridge University Press, 2010.

12. London Economics, Jorg Finsinger & Jurgeon Sinmon, *Product Liability in Comparative Perspective*, Anglo-German Foundation for the Study of Industrial Society, 2005.

13. Simon Whittaker, *Liability for Products: English Law, French Law, and European Harmonization*, Oxford University Press, 2005.

14. Duncan Fairgrieve, *Product Liability in Comparative Perspective*, Cambridge University Press, 2005.

15. John Logan, *Brief Case on Tort Law*, Wuhan University Press, 2004.

16. Luke Nottage, *Product Safety and Liability in Japan*, Routledge Curzon, 2004.

17. C. J. Miller & R. S. Goldberg, *Product liability*, Oxford University Press, 2004.

18. James A. Henderson, Jr., Richard N. Pearson & John A. Siliciano, *The Torts Process*, CITIC Publishing House, 2003.

19. Steven L. Emanuel, *Torts*, CITIC Publishing House, 2003.

20. James A. Henderson, Jr. & Aaron D. Twerski, *Products Liability: Problems and Process*, CITIC Publishing House, 2003.

21. Richard A. Epstein, *Torts*, CITIC Publishing House, 2003.

22. Alastair Mullis & Ken Oliphant, *Torts*, Law Press(China), 2003.

23. Basil S. Markesinis & Hannes Unberath, *The German Law of Torts: A Comparative Treatise*, Hart Publishing, 2002.

24. Michael J. Moore & W. Kip Viscusi, *Product Liability Entering The Twenty-First Century: The U.S. Perspective*, AEI-Brookings Joint Center for Regulatory Studies,

2001.

25. Carl T. Bogus, *Why Lawsuits Are Good for America: Disciplined Democracy, Big Business, and the Common Law*, New York University Press, 2001.

26. Dan B. Dobbs, *The Law of Torts*, West Group, 2000.

27. Jerry J. Phillips, *Products Liability*, Law Press(China), 1999.

28. B. S. Markesinis & S. F. Deakin, *Tort Law*, Clarendon Press, 1999.

29. E. Thomas Garman, *Consumer Economic Issues in America*, Dame Publications, Inc., 1997.

30. Dan B. Dobbs & Paul T. Hayden, *Torts and Compensation: Personal Accountability and Social Responsibility for Injury*, West Group, 1997.

31. Geraint G. Howells & Stephen Weatherill, *Consumer Protection Law*, Dartmouth, 1995.

32. Jocelyn Kellam, *Product Liability in the Asia-Pacific*, Kluwer Law International, 1995.

33. Jane Stapleton, *Product liability*, Butterworths, 1994.

34. William C. Hoffman & Susanne Hill-Arning, *Guide to Product Liability in Europe*, Kluwer Law and Taxation Publishers, 1994.

35. Geraint Howells, *Comparative Product Liability*, Dartmouth, 1993.

36. Christopher J. S. Hodges, *Product liability: European Laws and Practice*, Sweet & Maxwell, 1993.

37. Dennis Campbell & Christian Campbell, *International Product Liability*, Lloyd's of London Press Ltd, 1993.

38. Marshall S. Shapo, *Products Liability and the Search for Justice*, Carolina Academic Press, 1993.

39. London Economics, Jörg Finsinger & Jürgon Simon, *The Harmonization of Product Liability Laws in Britain and Germany*, Anglo-German Foundation for the Study of Industrial Society, 1992.

40. Andrew Geddes, *Product and Service Liability in the EEC*, Sweet & Maxwell, 1992.

41. W. Kip Viscusi, *Reforming Products Liability*, Harvard University Press, 1991.

42. W. Page Keeton et al., *Products Liability and Safety: Cases and Materials*, The Foundation Press, Inc, 1989.

43. Frank J. Vandall, *Strict Liability: Legal and Economic Analysis*, Quorum Books, 1989.

44. Christine A. Royce-Lewis, *Product Liability and Consumer Safety*, ICSA Publishing, 1988.

45. Brian W. Harvey, *The Law of Consumer Protection and Fair Trading*, Butterworths, 1982.

46. Harry Duintjer Tebbens, *International Product Liability*, Sijthoff & Noordhoff International Publishers, 1980.

47. Mark V. Nadel, *The Politics of Consumer Protection*, The Bobbs-Merrill Company, Inc., 1971.

七、英文论文

1. Kira M. Geary, "Section 230 of the Communications Decency Act, Product Liability, and a Proposal for Preventing Dating-App Harassment", 125 *Penn St. L. Rev.* 501, Winter 2021.

2. Austin Martin, "A Gatekeeper Approach to Product Liability for Amazon", 89 *Geo. Wash. L. Rev.* 768, 2021.

3. Zoe Gillies, "Amazon Marketplace and Third-Party Sellers: The Battle over Strict Product Liability", 54 *Suffolk U. L. Rev.* 87, 2021.

4. Alissa del Riego, "Deconstructing Fallacies in Products Liability Law to Provide a Remedy for Economic Loss", 58 *Am. Bus. L. J.* 387, 2021.

5. Margaret E. Dillaway, "The New 'Web-Stream' of Commerce: Amazon and the Necessity of Strict Products Liability for Online Marketplaces", 74 *Vand. L. Rev.* 187, January, 2021.

6. Anita Bernstein, "(Almost) No Bad Drugs: Near-Total Products Liability Immunity for Pharmaceuticals Explained", 77 *Wash & Lee L. Rev.* 3, Winter, 2020.

7. Connor Mannion, "Showdown at High Noon: Whether a Person Injured by a 'Liberator' 3D-Printed Firearm Can Recover on a Product Liability Claim Under the Third Restatement", 72 *Rutgers U. L. Rev.* 543, Winter, 2020.

8. Gerald P. Konkel, David S. Cox & Christopher Popecki, "Prior Insurance and Non-Cumulation of Liability Conditions Don't Wipe Away Billions in Product Liability Coverage", 55 *Tort & Ins. L. J.* 33, Winter 2020.

9. Aaron Doyer, "Who Sells? Testing Amazon. Com for Product Defect Liability in Pennsylvania and Beyond", 28 *J. L. & Pol'y* 719, 2020.

10. Allison Zakon, "Optimized for Addiction: Extending Product Liability Concepts to Defectively Designed Social Media Algorithms and Overcoming the Communications Decency Act", 2020 *Wis. L. Rev.* 1107, 2020.

11. Christopher Beglinger, "A Broken Theory: The Malfunction Theory of Strict Products Liability and the Need for a New Doctrine in the Field of Surgical Robotics", 104 *Minn. L. Rev.* 1041, December 2019.

12. Mika Sharpe, "Products Liability in the Digital Age: Liability of Commercial Sellers of Cad Files for Injuries Committed with a 3D-Printed Gun", 68 *Am. U. L. Rev.* 2297, August, 2019.

13. Ryan Bullard, "Out-Teching Products Liability: Reviving Strict Products Liability in an Age of Amazon", 20 *N. C. J. L. & Tech. On.* 181, May 2019.

14. Tiffany Colt, "He Resurrection of the 'Consumer Expectations' Test: A Regression in American Products Liability", 26 *U. Miami Int'l & Comp. L. Rev.* 525, Spring, 2019.

15. W. Bradley Wendel, "Technological Solutions to Human Error and How They Can Kill You: Understanding the Boeing 737 Max Products Liability Litigation", 84 *J. Air L. & Com.* 379, 2019.

16. Richard C. Ausness, "Sailing Under False Colors: The Continuing Presence of Negligence Principles in 'Strict' Products Liability Law", 43 *Dayton L. Rev.* 265, 2018.

17. Taylor Price, "Lending a Hand: The Use of the Mississippi Products Liability Act and Mississippi's Blood Shield Statute in Palermo v. Lifelink Found. , INC. ", 36 *Miss. C. L. Rev.* 361, 2018.

18. James M. Beck, Esquire, "Rebooting Pennsylvania Product Liability Law: Tincher v. Omega Flex and the End of Azzarello Super-Strict Liability", 26 *Widener L. J.* 91, 2017.

19. A. Mayer Kohn, "A World After Tincher v. Omega Flex: Pennsylvania Courts Should Preclude Industry Standards and Practices Evidence in Strict Products Liability Litigation", 89 *Temp. L. Rev.* 643, Spring, 2017.

20. Kevin C. Staed, "Open Source Download Mishaps and Product Liability: Who Is to Blame and What Are the Remedies?", 36 *St. Louis U. Pub. L. Rev.* 169, 2017.

21. Bryant Walker Smith, "Product Liability", 2017 *Mich. St. L. Rev.* 1, 2017.

22. Benjamin L. Guendling, "Product-Liability Risk Exposure in the U. S. and Europe: Similar But Still Separate and Distinct", 95 *Mi Bar Jnl.* 18, June, 2016.

23. Lauren Sterrett, "Product Liability: Advancements in European Union Product Liability Law and a Comparison Between the Eu and U. S. Regime", 23 *Mich. St. J. Int'l L.* 885, 2015.

24. Nicole D. Berkowitz, "Strict Liability for Individuals? The Impact of 3-D Printing on Products Liability Law", 92 *Wash. U. L. Rev.* 1019, 2015.

25. Kyle Graham, "Strict Products Liability at 50: Four Histories", 98 *Marq. L. Rev.* 555, Winter, 2014.

26. D. Alan Thomas, "John Isaac Southerland & Gardner M. 'Chip' Jett, Jr. , Personal Responsibility in Product Liability: Who Is Responsible for What and Why?", 37 *Am. J. Trial Advoc.* 541, Spring, 2014.

27. David Benton, "The Impact of Mandatory Recalls on Negligence and Product Liability Litigation under the Food Safety Modernization Act", 22 *S. J. Agric. L. Rev.* 27, 2012-2013.

28. D. Alan Thomas, Paul F. Malek & John Isaac Southerland, "Crashworthiness-Based Product Liability and Contributory Negligence in the Use of the Product", 73 *Ala. Law.* 269, July, 2012.

29. Aaron D. Twerski, "Chasing the Illusory Pot of Gold at the End of the Rainbow: Negligence and Strict Liability in Design Defect Litigation", 90 *Marq. L. Rev.* 7, Fall, 2006.

30. J. Scott Dutcher, "Caution: This Superman Suit Will Not Enable You to Fly-Are Consumer Product Warning Labels Out of Control?", 38 *Ariz. St. L. J.* 633,

Summer, 2006.

31. Sumiko Takaoka, "Product Defects and the Value of the Firm in Japan: The Impact of the Product Liability Law", 35 *J. Legal Stud.* 61, January, 2006.

32. Cami Perkins, "The Increasing Acceptance of the Restatement (Third) Risk Utility Analysis in Design Defect Claims", 4 *Nev. L. J.* 609, 2004.

33. Rebekah Rollo, "Why the European Union Doesn't Need the Restatement (Third)", 69 *Brooklyn L. Rev.* 1073, Spring, 2004.

34. Victor E. Schwart, "The Re-Emergence of "Super Strict" Liability: Slaying the Dragon Again", 71 *U. Cin. L. Rev.* 917, 2003.

35. Jerry J. Phillips, "Consumer Expectations", 53 *S. C. L. Rev.* 1047, Summer, 2002.

36. David G. Owen, "Manufacturing Defects", 53 *S. C. L. Rev.* 851, Summer, 2002.

37. Itsuko Matsuura, "Product Liability Law and Japanese-Style Dispute Resolution", 35 *U. B. C. L. Rev.* 135, 2001.

38. Juliad Kitsmiller, "Missouri Products Liability Is 'Budding' (Again): Budding v. Ssm Healthcare System and the End of the Strict Products Liability Cause of Action Against Hospitals", 69 *Umkc L. Rev.* 675, 2001.

39. Hildy Bowbeer et al., "Warning! Failure to Read This Article May Be Hazardous to Your Failure to Warn Defense", 27 *Wm. Mitchell L. Rev.* 439, 2000.

40. Susan H. Easton, "The Path for Japan?: An Examination of Product Liability Laws in the United States, the United Kingdom, and Japan", 23 *B. C. Int'l & Comp. L. Rev.* 311, Spring, 2000.

41. Phil Rothenberg, "Japan's New Product Liability Law: Achieving Modest Success", 31 *Law & Pol'y Int'l Bus.* 453, 2000.

42. Hans Claudius Taschner, "Harmonization of Product Liability Law in the European Community", 34 *Tex. Int'l L. J.* 21, Winter, 1999.

43. James A. Henderson, Jr. & Aaron D. Twerski, "What Europe, Japan, and Other Countries Can Learn from the New American Restatement of Products Liability What Europe, Japan, and Other Countries Can Learn from the New American Restatement of Products Liability", 34 *Tex. Int'l L. J.* 1, Winter, 1999.

44. Manfred Wandt, "German Approaches to Product Liability", 34 *Tex. Int'l L. J.* 71, Winter, 1999.

45. Jane Stapleton, "Products Liability in the United Kingdom: The Myths of Reform", 34 *Tex. Int'l L. J.* 45, Winter, 1999.

46. M. Stuart Madden, "The Products Liability Restatement Warning Obligations: History, Corrective Justice and Efficiency", 8 *Kan. J. L. & Pub. Pol'y* 50, 1998-1999.

47. Marshall S. Shapo, "Products Liability: The Next Act", 26 *Hofstra L. Rev.* 761, 1998.

48. William E. Westerbeke, "The Sources of Controversy in the New Restatement of

Products Liability: Strict Liability Versus Products Liability", 8 *Kan. J. L. & Pub. Pol'y* 1, 1998.

49. Abed Awad, "The Concept of Defect in American and English Products Liability Discourse: Despite Strict Liability Linguistics, Negligence Is Back with A Vengeance!", 10 *Pace Int'l L. Rev.* 275, Summer, 1998.

50. Jason F. Cohen, "The Japanese Product Liability Law: Sending a Pro-Consumer Tsunami Through Japan's Corporate and Judicial Worlds", 21 *Fordham Int'l L. J.* 108, November, 1997.

51. Rebecca Korzec, "Dashing Consumer Hopes: Strict Products Liability and the Demise of the 'Consumer Expectations' Test", 20 *B. C. Int'l & Comp. L. Rev.* 227, Summer, 1997.

52. Mark Geistfeld, "Inadequate Product Warnings and Causation", 30 *U. Mich. J. L. Reform* 309, Winter / Spring, 1997.

53. Paul D. Rheingold & Susan B. Feinglass, "Risk-Utility Analysis in the Failure to Warn Context", 30 *U. Mich. J. L. Reform* 353, Winter / Spring, 1997.

54. Glenn Theodore Melchinger, "Recent Developments: For the Collective Benefit: Why Japan's New Strict Product Liability Law Is 'Strictly Business'", 19 *Hawaii L. Rev.* 879, 1997.

55. Michael J. Toke, "Restatement (Third) of Torts and Design Defectiveness in American Products Liability Law", 5 *Cornell J. L. & Pub. Pol'y* 239, Winter, 1996.

56. Wendy A. Green, "Japan's New Product Liability Law: Making Strides or Business as Usual?", 9 *Transnat'l Law.* 543, Fall, 1996.

57. Andrew Marcuse, "Why Japan's New Products Liability Law Isn't", 5 *Pac. Rim L. & Pol'y J.* 365, March, 1996.

58. David G. Owen, "Defectiveness Restated: Exploding the 'Strict' Products Liability Myth", 1996 *U. Ill. L. Rev.* 743, 1996.

59. Mark A. Behrens & Daniel H. Raddock, "Japan's New Product Liability Law: The Citadel of Strict Liability Falls, but Access to Recovery Is Limited by Formidable Barriers", 16 *U. Pa. J. Int'l Bus. L.* 669, 1995.

60. Howard Latin, "'Good' Warnings, Bad Products, and Cognitive Limitations", 41 *UCLA L. Rev.* 1193, June, 1994.

61. Douglas R. Richmond, "Renewed Look at the Duty to Warn and Affirmative Defenses", 61 *Def. Couns. J.* 205, 1994.

62. Charles E. Cantu, "Twenty-Five Years of Strict Product Liability Law: The Transformation and Present Meaning of Section 402A", 25 *St. Mary's L. J.* 327, 1993.

63. David G. Owen, "The Moral Foundations of Products Liability Law: Toward First Principles", 68 *Notre Dame L. Rev.* 427, 1993.

64. Mary J. Davis, "Design Defect Liability: In Search of a Standard of Responsibility", 39 *Wayne L. Rev.* 1217, 1993.

65. George L. Priest, "Can Absolute Manufacturer Liability Be Defended?", 9 *Yale J.*

on Reg. 237, 1992.

66. Victor E. Schwartz, "The Death of 'Super Strict Liability': Common Sense Returns to Tort Law", 27 Gonz. L. Rev. 179, 1992.

67. James A. Henderson, Jr. & Aaron D. Twerski, "Doctrinal Collapse in Products Liability: The Empty Shell of Failure to Warn", 65 N. Y. U. L. Rev 265, 1990.

68. Stanley Crossick, "The UK Digs in over Product Liability", 138, New Law Journal 223, 1988.

69. George L. Priest, "The Current Insurance Crisis and Modern Tort Law", 96 Yale L. J. 1521, 1987.

70. Jack Berman, "Beshada v. Johns-Manville Products Corp. : The Function of State of the Art Evidence in Strict Products Liability",10 Am. J. L. and Med. 93, 1984.

71. Garey B. Spradley, "Defensive Use of State of the Art Evidence in Strict Products Liability", 67 Minn. L. Rev. 343, 1982.

72. Aaron D. Twerski, "Seizing the Middle Ground Between Rules and Standards in Design Defect Litigation: Advancing Directed Verdict Practice in Law of Torts", 57 N. Y. U. L. Rev. 521, 1982.

73. David G. Owen, "Rethinking the Polices of Strict Product Liability", 33 Vand. L. Rev. 681, 1980.

74. David A. Fischer, "Products Liability—Functionally Imposed Strict Liability", 32 Okl. L. Rev. 93, 1979.

75. Richard Epstein, "Products Liability: The Search for the Middle Ground", 56 N. C. L. Rev. 643, 1978.

76. Marshall S. Shapo,"A Representational Theory of Consumer Protection: Doctrine, Function and Legal Liability for Product Disappointment", 60 Va. L. Rev. 1109, 1974.

77. James A. Henderson, Jr. ,"Judicial Review of Manufactures' Conscious Design Choices: the Limits of Adjudication", 73 Colum. L. Rev. 1531, 1973.

八、英美判例

1. Green v. Smith & Nephew AHP, Inc. , 629 N. W. 2d 727 (Wis. 2001).
2. Carey v. Lynn Ladder & Scaffolding Co. , Inc. , 691 N. E. 2d 223 (Mass. 1998).
3. Peterson v. Lou Bachrodt Chevrolet Co. , 650 N. E. 2d 612 (Ill. App. Ct. 1995).
4. Soule v. General Motors Corp. , 882 P. 2d 298 (Cal. 1994).
5. Majdic v. Cincinnati Machine Co. , 639 A. 2d 1204 (Pa. Super. Ct. 1994).
6. Brown v. Glade & Grove Supply, Inc. , 647 So. 2d 1033 (Fla. Dist. Ct. App. 1994).
7. Anderson v. Owens-Corning Fiberglas Corp. , 810 P. 2d 549, 556-57 (Cal. 1991).
8. Harris v. City of Santa Monica, 751 P. 2d 470 (Cal. 1988).
9. Winterrowd v. Travelers Indemnity Co. , 484 So. 2d 110, 116 (La. 1986).
10. Freund v. Cellofilm Properties, Inc. , 479 A. 2d 374 (N. J. 1984).
11. Beshada v. Johns-Manville Prods. Corp. , 447 A. 2d 539 (N. J. 1982).

12. Huddell v. Levin, 537 F. 2d 726 (3d Cir. 1976).
13. Fischer v. Johns-Manville Corp., 94 N. J. 169, 463 A. 2d 298 (N. J. 1983).
14. Anderson v. Owens-Corning Fiberglas Corp., 53 Cal. 3d 987 (Cal. 1991).
15. Caterpillar Tractor Co. v. Beck, 593 P. 2d 871 (Ala. 1979).
16. Auburn Mach. Works Co., Inc. v. Jones, 366 So. 2d 1167 (Fla. 1979).
17. Kelleher v. Marvin Lumber & Cedar Co., 395 A. 2d 843 (N. H. 1978).
18. Barker v. Lull Engineering Co., 573 P. 2d 443 (Cal. 1978).
19. Berkebile v. Brantly Helicopter Corp., 493 F. 2d 1076 (3d Cir. 1974).
20. Hines v. St. Joseph's Hospital, 81 N. M. 763, 527 P. 2d 1075 (N. M. 1974).
21. Cunningham v. MacNeal Memorial Hospital, 47 Ill. 2d 443(Ill. 1970).
22. Brody v. Overlook Hosp., 121 N. J. Super. 299 (N. J. 1972).
23. Garst v. General Motors Corp., 207 Kan. 2 (Kan. 1971).
24. Cunningham v. MacNeal Memorial Hospital, 113 Ill. App. 2d 74 (Ill. 1970).
25. Fisher v. Johnson Milk Co., 174 N. W. 2d 752 (Mich. Ct. App. 1970).
26. Schenebeck v. Sterling Drug, Inc., 423 F. 2d 919 (8th Cir. 1970).
27. Tresham v. Ford Motor Co., 79 Cal. Rptr. 883 (Cal. Ct. App. 1969).
28. Larsen v. General Motors Corp., 391 F. 2d 495 (8th Cir. 1968).
29. Stief v. J. A. Sexauer Mfg. Co., 380 F. 2d 453 (2d Cir. 1967).
30. Greenman v. Yuba Power Prods., Inc., 377 P. 2d 897 (Cal. 1963).
31. Pabon v. Hackensack Auto Sales, Inc., 63 N. J. Super. 476 (N. J. 1960).
32. Escola v. Coca Cola Bottling Co., 150 P. 2d 436 (Cal. 1944).
33. Donoghue v. Stevenson, App. Cas. 562(1932).
34. MacPherson v. Buick Motor Co., 159 F. 2d 169 (2d Cir. 1947).
35. Escola v. Coca Cola Bottling Co., 150 P. 2d 436 (Cal. 1944).
36. Winterbottom v. Wright, 152 Eng. Rep. 402 (Ex. 1842).

九、英文数据库

1. LexisNexis

htttps://www.lexisnexis.com

2. Westlaw

https://www.westlaw.com

后　　记

本书是在我的博士论文的基础上修改完成的。首先要感谢国家哲学与社会科学规划办公室提供的慷慨资助以及北京大学出版社的大力支持。在这两家机构的帮助和支持下，拙作才得以与大家见面。

感谢北京大学法学院的尹田教授、刘凯湘教授、钱明星教授、张谷教授、葛云松教授，在百忙中参加我博士论文的开题与答辩。特别感谢我的导师尹田教授给我提供的悉心指导，是尹田教授的宝贵建议让我在困惑和迷茫中厘清了研究的方向。

感谢我曾经工作过的河北省石家庄市中级人民法院以及我目前就职的河北科技大学自始至终给我提供的包容、帮助、关怀以及支持，否则，我将会像是海上的浮萍，漂泊无依。

感谢姐姐的倾情相助，她的研究领域是刑事诉讼和法律文化，但是她仍然耐心而投入地与我讨论本书的大纲，给我带来颇有裨益的启发和灵感；她还非常贴心地给我送来很多助眠的红酒，帮我解决写作导致的失眠困扰。

感谢我的大学同学、后来成为孩子父亲的他，虽有怨言但仍给我提供大力支持，是他的努力工作让我不必为衣食而奔波，让我可以安心从事研究和写作。

感谢我的两个儿子的陪伴。每每想起我去北大图书馆查资料时两个小家伙在图书馆外的草坪上乖乖等我的情景都会让我潸然泪下。

更应该感谢的是北京大学出版社法律事业部的编辑们，他们对于本书的修改表现出超乎常人的耐心与细心，他们兢兢业业的工作态度让我在内心对他们充满深深的敬意。没有他们的温暖帮助，本书的出版将会遥遥无期。

这本小书，由于本人资质愚钝、视野狭窄、功力浅薄，难免会有贻笑大方的错讹之处，恳切希望同仁或读者给我提出宝贵意见，带我进入更加理性、更有深度的思考。

这本小书，承载了一段岁月。写下这段文字的时候，北大校园里的行色匆匆、万柳公寓的食堂美味，还有我们拍毕业照必打卡的北大西门，都一一浮现在眼前。

好想再回燕园走走。

梁　亚

2024 年 8 月 1 日于石家庄